미셔널 디사이플십

미셔널 디사이플십

초판 1쇄 발행 2019년 10월 28일

지은이 로이 모랜
옮긴이 강희창

펴낸곳 ㈜디씨티와이북스
출판등록 제16-3821호
주소 (06258) 서울시 강남구 도곡로 110
전화 02-529-7722
팩스 02-571-5353
홈페이지 www.dctybooks.co.kr
전자우편 dcty@dctybooks.co.kr

ISBN 978-89-6804-034-4 03230

■ 책 가격은 뒤표지에 있습니다.
■ 잘못 만들어진 책은 구입처에서 교환해드립니다.

포스트모더니즘 시대, 잃어버린

교회 사역의 방향 찾기

MISSIONAL DISCIPLESHIP

미셔널 디사이플십

로이 모랜 지음 | 강희창 옮김

꿈을 이루는 사람들

추천의 글 (가나다순)

진정한 전도는 한 영혼에게 복음을 전하고 제자 삼고 가르쳐 지키게 하는 것이다. 나는 지난 40년 동안 하나님의 은혜에 감격하여 전도자의 사명을 쉬지 않고 감당해 왔다. 이제 한국교회는 포스트모더니즘 시대와 후기 기독교 사회를 맞이하게 되었다. 전도와 제자 삼는 사역이 시대에 뒤떨어진 사역 방식이라고 외면하는 시대가 된 것이다.
로이 모랜은 이 책을 통해 우리가 잃어버린 지상명령의 사명을 다시 회복하고 있다. 그는 전설(!)이 되어버린 예수님과 제자들의 '영혼을 살리는 역동적인 이야기'를 우리 삶으로 초대한다. 은퇴한 목회자가 사도 바울의 심정으로 후배 목회자들과 예수님의 제자가 되기를 소망하는 모든 성도에게 추천하는 귀한 책이다. "너는 말씀을 전파하라 때를 얻든지 못 얻든지 항상 힘쓰라 범사에 오래 참음과 가르침으로 경책하며 경계하며 권하라(딤후 4:2)."

김인중 안산동산교회 원로목사

21세기 한국교회는 새로운 시도를 통해 하나님의 교회의 새로운 방향을 잡아야 한다. 이 교차로 같은 시기에 로이 모랜의 『미셔널 디사이플십』은 새로운 시도를 꿈꾸는 한국교회에 정확한 방향타가 되어줄 것이다.

이현수 프론티어스 코리아 대표

이 책의 저자 로이 모랜은, 우리가 제자훈련과 관련해서 지금까지 성경을 잘못 읽고 있었다는 사실을 지적한다. 예수님은—우리가 흔히 대위임령이라고 부르는—그분의 마지막 명령을 통해 무엇을 말하려고 하셨을까? 저자는 새로운 성경 읽기 방식을 통해 제자훈련에 관한 우리의 통념에 의문을 제기한다. 얼마나 기독교 지식을 쌓아야 제자가 되었다고 할 수 있을까? 믿음이 연약한 신자가 성숙해지는 과정이 제자훈련이라면, 그것을 마치기 전까지는 제대로 된(?) 전도를 할 수 없는 걸까?

이 책은—한국교회에서 '고급' 신자가 되는 자격증으로 여기는—제자훈련 프로그램에 대한 오해와 한계를 강력하게 비판하며 경고한다. 신약성경이 보여주는 진정한 예수 운동에서 벗어나 게토화 하는 한국교회의 현실은, 새로운 갱신과 개혁적 사고를 요구하고 있다. 교회에 파고든 종교 소비주의는 신앙공동체와 제자훈련의 본질마저 흐려놓았다. 그러나 제자훈련의 핵심은 형식과 제도에 있지 않다. 그것은 예수의 말씀을 액면 그대로 믿고 순종하는 사람들을 양성하고, 그들이 다시 자기와 같은 사람들을 키워내게 하는 것, 그 이상도 이하도 아니다. 껍데기뿐인 제자훈련을 넘어 성경이 가르치는 본래의 제자훈련을 꿈꾸는 사람이라면, 반드시 이 책을 읽어야 할 것이다.

최동규 서울신학대학교 실천신학 교수, 한국선교신학회 회장

저자는 80년대 유행하던 제자도를 오늘 우리가 그리스도인으로서 지향해야 할 새로운 모습으로 제시한다. 기존의 제자도가 제도권 교회를 전제로, 그 교회를 어떻게 운영하고 사역에 참여하게 할 것인가에 초점을 두었다면, 이 같은 제자의 개념과 방식이 지금 우리의 상황에 적합한가를 다양한 질문을 통해 제기하며 새 시대에 적합한 그리스도인의 모습으로서의 제자도를 언급한 것이다. 기존 교회는 제도가 안정을 보장했고, 때로 부흥과 성장도 가져왔다. 그래서 교회는 복음 전도와 제자도라는 이분법적 관점에서, 먼저 전도하고 후에 제자를 양성하는 것으로 이해했다. 이런 방식은 신앙과 선교의 역동성을 약화시키고, 예수님의 제자가 아니라 교회의 제자로 양육할 가능성이 크다.

저자는 책에서 신앙과 선교적 운동성을 회복하는 제자도를 제시한다. 교회 개척과 유지에 쏟는 열정과 에너지로 성도를 준비시켜 세상 속에서 능력 있는 그리스도인의 삶을 살아가게 하는 선교적 제자도를 말하고 있다. 더 나아가 온전한 그리스도인이라면 자신이 그리스도의 제자일 뿐 아니라 다른 사람을 제자로 준비시키는 데까지 나아가야 할 것을 강조한다. 예수의 복음이 처음 전파되고 그의 제자들의 순종과 헌신이 로마 사회를 뒤엎은 것처럼, 건물과 제도가 없는 곳에서 복음 운동을 시작하는 선교적 운동성을 가진 성도들의 살아있는 신앙, 세상 속에서 영향력을 드러내는 그리스도인을 꿈꾸는 저자의 마음이 이 책 곳곳에 배어있다.

오늘날 급변하는 시대와 사회를 외면하고 다음 세대의 문화의 변화속도를 쫓아가지 못한다면, 한국교회는 도태되고 말 것이다. 부디 한국교회가 신앙과 선교적 운동성을 회복하고, 사회 곳곳에 녹아 들어가 하나님 나라의 삶을 살아내는 그리스도인들을 배가하는 데 이 책이 귀한 도구로 사용되기를 바라며 기쁘게 추천한다.

한국일 장로회신학대학교 선교학 교수

서문
이 책을 읽는 방법

독자들 중에 '주의력 결핍 장애(Attention Deficit Disorder)를 가진 사람이 이 책을 쓴 것이 아닐까?'라며 의아하게 생각하는 사람이 있을지 모르겠다. 하지만 나는 의도적으로 여러 주제를 오가며 이 책을 썼다. 나는 늘 '많은 정보를 주는 것보다 많은 것을 기억하게 하는 것이 더 중요하다'고 생각해 왔다(내가 아니라 유명한 누군가가 한 말인데, 정확한 출처를 찾겠다고 여기저기 검색하다가 글 쓰는 집중력만 잃고 말았다).

가족 같은 반려동물을 해부하는 것이 불가능하듯, 이 책에서 다루려고 하는 주제들을 세분화해서 살펴보는 것은 어려운 일이다. 그렇게 할 때 어느 정도 유익한 점이 있겠지만, 마지막에는 가슴 아픈 결과를 얻을 뿐이다. 예수님이 분부하신 것과 교회의 구조, 형태에 대해 다시 생각해 봄으로써, 영적 여정의 활력을 탐구하는 것은 순차적이라기보다 순환적인 작업에 가깝다. 우리는 동일한 내용을 반복해서 살펴볼 것이다. 하지만 끊임없는 반복을 통해, 우리의 믿음과 행함은 나사못이 들어가듯 점점 더 깊어질 것이다.

나는 여러분이 이 책을 매뉴얼이 아니라 일기처럼 읽었으면 좋겠다.

따라 하기만 하면 누구나 일류 요리사처럼 될 수 있는 요리법은 여기에 없다. 오직 진리와 우리의 현실이 어떻게 상호작용하는지에 대해서만 다루고 있다. 우리는 동일한 진리를 따르고 있지만, 각기 다른 상황을 겪고 있다. 나는 여러분이 지금의 삶의 방식을 뛰어넘어 예수님의 대위임령에 순종하는 일에 도전할 것을 권면한다.

나는 책을 읽다가 완독하지 못할 때, 죄책감을 느낀다. 어쩌면 어릴 적 운동선수 시절에 자주 들었던 "중간에 포기하는 사람은 결코 승리할 수 없다"는 말 때문인지도 모르겠다. 하지만 이 책의 저자로서 나는 여러분이 꼭 이 책의 모든 내용을 읽어야 한다고 생각하지 않는다. 모든 사람이 읽어야 할 내용도 있지만, 특정 그룹에 속한 사람들을 겨냥해서 쓴 부분도 있기 때문이다. 특히 비그리스도인의 입장에서 교회 내부를 들여다보고 싶다면 더욱 그렇다. 자신에게 필요한 부분만을 골라서 읽어도 괜찮다는 말이다.

정기적으로 교회에 출석하고 있지 않거나 영적으로 침체된 상태에 있는 독자의 경우라면, 솔직히 이 책이 도움이 될 거라고 자신 있게 말할 수 없다. 하지만 그래도 6장을 한 번 읽어보면 좋겠다. 만약 그 내용이 흥미로웠다면, 이번에는 9장으로 가서 교회가 달라질 수 있다는 것을 확신하게 되기를 바란다.

현재 자신의 지위를 지키거나 현상 유지 상황을 돌파하기 위한 근거 자료를 찾는 독자라면, 이 책이 별로 도움 되지 않을 것이다. 하지만 그럼에도 연구실에서 최선을 다하는 역사학자와 신학자, 성경적 전략가들의 두서없는 말과 궁금증이 무엇인지 헤아려 보기 바란다. 이 책을 통해 여러분은 기존의 성경 읽기 방식에 의문을 제기하며, 지금까지 당연하게 여겼던 것들을 다시 생각해보게 될 것이다. 나는 이 책이 제시하는 성경에 대한 새로운 접근방식이 예수님의 대위임령을 더욱 효과적으로 성취하도록 우리를 이끌어 줄 거라 확신한다.

나는 2014년에 60세가 되었다. 그동안 나는 카미노 데 산티아고(Camino de Santiago)를 걸었고, 호주에서 3주 동안 머물렀고, 스코틀랜드 세인트앤드루스의 올드코스에서 골프를 쳤고, 동부 아프리카에서 목회자들과 만났고, 인도 바라나시의 보즈푸리(Bhojpuri) 운동을 방문했다.

이 모든 일이 흥미진진해 보일 수 있다. 하지만 살아 있는 동안에 예수님의 대위임령을 성취할 수만 있다면, 나는 내가 평생 이룬 모든 것을 기쁘게 내려놓을 수 있다. 이 책을 읽는 동안 여러분도 나와 같은 마음을 갖게 되기를 소망한다.

줄리아나 진 실버라이트 모랜에게

당신은 너무 일찍 제 곁을 떠나셨습니다.

하지만 저는 당신이

지금까지의 제 영적 여정을 사랑하셨다는 것을 잘 알고 있습니다.

왕이신 그분의 그늘 가운데, 당신과 함께 앉아,

제 이야기를 통해 당신을 알게 된 수많은 사람을

당신에게 소개할 그날을 기다리기가 너무 힘이 듭니다.

차례

PART 02

해결책

1부

문제

1장____ 내부 기밀 폭로하기

복음의 확산에 관한 온전한 진리 드러내기

나는 17세 때 그리스도인이 되었다. 처음 예수님을 믿게 되었을 때, 나는 하나님으로부터 멀어진 사람들에게 다가가고 싶은 열정에 불타고 있었다. 전도의 은사를 받았기 때문에 그런 거라고 단정 짓지 않았으면 좋겠다. 왜냐하면 내게는 전도의 은사가 없기 때문이다. 나는 그저 하나님을 모르는 사람들에게 하나님이 어떤 분인지 소개하고 싶었을 뿐이다. 나는 사람들이 자신의 인생과 관련된 아주 위험한 메시지에 부담 없이 다가갈 수 있는 환경을 조성하는 것을 좋아한다.

전도의 은사는 받지 못했지만, 나는 사영리 전도지를 사용하거나 내비게이토 선교회(1934년 미국 캘리포니아에서 시작된 선교단체로 제자훈련과 성경암송 및 연구를 주된 사역으로 삼고 있다–역자 주)가 고안한 생명의 다리

(the Bridge of Life) 그림을 냅킨에 그려서 다른 사람에게 복음을 전했다. 그러다가 전도폭발 강사 자격을 취득했고, 나중에는 '라이프스타일 전도 아웃리치'라는 전도훈련 프로그램까지 개발하게 되었다.

또한 개척교회 세 곳을 세우고, 기성 교회 한 곳에서 사역자로 섬기기도 했다. 댈러스 신학대학원 졸업생으로서, 나는 내가 배운 신학적 배경에서 크게 벗어난 적이 없었다. 지금도 나는 성경이 모든 문제에 대해 최종 권위를 갖는다고 믿는다. 하지만 내가 아무리 보수적이고 정통적인 신학적 입장을 갖는다 해도, 독자들은 나의 방법론을 불편해 할 수 있다.

복음을 전하는 나의 방법론이 타당하다는 결론을 끌어내기 위해 이번 장에서 변증을 벌일 생각은 없다. 혹시라도 이번 장을 '타당성의 증거'라고 부를 수 있다면, 그것은 기껏해야 특정한 상황에서만 유효한 타당성이리라. 나는 독자들이 다른 관점에서 나온 이야기에 귀 기울이고, 통계의 다른 측면을 면밀히 살펴보고, 이 모든 것이 무엇을 의미하는지 다른 각도에서 생각해보기를 기대한다. 제발 내 이야기 좀 들어달라는 것이 아니다. 다른 관점에서 새롭게 바라보라고 제안하는 것이다. 내가 내린 결론을 전부 받아들일 필요는 없다. 하지만 새로운 관점에서 내 이야기와 함께 하다 보면, 독자들에게도 도움이 되리라 확신한다. 동전의 양면을 동시에 끌어 안 듯 책의 요지를 이해하려고 노력한다면, 우리는 서로 다른 방식으로 일하는 것에 마음을 열 수 있을 것이다.

미국의 유명한 경영 컨설턴트이자 작가인 짐 콜린스(Jim Collins)는, 자신의 책 『좋은 기업을 넘어 위대한 기업으로 *Good to Great*』에서, 베트남전

당시 북부 베트남의 미군 포로수용소인 하노이 힐튼에서 가장 높은 계급의 포로였던 제임스 스톡데일(James Stockdale) 제독과의 만남을 소개한다. 콜린스는 제독에게 이런 질문을 던졌다.

"함께 있었던 포로들 중에서 장기간의 수감생활을 견뎌내지 못한 사람들은 어떤 이들이었습니까?"

제독은 망설임 없이 이렇게 대답했다.

"낙천주의자들이라오."

수감자들 중에서 추수감사절이나 크리스마스, 새해처럼 특별한 때가 되면 석방될 거라고 믿으며 희망의 롤러코스터를 탄 사람들은 기대하던 일이 일어나지 않자 여지없이 극심한 절망을 경험했고, 그중 일부는 세상을 떠나고 말았다.

제독은 콜린스에게 이렇게 말한다.

"이것은 아주 중요한 교훈이에요. 마침내 성공할 거라는 믿음, 결단코 실패할 리 없다는 믿음과 그것이 무엇이든 지금 눈앞에 닥친 현실의 냉혹한 사실을 직시하려는 마음가짐은 결코 상호 모순되지 않습니다."[1]

'스톡데일 패러독스(Stockdale Paradox)'라고 불리는 이 개념은, 오늘날 교회 지도자들이 꼭 배워야 할 중요한 교훈이기도 하다.

그리스도인들에게는 교회의 당면한 현실을 지적하는 발언을 비판적이고 부정적이며, 별로 영적이지 않은 것으로 치부하는 경향이 있다. 그래서 냉혹한 현실을 최대한 회피하며, 상황을 왜곡해서라도 긍정적인 관점을 가지려고 한다. 긍정적이고 고무적인 자세는 좋은 것이지만, 그것이 현실 도피를 위한 방편이라면, 우리는 스톡데일이 말한 '낙천주의

자'가 될 수밖에 없다.

오늘날 교회 지도자들은 교인들이 매사를 낙관적인 태도로 바라보게 된 책임에서 자유로울 수 없다. 그로 인해 교회가 새로운 비전을 받아들이거나 현실을 직시하지 못하게 되었기 때문이다. 현대인들은 죄책감 때문에 동기부여 받는 것을 싫어한다. 하지만 지나친 낙관주의는 부정적인 현실을 직시하지 못하게 하는 부작용을 낳는다. 낙관주의에 대한 교회의 지나친 신뢰는 스스로를 수적 성장에 몰입하게 하고, 현재의 전도전략을 재고하고 개발하려는 시도를 무산시킨다.

우리는 주변에서 일어나는 삶의 변화에 관한 미담들을 말하고 퍼트리기 좋아한다. 의심의 여지없이, 하나님은 이 세상 모든 일에 개입하시며 놀라운 변화를 일으키고 계신다. 나는 이 놀라운 일들을 평가절하 하고 싶지 않다. 하지만 우리는 더 큰 그림, 즉 세계적 차원의 그림에 주목해야 한다. 그렇게 할 때, 우리는 세상에 복음을 전하는 방식에 변화가 필요하다는 사실을 깨닫게 된다.

우리 내면에는 세계적 차원의 주요 문제보다 소소한 지역적 이슈에만 집중하게 하는 방어기제가 깊숙이 뿌리내리고 있다. 이런 방어기제는 현재의 전도전략을 효과적으로 개선하려는 의지를 꺾어버리곤 한다. 게다가 우리는 자신이 원하는 결론을 확증해주는 작은 데이터들에 집중하고 싶어 한다.

이런 현상은 자신이 죽었다고 생각하는 한 남자의 이야기와 매우 비슷하다. 그의 아내는 남편을 설득하느라 애를 쓰다가, 결국 자신의 건강 문제로 치료를 받게 되었다. 의사는 그녀의 스트레스가 남편 때문이라는 것을 알고, 그에게 아내의 치료를 위해 일주일 동안 매일 병원을 방문해달라고 요청했다. 의사는 매일 그 남자에게 해부학과 생리학에 대해 가르쳐주었다. 혈관계와 혈압에 대해 공부하면서, 그는 근육작용을 통해 항상 심혈관계에 압력이 가해진다는 사실을 알게 되었다. 또한 심혈관계에 구멍이 뚫렸을 때, 혈액이 쏟아져 나오는 것도 보았다. 금요일 마지막 시간에 부부를 함께 만난 의사는, 남편에게 이렇게 질문했다.

"죽은 사람이 피를 흘립니까?"

남편의 답변은 명확했다.

"심장이 움직일 때만 심혈관에 압력이 작용하기 때문에, 죽은 사람은 피를 흘리지 않습니다."

의사는 남편이 말을 마치자마자 커다란 주사 바늘을 그의 팔에 꽂았고, 순식간에 피가 흘러나왔다. 아내는 의사가 남편을 죽이려는 줄 알고 경악했다. 그런데 남편이 팔을 움켜쥐고 이렇게 소리치는 것이 아닌가?

"의사 양반, 의사 양반! 죽은 사람도 피를 흘립니다!"

의사는 너무 기가 막혀 고개를 떨구고 말았다.

자신이 이미 죽었다는 남편의 믿음은 너무나 견고했다. 이런 잘못된 믿음 때문에 그는 몸에서 피가 흐르는 데도, 죽은 사람에게도 출혈이 일어난다는 잘못된 결론을 내리고 말았다. 이 남자는 미국의 미래학자 조엘 바커(Joel Barker)가 소개한 '패러다임 마비 증세(Paradigm Paralysis, 현재까지의 경험에 갇혀 자신의 선택만이 문제를 해결하는 유일한 방법이라고 착각하는 일종의 인식체계 마비 현상 – 역자 주)'에 시달리고 있었다.[2] 그는 자신의 믿음이 잘못되었음을 보여주는 올바른 정보를 접하고도 생각을 바꾸지 않았다. 엄연한 사실들 앞에서도 끝까지 자신이 내린 결론을 확신한 것이다.

패러다임: 친구인가, 적인가

패러다임 마비 증세는 스위스 시계 제조 산업을 붕괴시켰다. 스위스는 오랫동안 시계 제조 산업을 독점하다시피 했다. 그들은 분침과 초침, 자동으로 태엽이 감기는 시계를 발명하면서 끊임없이 기술개선을 이뤄냈다. 1968년까지만 해도 스위스는 전 세계 시계 시장의 60%와 전체 수익의 80%를 차지하고 있었다. 하지만 그 후 25년 동안, 그들의 시장 점유율은 10%로 줄어들었고, 1969년에서 1971년 사이에 시계 제조 인력의 80%에 해당하는 5만 명의 시계공이 일자리를 잃었다. 어떻게 된 것일까?

그들은 전자시계를 발명했지만, 배터리로 구동되는 전자시계는 전통적인 스위스 시계의 정교한 메커니즘을 갖추지 못한다는 이유로, 큰 관심을 두지 않았다. 그들의 패러다임은 정확하고 저렴한 시계를 원하던 소비자들의 욕구를 만족시키지 못했다. 반면, 일본의 시계 회사들은 스위스 회사들보다 더 적극적으로 이 방식을 채용했고, 디지털 손목시계를 전 세계에 퍼트렸다. 결국 스위스 시계 회사들은 경쟁력을 상실하고 말았다.[3] 의사결정 메커니즘에 새로운 정보를 반영하지 않으면, 그 결과는 치명적일 수밖에 없다. 패러다임 마비 증세는 치명적이다!

사고하는 것은 스프레드시트(spreadsheet, 수치계산이나 통계 같은 작업을 효율적으로 처리하도록 만들어진 도표 양식의 응용프로그램 – 역자 주) 작업과 같다. 우리는 결론을 산출하기 위해 정보를 입력한다. 하지만 유감스럽게도 우리는 종종 새로운 정보의 입력을 위해 열(column)을 추가하지 않는다. 스프레드시트에 새로운 정보를 추가하지 않을 때, 패러다임 마비 증세가 시작된다. 새로운 정보가 우리를 혼란스럽게 하고, 스프레드시트를 엉망으로 만들 수 있다. 하지만 유연하고 발전적인 사고방식을 가진 사람들은, 새로운 정보를 넣을 열을 기꺼이 포함시킨다. 보기 좋고 깔끔한 스프레드시트만 추구하다 보면, 자신의 신념을 강화해주는 정보만 수용하게 된다. 그리고 이것을 방지하는 선별과 검증 과정은 당연히 생략될 수밖에 없다.

예수님이 명하신 사명을 펼치려고 할 때, 우리는 이미 효과가 입증된 방법론을 고수하려고 확증된 편견에 매달리곤 한다. 우리는 신중한 심의에 근거하지 않은 결론을 내릴 수 있다. 게다가 그것은 인터넷 포탈 검색과 어렴풋이 기억나는 인용구들을 통해 빠르게 확산될 수 있다. 지역 사회의 소소한 이야기들이 심각한 전 지구적 문제들의 실상을 덮어버리고, 이런 현상은 결국 예수님의 사역이 성공하고 있다는 잘못된 생각을 확신하게 만든다.

패러다임 마비 증세에 굴복하지 않기 위해, 팔레스타인에서 시작되어 전 세계로 퍼져 나간 복음의 역사를 살펴보기로 하자. 당신이 연도와 숫자에 약한 사람이라고 해도, 이미 일어난 일과 앞으로 나아갈 방향에 대한 새롭고 명확한 이해는 오늘날 우리가 수행하고 있는 선교 전략들이 진정으로 효과적인지 판단할 수 있는 기초를 제공한다.

이런 위험한 일을 수행할 때, 다음의 질문이 우리를 안내해 줄 것이다:

"우리가 해야 할 일은 무엇인가?"

해야 할 일에 초점을 맞출 때, 나는 모든 종족집단(people group)에게 가야 한다는 예수님의 명령을 따라 움직인다. 이것은 어렵고, 우리 시야에 놓아두기 위험한 일이다. 왜냐하면 우리가 수시로 낙담할 수 있기 때문이다. 그래서 우리는 승리할 것이라는 믿음을 고수하는 대신, 지금까지 해 온 만큼, 해 온 대로만 하면 충분하다는 낙관론에 매달리게 된다.

나는 비이성적인 열정을 한 가지 품고 있는데, 내가 어떻게 그것을 키워왔는지 잘 모르겠다. 분명 하나님이 그렇게 하셨을 것이다. 나는 계속해서 질문한다.

"우리는 무엇을 해야 하는가?"

이 열정은 부정적이고 비판적인 시각으로 보기도 하는 '숫자'에 대해 다른 관점을 갖게 해주었다. 나는 암울한 현실을 직시하기 위해서라도 실질적인 통계에 대해 생각해야 한다고 믿는다. 나는 예수님이 그분의 교회를 세우시고, 그분의 말씀으로 교회를 정결하게 하시고, 언젠가 거룩하고 흠 없는 모습으로 교회를 회복하실 것을 진심으로 믿는다. 하지만 이런 확신이 현재 상황을 직시하는 것을 막을 수 없다.

통계 수치를 나열할 때, 우리는 미국의 유명한 사회 풍자가요 소설가인 마크 트웨인의 말에 귀 기울일 필요가 있다.

"사실은 한 가지만 보여주지만, 숫자는 더 많은 것을 보여준다."

통계 수치의 모든 측면을 이리저리 유심히 살펴볼 때, 우리는 사실 가운데 숨겨진 의미들을 발견할 수 있고, 맹목적인 낙관주의에 빠지지 않을 수 있다. 예수님의 마지막 명령을 어떻게 수행해 왔는지 명확하게 이해하기 위해, 수세기에 걸쳐 교회가 어떻게 성장해 왔는지 살펴보기로 하자.

예수 운동의 성장

1세기 후반, 지구상에는 1억 8000만 명의 사람들이 살고 있었으며, 그 중 약 180만 명이 그리스도인이었다. 70년 만에, 그리스도인의 숫자는 120명행 1:15에서 180만 명으로 폭발적으로 성장했다. 하지만 그리스도인의 숫자는 전 세계 인구의 1%에 불과했다. 99%에 해당하는 1억 7800만 명의 사람들은 여전히 예수님의 이름을 알지 못했다.[4]

콘스탄틴 황제가 기독교로 개종한 4세기는 매우 중요한 시기이다. 그의 회심이 얼마나 진실한 것인지에 대해서는 교회사 학자들 간에 시각차가 있다. 하지만 콘스탄틴의 회심 후에, 복음은 어떻게 전파되었을까?

주후 300년에는 1억 9000만 인구 중 8%에 해당하는 1430만 명이 기독교인이 되었다. 이 수치는 200년 만에 열 배가 넘는 증가율이었다. 이것은 분명 교회가 기뻐해야 할 소식이었다. 하지만 아직도 1억 7500만 명은 영원히 그리스도가 없는 삶을 살아갈 수밖에 없었다.

콘스탄틴은 기독교를 로마의 국교로 만들고 지역 교회의 재산 소유를 허락함으로써, 기독교의 왜곡을 가져왔다는 비판을 받고 있다. 어쨌든 가정에서 모이던 교회들은 그때부터 자체 예배당 건물에서 모이게 되었다. 주후 300년과 400년 사이에는 콘스탄틴의 공헌으로 기독교 인구가 2500만 명에 이르렀고, 교인이 수적으로 두 배 성장했다. 하지만 이 수치는 아직도 전 세계 인구의 13%에 불과했다.

하나님을 하늘 아버지로 모시기로 한 수백만 명의 사람들을 보는 것은 분명 기쁜 일이다. 하지만 그보다 백배나 많은 사람이 영원히 그리스도가 없는 삶을 살고 있다는 사실은 우리를 슬프게 한다. 우리는 이 심각한 사실을 직면해야 한다. 누가복음 15장에 나오는 예수님의 비유는 잃어버린 자들을 향한 열정과 구원받은 자들에 대한 기쁨을 보여준다. 나는 영원한 기쁨과 슬픔을 동시에 안고 계신 하나님을 상상하지 않을 수 없다.

주후 600년까지 세계 인구가 비교적 안정적으로 유지되었기 때문에, 기독교 인구도 거의 4천만 명으로 22%까지 증가할 수 있었다. 콘스탄틴이 복음이 확장되는데 해로운 영향을 크게 미쳤다고는 볼 수 없다. 전 세계의 교회에 2700만 명이 유입되었다. 그러나 1억 4000만 명은 여전히 예수님과 상관없이 살고 있었다.

중세 시대로 넘어가면, 전 세계 기독교 인구 상황이 악화된다. 주후 1000년까지 세계 인구는 단지 8000만 명이 더 늘어났고, 전체 인구는 2억 4600만 명이 되었다. 하지만 그리스도인은 단지 16.9%, 4460만 명에 불과했다. 400만 명이 새로 교회에 나오기는 했지만, 괄목할 만한 성장 수치는 아니었다!

1500년에는 세계 인구 4억 2300만 명 중 18%가 기독교인이었다. 1000년 이후, 기독교인의 비율은 거의 두 배가 되었다. 하지만 인구가 증가하기 시작하면서, 모든 종족집단에 복음을 전하는 일이 더 힘들어졌다. 1000년에 180만 명이었던 기독교인 인구가 1500년에 7500만 명으로 증가했지만, 예수님의 이름을 알지 못하고 영원한 죽음에 이른 사람들의 숫자도 증가했다. 굳이 아인슈타인이 되지 않아도, 18%가 82%라는 수치와 짝을 이룬다는 사실은 누구나 알 수 있다. 82%라는 이 놀라운 숫자는 그리스도 없이 살아가는 3억 4600만 명을 의미한다.

20세기에 들어서면서, 이 모든 수치에 중요한 변화가 나타나기 시작했다. 세계 인구는 16억 명이 넘었고, 기독교 인구는 5억 이상, 전체 인구의 34.5%에 육박하게 되었다. 이 시기에는 여행과 무역, 탐험이 활발했기 때문에, 기독교 인구는 전례 없는 폭발적 성장을 경험했다. 복음은 무역과 상업의 발달과 더불어 전파되었다. 이때는 '기독교의 황금시대'라 부를 수 있을 만큼 전무후무한 성장을 경험한 시기였다.

고든 콘웰 신학교 부설 세계 기독교 연구소의 연구원인 브래들리 쿤(Bradley A. Coon)은 20세기가 이룩한 바를 다음과 같이 설명했다.

"전반적으로 보면, 기독교의 성장률(1.32%)과 연평균 인구 증가율(1.37%)은 비슷하게 나타난다. 주후 2000년의 세계 기독교인 비율은 주후 1900년과 거의 동일하다고 볼 수 있다."[5]

세계 인구는 1900년 16억 명에서 2000년 61억 명으로 수직상승 했지만, 기독교인의 수는 아직 세계 인구의 1/3밖에 되지 않는다. 대략 60억의 33%에 해당하는 20억 명이 그리스도인이라는 사실은 반갑지만, 1900년에는 그리스도를 알지 못하는 사람들이 약 10억 명에 달했다. 오늘날에는 예수님을 알지 못하는 사람들이 40억 명 정도로 늘었다. 이 시점에서 우리는 왜 좀 더 효율적으로 복음을 전파하지 못했는지 반성해야 한다.

기뻐할 측면이 있지만 분명 우리가 놓치고 있는 부분도 있으며, 이 사실이 우리를 불안하게 만든다. 이것은 동전의 양면과도 같다. 우리는 맹목적 낙관주의의 관점에서 교회의 성장에 초점을 맞출 수도 있다. 또는 교회가 급속히 팽창하는 인구에 효과적으로 대처할 수 없다는 사실에 집중할 수도 있다. 하지만 우리에게는 제3의 선택지가 있다. 그것은 바로, 스톡데일 패러독스가 경고한 대로, 비참한 현실을 직시하고 왜 복음 전파에 있어서 우리가 비효율적인지 연구하기 시작하는 것이다. 그럴 때, 우리는 급속도로 성장하는 인구와 예수님의 메시지가 도달하지 못한 영역에 침투할 수 있는 다양한 전략을 구사하게 될 것이다.

통계의 내면

예수를 따르던 120명은 2000년 만에 23억 명에 육박할 정도로 성장했다. 하지만 이 괄목할만한 성장은 출생에 의한 자연적 성장이지, 전도나 회심에 의한 것이 아니다. 예수님을 자신의 구원자와 삶의 주인으로 고백하는 사람들의 숫자가 꾸준히 증가하고 있지만, 그렇지 못한 사람들에 대해서도 우리는 주의를 기울여야 한다. 이전보다 많은 사람이 그리스도 없이 영원한 죽음을 맞이한다. 회심자의 비율이 인구 증가율을 따라가지 못하고 있다. 23억의 그리스도인들이 있지만, 그와 동시에 최소 47억 명이 아직도 예수님 안에 있는 영생에 관한 소망이 무엇인지 모른 채 살아가고 있다.

통계 수치들을 더 자세히 살펴보자. 매년 5500만 명이 복음을 받아들이고 있다. 그런데 이 수치를 분석해 보면, 모태신앙을 가진 아이들이 4200만 명이고, 1900만 명만이 예수님을 처음으로 영접한 회심자들이다.[6] 물론 1900만이 적은 숫자는 아니지만, 전 세계 인구를 놓고 보면, 0.27%에 불과하다! 이 점을 잘 생각해 보기 바란다. 하나님은 예수님을 따르는 23억 명을 사용하셔서, 전 세계 70억 인구 중 1900만 명을 그분의 가족이 되게 하셨다. 이것이 만족할 만한 결과인가? 누가복음 15장에 나오는 잃어버린 동전, 잃어버린 양, 잃어버린 아들의 비유들을 우리가 온전히 이해하고 있다면, 이 수치를 바꾸기 위해 '가능한 모든 수단을 동원하는' 것이 합당한 반응 아니겠는가?

2014년 고든 콘월 신학교 부설 세계 기독교 연구소에서 전 세계를 대상으로 한 사람에게 세례를 베푸는 데 얼마의 돈이 필요한지 계산해보니, 약 75만 3,000달러의 비용이 드는 것으로 나타났다. 이것은 전 세계에서 복음을 전하는데 사용한 총액을 전체 기독교인 수로 나눠서 산출한 금액이다. 물론 각 사람의 영혼에 가격을 매길 수는 없다. 하지만 오늘날의 복음 전파 전략에 이 정도의 비용이 들어간다면, 우리는 그것이 정말 효과적으로 세상에 복음을 전할 수 있는 방법들인지 재고해봐야 한다. 이것이 우리가 가진 방법의 전부일까? 현재 진행 중인 전략들을 지속할 수 있을 만큼의 여유 자금이 있다고 해도, 그것들은 별로 효과적이지 않다. 세계 기독교 연구소는 2025년까지 전 세계에서 한 사람에게 세례를 주기 위한 비용이 140만 달러가 될 거라고 예측했다.[7] 2001년 두 명의 연구원은 미국에서 한 사람에게 세례를 주기 위한 비용이 150만 달러라고 계산했다.[8] 이 연구는 복음을 전하기 위한 비용이 기하급수적으로 증가할 수밖에 없음을 보여준다. 이것이 과연 예수님이 의도하신 방법이라 할 수 있을까? 예수를 따르는 자들의 숫자를 두세 배로 늘리기 위해 세계 선교단체들에 헌금하고 그렇게 할 수 있는 적절한 방법을 고안해 낸다 해도, 그리 효과적이지 않을 것이다. 더 많은 돈을 투자하는 것은 결코 적합한 해결책이 될 수 없다.

선교학자 롤런드 앨런(Roland Allen)은 이렇게 경고했다.

> 단순히 선교사 숫자를 배가하는 것만으로 전 세계 다른 지역들은 물론 중국과 인도, 아프리카의 방대한 인구에게 나아갈 수 없다는 주장은, 이제 보편적으로 받아들여지고 있다. 선교지에 사는 현지인들의 필요를 충분히 채워줄 수 있는 학교와 병원을 세우는 일은 여전히 부족하다. 해를 거듭할수록, 현재의 선교 사역에 필요한 재정과 후원의 요청은 줄어들기보다 오히려 증가하고 있다…. 분명 이 같은 선교 방식은 언젠가 끝나야 한다. 선교지에 교회가 세워지면 세워질수록, 모 교회가 그들의 보다 다양한 필요들을 채워 주어야 한다는 사실을 인정한다면, 앞으로 닥칠 재난을 예견하는 것은 그리 어렵지 않다.[9]

앨런의 책은 1927년에 처음 출판되었다! 누가 그의 말을 진지하게 귀담아 들었을까? 그의 말을 듣고 있는 사람이 지금까지도 전혀 없는 것은 아닐까?

우리가 힘겹게 살피고 있는 수치에 대한 또 다른 경고는 '그리스도인'의 정의이다. 대중적이고 존경받는 한 연구기관에서는 이 단어를 다음과 같이 정의한다.

> 예수 그리스도를 따르는 모든 종류의 사람, 모든 전통과 고백, 그리고 모든 형태의 헌신.[10]

이 같은 정의는 편견과 모호성으로 가득하다. 그리스도인을 복음주의자들로 한정짓는다면, 전 세계 기독교 인구는 23억 명에서 전체 인구의 5.7%에 해당하는 4억 명으로 쪼그라든다. 통계에 담긴 수치의 의미에 대해 알면 알수록, 상황은 점점 더 심각해진다.

통계 수치의 진정한 의미가 드러나기 시작하면서, 참된 신자들의 집단을 강화하려는 연구들이 활발하게 진행되고 있다. 라이프웨이 리서치(Lifeway Research) 회장 에드 스테처(Ed Stetzer)는 USA 투데이에 기고한 글에서, 기독교가 미국 사회에서 소멸될 것이라는 전제에 대해 이렇게 반박했다.

"이런 문화적 그리스도인들(명목상의 그리스도인들)은 점점 비종교인이 되어가고 있다."

그는 계속해서 이렇게 말한다.

"기독교는 붕괴되고 있는 것이 아니라, 더 선명해지고 있다."[11]

그는 문제의 본질을 제대로 파악했다! 우리는 오늘날 전 세계 기독교 인구를 나타내는 수치가 우리가 생각한 것보다 훨씬 더 줄어들고 있다는 사실을 명확하게 보고 있다.

미전도 종족집단을 연구하는 여호수아 프로젝트(Joshua Project)는 전 세계 인구 70억 3000만 명 중 29억(41.8%) 명이 6,974개의 미전도 종족집단(전체 종족집단의 42%)에 속한다고 보고한 바 있다. 그들은 아직 회심하지 않았고, 지금도 예수님의 복음을 들어보지 못했다. 그러니 당연히 예수님으로 인한 소망도 없고 그분을 알지도 못한다.

40여 년 동안 미전도 종족집단에 집중했지만, 여전히 많은 사람이 교회 개척 말고는 미전도 종족집단 가운데 어떤 사역도 시작하지 못하고 있다. 과거에는 그렇게 사역하는 사람들이 있었는지 모르지만, 현재는 그렇지 않다. 이런 종족집단들은 '비접촉 미전도 종족집단(unengaged unreached people groups, UUPGs)'이라고 불리기도 한다. 그래서 많은 선교 전략가가 지역 교회와 선교 단체가 단순한 종족 입양 단계를 넘어, 그들 가운데 교회를 개척하는 일에 더 적극적으로 참여하도록 많은 노력을 기울이고 있다.[12]

우리가 완전히 실패했다는 소리는 아니지만, 우리에게 남은 미완의 선교 사명이 '불타는 갑판(burning platform)'의 정신을 가져야 할 만큼 심각한 상황에 놓여 있는 것은 분명하다('불타는 갑판'은 영국의 북해에서 일어난 유전 사고에서 유래된 말로, 이 사고는 석유시추선이 폭발하여 166명의 승무원과 2명의 구조대원이 목숨을 잃은, 북해 석유 탐사 역사상 최악의 재앙으로 기록되고 있다. 이때 생존자 중 한 명인 앤디 모칸은 바다에 뛰어들어 살아남을 수 있었다. 바다에서 생존할 수 있는 시간이 최대 20분밖에 안 된다는 사실을 그도 알고 있었지만, 갑판에서 불타 죽으나 바다에 빠져 죽으나 죽기는 매한가지라는 생각으로 바다에 뛰어들었고 마침내 구조될 수 있었다).[13]

우리는 세상 모든 사람에게 복음을 들고 나아가고자 하는 목표에서 점점 더 멀어지고 있다. 따라서 롤런드 앨런이 자신의 세대를 향해 했던 것처럼, 누군가 경고음을 울려야 한다. 지금 우리의 갑판에 불이 붙었다. 물론 갑판에 그대로 머물러 있으면서 구조를 기다릴 수도 있다. 하지만 예수님의 마지막 명령을 효과적으로 수행하기 위한 방법에 변화를 주기 위해, 앤디처럼 갑판에서 뛰어내릴 수도 있다. 이 세상 가운데 일하고 계신 하나님께 우리의 마음을 연다는 뜻이며, 우리의 문화적 잣대와 가정으로 성경을 이해하려 했던 모든 시도를 자각하자는 말이다. 문화적으로 편향된 렌즈를 내려놓고 성경 읽는 법을 다시 배우면서, 1세기에 예수님이 무엇을 하셨는지 배워가다 보면, 지옥의 나락으로 향하는 사람들의—무서울 정도로 증가하고 있는—비율을 줄일 수 있다.

모든 통계 뒤에 숨어 있는 먹구름

아내와 아이들은 내가 전채 요리를 가장 좋아한다는 사실을 알고 있다. 실제로 며느리 중 한 명이 내 아들에게 "당신네 가족도 메인 요리를 먹기는 먹어요?"라고 묻기도 했다. 나는 적은 양이라도 다양한 음식을 맛보기 좋아한다. 그래서 이 책에서도 나는 우리가 처한 상황의 심각성을 보여주기 위해 여러 가지 통계를 계속해서 나열하고 있다. 나는 교회가 소멸되는 것이 아니라, 비효율적으로 움직이고 있다고 생각한다. 우리는 현재 고수하고 있는 선교 전략들보다 더 많은 전략적 옵션을 탐구하는 쪽으로 눈을 돌려야 한다.

전 세계적 요인들

북반구(유럽, 북아메리카)보다 남반구(아시아, 아프리카, 중남미, 오세아니아)에 더 많은 그리스도인들이 살고 있다는 사실은 흥분되기는 하지만, 긍정적으로만 볼 수 있는 현상은 아니다. 이런 경향은 북반구의 교회보다 남반구의 교회에 더 많은 메시지를 시사한다. 남반구의 교회도 머지않아 북반구의 교회가 걸어간 발자취를 따라갈 수 있다. 오늘날 남반구의 교회들은 황금기를 맞고 있는가? 기독교는 전 세계 인구 증가와 보조를 맞추지 못하고 있다. 타이태닉호가 천천히 가라앉는 동안, 우리는 침몰하는 배의 갑판에서 멋진 의자들을 재배치하는 일에만 몰두할 수 있다. 북반구의 교회 가운데 물이 차오르고 있는데, 남반구의 교회는 무비판적으로 그 뒤를 좇아가려고 하고 있을 수 있다.

또 다른 불편한 진실은, 북반구와 남반구에 있는 기독교 공동체가 소유하고 있는 재정에 관련된 것이다. 60%의 기독교인들이 남반구에 살고 있지만, 그들은 전체 기독교 재정의 17%만을 소유하고 있다.[14] 남반구의 교회가 선교사들을 파송하기 시작했고, 그중 일부는 북반구의 교회에서 사역하고 있다. 기독교 전체 재산의 16%만으로 현재의 값비싼 복음 전도 모델을 감당한다는 것은, 너무나 무겁고 부담되는 일이 아닐 수 없다.

미국의 현실들

우리가 서구에 집중한다면, 교회 출석률이 한 자릿수에 머물고 있는 유럽은 이미 후기 기독교(post-Christian) 상태에 접어들었음을 알 수 있다. 20세기에 미국은 복음 전파를 위한 대부분의 자금과 인력을 조달하는 창구 역할을 감당했다. 그러나 오늘날 미국 교회의 출석률은 유럽의 발뒤꿈치를 바짝 뒤쫓고 있다. 1990년부터 2006년까지 미국 인구는 약 6000만 명 증가 했지만, 교회 출석 인구는 50만 명 증가하는데 그쳤다.[15]

지난 10년 동안 교회 출석률이 증가한 미국의 주(state)를 찾기란 결코 쉬운 일이 아니다. 많은 신생 교회가 롤모델로 삼고 있는 캘리포니아와 텍사스, 조지아주의 대형 교회들도 지난 10년 동안의 출석률이 그다지 좋지 않다는 것을 알 수 있다.

오래된 교회들에서보다 신생 교회들에서 더 많은 회심자가 나오고 있다. 하지만 새로운 교회들이 실제로 어떤 영향력을 미치고 있는지 살펴보면, 전체적인 차원에서 그들의 비중이 그리 크지 않다는 사실을 알 수 있다. 한 명의 회심자가 보잘 것 없다는 말이 아니다. 예수님이 누가복음 15장에서 가르쳐 주신 것처럼, 단 한 명의 회심도 축하할 일이다. 그러나 우리는 최근에 해마다 새로 시작하는 교회들보다 문을 닫는 교회들의 숫자가 더 많다는 사실에 경각심을 갖지 않을 수 없다.[16]

40만 개 정도로 추정되는 미국 내 교회들 중에, 단지 3.5%만이 예수님의 나라를 확장하는 일에 열매를 맺고 있다. 100개의 교회 중 3개 교회만이 20:1 이상의 회심률을 유지하고 있다는 의미다. 미국 인구를 3억 명으로 가정하고 회심 성장률의 관점에서 살펴보면, 오직 3.5%의 교회만이 건강하다는 결론이 나온다. 다시 말해, 미국에는 2만 1,400명당 하나의 건강한 교회가 있다는 것이다![17]

완벽하게 정확한 수치를 뽑아내는 것이 어려운 일이기는 하지만, 이런 통계들을 취합해서 살펴보면 점점 더 실망하게 된다.

- 미국ㅊ의 35만 개 교회 중에 회심을 통해 교회 성장을 경험하고 있는 곳은 1% 미만이다.[18]
- 매년 전 세계에서 1900만 명의 회심자가 나오고 있지만, 그와 동일한 수의 교인이 기독교 신앙을 포기하고 있다.[19]
- 미국에서는 10개 교회 중 9개 교회가 지역사회보다 느리게 성장하거나 감소하고 있다.[20]
- 해마다 평균 2%씩 교회 수가 감소하고 있다.[21]
- 복음주의 교회들은 인구 성장률을 따라가지 못할 정도로 적은 수의 사람들에게 세례를 베풀고 있다. 백인 중산층에게 교회는 정치적, 경제적, 사회적 기반을 제공하는 곳이지만, 그들 중에서 참된 회심자는 거의 나오지 않는 실정이다. 복음주의 교회에서 세례를 받는 사람들은 대부분 이전에 세례 받았던 사람들과 어린아이들이다.[22]

『복음주의 국가의 몰락: 교회 내부의 놀라운 위기*The Fall of the Evangelical Nation: The Surprising Crisis Inside the Church*』라는 책에서 크리스틴 위커(Christine Wicker)는 이런 결론을 내렸다.

> 미국의 복음주의 기독교는 죽어가고 있다. 오늘날의 위대한 복음주의 운동은 선구자 역할을 감당하고 있지 않다. 그들은 잔존 세력이 되어 모든 면에서 혼란에 빠져 있다. 어디든 원하는 대로 살펴보라! 회심, 세례, 전도, 교세, 교인들의 참여도, 헌금, 예배 출석률, 종교적 소양, 문화에 대한 영향력 등 모든 것이 하향 곡선을 그리고 있다. 이것은 더 이상 비밀이 아니다. 복음주의 진영은 그들의 정치적 · 사회적 승리를 자축하고 있지만, 내부에 있는 사람들은 자신들의 큰 손실에 대해 고뇌하며 앞으로 닥칠 일들을 두려워하고 있다. 더욱 심각한 것은 이런 상황에 대처하기 위해, 무엇을 해야 할지 알고 있는 사람이 없다는 사실이다. 그런데도 이런 현실을 믿을 수 없다고 말하는 사람이 많다는 상황은 별로 놀랍지 않다. '복음주의자들이 미국을 취할 것'이라는 생각은 역사상 가장 큰 '홍보용 사기' 중 하나이며, 언론의 약점을 간파하고 악용한 야비한 정치인들과 종교 지도자들의 완벽한 쿠데타이다.[23]

그녀의 말이 옳다. 이것은 내부 기밀(family secret)이다. 한때 교회가 정치권력을 휘두르며 '도덕적 다수(Moral Majority)'라고 불리던 순간이 있었다. 전에는 그랬는지 몰라도, 오늘날 교회는 더 이상 다수가 아니다. 우리는 이미 수적으로 쪼그라들었고, 점점 더 작아지고 있다.

설상가상으로 우리는 심지어 도덕적이지도 않다. '중생'했든 '복음주의자'이든 상관없이, 그리스도인의 이혼율은 일반인의 이혼율과 대동소이하다.[24] 예일대학이 '혼전 순결 서약'에 참여한 1200만 명을 대상으로 진행한 연구에 따르면, 그중 88%가 결혼하기 전에 성관계를 한 것으로

나타났다.[25]

성관계에 관한 것이든, 미디어 사용에 관한 것이든, 인종 차별에 관한 것이든, 돈에 관한 것이든, 예수를 따른다고 하는 사람들을 대상으로 연구해 보면, 그들은 여러 부분에서 예수님과 뜻을 같이 하지 않는 것처럼 보인다. 마이클 호튼(Michael Horton)은 이렇게 한탄했다.

> 갤럽과 바나 리서치 기관들은 설문조사를 통해, 복음주의 기독교인들이 쾌락주의적이고, 물질적이고, 자기중심적이고, 성적으로 부도덕한 생활 방식을 세상 사람들처럼 받아들이고 있음을 보여 주었다.[26]

따로 떼어놓고 보면, 각각의 통계들을 축소하거나 연결해서 생각하지 않을 수 있다. 하지만 이 결과들을 동시에 살펴보면, 신실한 사람들조차도 불안해하지 않을 수 없다.

돈이 문제다!

헌금과 관련된 통계를 보면, 낙담하지 않을 수 없다. 예를 들어, 세대적 요인을 살펴보자. 모든 헌금의 69%는 나이가 49세 이상인 교인들이 감당한다.[27] 현재의 평균 수명에 근거해 보면, 49세가 되는 사람들은 최소 30년 정도를 더 살게 될 것이다. 현재 교회 재정의 70% 가량이 향후 30년 뒤에 사라진다고 상상해 보라. 의심할 여지없이, 대형 교회들은 수

많은 직원에게 급여를 지불하고, 이미 익숙해진 조경과 시설들을 유지하는데 큰 어려움을 겪게 될 것이다.

젊은 세대의 헌금 행태는 나이가 적을수록 매우 가파르게 줄어드는 것을 볼 수 있다. 크라우드펀딩이나 문자 메시지로 하는 헌금 같이 새로운 헌금 방식을 고안해도, 젊은 사람들의 헌금을 유도하는 것은 그리 녹녹한 일이 아니다. 존 디커슨(John Dickerson)의 『위대한 복음주의의 후퇴 *The Great Evangelical Recession*』같은 책은 다가오는 붕괴를 자세히 기록하고 있다.[28] 그런 장면들은 끔찍하기 그지없다.

솔로몬은 '슬기로운 자는 재앙을 보면 숨어 피하여도 어리석은 자는 나가다가 해를 받느니라'라고 경고했다잠 22:3. 역사를 살펴보면, 울부짖으며 재난의 전조를 알렸지만 이내 잊힌 전령들이 가득하다. 가장 최근에는 전 세계를 최악의 불황으로 몰아넣었던 서브 프라임 모기지 사태(subprime mortgage crisis, 2007년 미국의 초대형 모기지론 대부회사들의 파산으로 발생한, 미국은 물론 국제금융시장에까지 신용경색을 불러온 연쇄 경제위기 – 역자 주)에 관해 은행들에게 경고장을 보냈던 많은 재정 전문가들이 있다. 그러나 고루하고 무기력한 사고방식에 사로잡혀 있던 지도자들은 세계 시장이 무너지는 것을 속수무책 보고만 있었다.

나는 우리가 불타는 갑판 위에 서 있다고 확신한다. 우리는 예수님이 기대하신 열매를 맺지 못한 무화과나무를 심어왔다. 우리는 모래에 머리를 처박고, 예수님의 의도대로 움직이는 척 할 수도 있다. 아니면 우리의 궁극적인 목적을 포기하지 않고 처참한 현실을 직시하면서, 아직 하나님이 말씀하지 않으신 바를 들을 수 있지 않을까 하는 마음으로 기다릴 수도 있다.

우리의 전략은 비용이 너무 많이 들고 지나치게 관료적이어서, 세계 인구의 성장 속도를 따라잡지 못한다. 우리는 복음을 가지고 대도시에 접근하는 새로운 방법을 고안하고 검증하며, 비접촉 미전도 종족집단에게 복음을 전파하고 세상 끝까지 복음을 전할 수 있는 유연한 성경적 모델을 계발하는 일에 쓰임 받을 예수님의 제자를 양성해야 한다. 이 일을 위해, 가장 훌륭하고 똑똑한 사람을 모아 준비시켜야 한다. 하지만 이런 사람들을 키워내는 '인큐베이터'를 만드는데 자금을 지원하려고 하는 사람은 아무도 없다.

돈 이상의 것

우리는 돈 외에도 점점 더 많은 장애물에 직면하고 있다. 정치적 장벽들은 전통적인 복음 전도 방법과 교회 개척을 방해하고 있다. 우리는 과거의 교회들이 가장 위대한 세대(The Greatest Generation, 제2차 세계대전에 참전한 세대 – 역자 주)와 심지어 베이비붐 세대까지 전통적 선교 모델에 응답하게 했던 것처럼, 새로운 세대를 모집하고 훈련시킬 능력이 우리에게 없다는 사실을 깨닫고 있다. 더 많은 세계가 도시의 복합적인 환경 속에 살아감에 따라 도시화는 빨라지고, 복음 전파를 위한 잠재적 관계성은 점점 더 약해질 수밖에 없다.

기독교 교육의 대가 하워드 헨드릭스(Howard Hendricks) 박사는 내 인생의 중요한 멘토였다. 그는 내가 아는 누구보다도 이야기를 통해 성공적으로 진실을 전달하는 사람이었다. 그의 유명한 일화 중 하나인 '피도 반려견 음식회사' 영업사원 회의를 소개한다.

치어 리더 복장을 한 세일즈 매니저가 연단에 올라 이렇게 외쳤다.

"반려견 음식 분야에서 최고의 영업 인력을 가진 사람들은 누구입니까?"

모여 있던 영업사원들이 외쳤다.

"우리입니다!"

세일즈 매니저가 다시 외쳤다.

"세상에서 가장 좋은 반려견 식품을 가진 사람들은 누구입니까?"

영업 사원들이 외쳤다.

"바로 우리입니다!"

이번에는 세일즈 매니저가 목소리 톤을 바꿔서 질문했다.

"그런데 왜 우리의 매출은 17개 반려견 식품 회사 중에서 16등밖에 안 되는 걸까요?"

영업사원 중 한 사람이 말했다.

"왜냐하면, 개들이 우리를 좋아하지 않기 때문입니다!"

현실을 변화시키기 위해 우리가 깨달아야 할 진리가 이 이야기 속에 들어있다.

교회가 최신 유행에 밝고, 멋있고, 문화적으로 시의적절한 수단들을 사용한다 해도, 교회에 나가지 않는 사람들은 여전히 교회 다니는 사람들을 좋아하지 않는다. 우리는 불관용과 독선을 조장하는 교회 문화를 만들어 왔다. 게다가 우리는 대체로 백인이고, 중상류층에 속하며, 부촌에 살고 있다. 우리가 교회라고 부르는 모든 현대적 개념—화려한 교회 건축, 현대 음악의 사용, 미디어를 활용한 회의, 가정모임, 가난한 이웃을 섬기는 성육신적 구제사역, 여러 장소에 예배 처소를 마련해서 접근성을 높이는 것—에도 불구하고, 지난 한 세기 동안 교회가 도덕적 실패를 극복하지 못했다는 근본 문제는 여전히 남아있다.

이런 도덕적 실패가 노예 제도에서 잘못된 편에 선 것이든, 하나님의 마음으로 인종 문제를 다루지 않은 것이든, 에이즈 문제를 해결하는데 적극적으로 참여하지 않은 것이든, 가난한 이들에 대해 냉랭한 태도를 취한 것이든, 창조된 그대로 남성과 여성의 존엄성을 인정하지 못한 것이든, 10년 주기로 벌어진 복음주의 매체들의 도덕적 붕괴든 간에, 가장 큰 문제는 교회에 대한 나쁜 이미지가 만연해 있다는 점이다. 이런 문제를 해결해 줄 광고 회사는 없다. 냉엄한 진실은 교회에 나오지 않는 사람들이 우리를 좋아하지 않는다는 것이다.

우리는 이 세상의 문제들에 대해 입을 다물었고, 심지어 '최악의 비극을 낳은' 기독교를 수출한 꼴이 되고 말았다. 1994년 이전까지만 해도, 르완다는 세계에서 가장 '기독교적인' 국가로 여겨졌다. 그러나 80~90%의 시민이 기독교인이었던 이 나라는, 80만 명의 남성과 여성, 어린이가 '종족 간 지배'라는 이유로 학살당한, 아프리카에서 가장 잔인한 인종 청소국가로 전락했다. 르완다의 기독교인에 관한 통계가 사실이라면, 종족의 이름으로 살인을 저지른 대부분의 사람들이 기독교인이었을 것이다. 그나마 르완다에서 온 희소식은, 투치족과 후투족 내부에

서 촉발된 종족 정체성의 골이 더 이상 깊어지지 않고 있다는 것이다.[29]

다시 미국 이야기로 돌아와 봐도, 우리가 처한 어려움은 현재뿐 아니라 미래에도 동일하게 존재한다. 교회에 관한 부정적 태도가 점점 더 강화되어, 이제는 개선의 여지가 없어 보일 정도로 위협적이다. 아예 종교를 갖고 있지 않은 미국인의 숫자가 놀라울 정도로 증가하고 있다. 퓨 리서치 센터(Pew Research Center)의 조사에 따르면, 미국 전체 인구의 5분의 1, 30세 이하 성인의 경우 3분의 1 정도가 아무 종교도 갖고 있지 않다. 이 비율은 전례를 찾아볼 수 없을 만큼 높은 수치라고 한다. 2010년에서 2014년 사이, 비종교인의 비율은 전체 미국 성인 인구의 15~20% 정도로 증가했다. 여기에는 자신을 무신론자와 불가지론자라고 밝힌 1300만 명(미국 국민의 약 6%)과 특정 종교단체에 소속되어 있지 않다고 응답한 약 3300만 명(14%)이 포함된다.

2008년 퓨 리서치 센터는 예배에 참석하는 20~30세의 기독교인 인구가 그들의 부모 세대의 절반, 조부모 세대의 4분의 1정도에 그친다고 밝혔다.[30] 이 연구에 따르면, 교회 내 청소년의 60~88%가 20대가 되면 더는 교회에 출석하지 않을 거라고 응답했다고 한다.[31]

예수님께 경청하기

이런데도 우리에게 희망이 있을까? 나는 그렇다고 믿는다. 나는 예수님이 그분의 교회를 세우기 원하시며, 우리가 이 세상을 제자 삼기 원하신다고 믿는다. 우리가 이런 곤경에 처한 것은, 예수님이 남겨 주신 단순한 진리에 점점 더 많은 것을 추가하려는 우리의 욕구 때문이다. 예수님은 우리가 그분이 말씀하신 바에 온전히 주의를 기울이기 원하신다.

나는 인도를 비롯한 여러 아시아 국가에서 하나님이 행하시는 일들에 관한 소식을 들을 때마다 희망을 갖게 된다. 하나님은 이렇게 말씀하셨다.

> "여호와께서 이르시되 너희는 여러 나라를 보고 또 보고 놀라고 또 놀랄지어다 너희의 생전에 내가 한 가지 일을 행할 것이라 누가 너희에게 말할지라도 너희가 믿지 아니하리라" 합 1:5.

이것은 로이 모랜이 아니라 하나님의 말씀이다. 지금이야말로 스프레드시트에 해당 열을 추가해서, 성령님이 우리의 눈을 뜨게 하시고 우리의 마음을 부드럽게 하실 때까지 새로운 정보들을 입력해야 할 때가 아닐까?

예수님은 그분의 교회를 세우기 원하신다. 하지만 우리는 참담한 현실에 직면할 때마다 낙심할 수밖에 없다. 우리는 왜, 어떻게, 무엇을 하고 있는지 다시 생각해야 한다. 지금은 화이트보드를 깨끗이 닦고 복음서로 돌아가서, 다음과 같이 질문해야 할 때다.

"주님, 주님께서는 정확하게 뭐라고 말씀하셨고, 이제 우리는 무엇을 해야 합니까?"

예를 들어, 예수님은 "가서 교회를 개척하라"고 말씀하지 않으셨다. 그분은 "가서 제자를 삼으라"고 말씀하셨다. 그런데도 우리는 예수님을 건너뛰어 사도 바울로 직행하는 오류를 범해왔다. 예루살렘에서 안디옥, 그리고 그 너머의 지역으로 확장해 나간 사도들의 복음 운동을 우리의 방법론으로 선택한 것이다. 물론 전도 여행의 결과는 교회였지만, 사도 바울의 활동을 면밀히 분석해 보면, 그는 제자 삼는 일에 중점을 두었다. 그는 디모데에게 정확하게 '제자 삼는' 제자들을 세우는 일에 전념해야 한다고 말했다딤후 2:2. 역사적으로 볼 때, 교회를 세웠다고 해서 늘 제자까지 세워진 것은 아니었다. 하지만 여러분이 제자 삼는 제자를 세운다면, 우리는 예수님이 늘 바라고 기다리셨던 그 교회를 보게 될 것이다.

이 책을 쓰는 동안, 아담 루이스 그린(Adam Lewis Green)은 세 번의 성공적인 킥스타터(Kickstarter, 미국의 대표적인 크라우드펀딩 서비스-역자 주) 캠페인을 마감했다. 그린의 '비블리오티카(Bibliotheca)'는 성경을 보다 읽기 쉬운 형태로 인쇄하기 위해 고안된 프로젝트다. 혁신적이고 첨단 기술을 사용한 수백 개의 킥스타터 프로젝트 중에서, 성경 프로젝트가 기대 이상의 대성공을 거두리라고 누가 짐작이나 했겠는가? 비블리오티카에는 그림이나 미디어 링크(media link), 심지어 이해를 돕기 위한 현대어 성경 번역본도 포함되지 않는다. 비블리오티카는 1901년에 출판된 미국 표준역 성경(American Standard Version)에서 고어(古語)를 현대어로 수정하는 약간의 작업(예를 들어 'thou'를 'you'로 표기)만 거친 성경 본문을 이야기처럼 읽어준다. 성경 장과 절의 모든 숫자와 '참고할 내용'을 빼버렸기 때문에 가능한 일이다. 비블리오티카의 성공은 우리가 해야 할 일이 예수님의 메시지에 무엇을 더하는 것이 아니라, 모든 하나님의 사람들에게 예수님의 메시지를 전달하는 것임을 다시 한 번 입증해 주었다. 사람들은 예수님과 하나님, 성경에 대해 배우고 싶어 한다. 다만, 그들은 예수님의 명령 주변에 모인 사람들을 불편해 할 뿐이다. 우리는 이 책에서 소개하는 방법들을 통해 이런 흐름을 뒤집을 수 있다.

변화를 위한 시간

여기 평범하고 단순한 내 의제(agenda)가 있다: 일하는 데 있어서 각기 다른 방법들이 있을 수 있다는 것이다! 문제는 우리가 그것을 탐구하고 고려할 수 있느냐다. 현재 진행 중인 선교 전략, 전도 및 교회 개척이 지금까지는 어느 정도 열매를 거뒀지만, 점점 그 효과가 감소하고 있다. 성경을 다시 읽으면서, 우리의 문화적 편견을 제거하고 살펴볼 때가 된 것은 아닐까? 우리가 신성시 하던 것들을 희생해서 복음을 자유롭고 하고, 그 복음이 막 다른 골목을 지나고 닫힌 국경을 넘어 상처받은 마음들을 향해 거침없이 나아가게 해야 할 시간이 아닐까?

여기에 언급한 여러 통계 수치들은 현재 미국에서 일어나고 있는 일들을 보여준다. 남아메리카와 아프리카를 제외한 나머지 세계는 미국보다 더 처참한 상황에 있거나, 미국의 상황을 바짝 뒤쫓고 있다.

"교회 개척은 변함없이 해 아래 최고의 전도 방법입니다"[32]라는 주문이 지금도 기독교 지도자들의 마음을 사로잡고 있다. 지옥으로 향하는 사람들이 점점 더 늘어나고 있는데도, 우리는 돈과 사람들을 비효과적인 전략에 계속 쏟아붓고 있다. 여러분이 원하는 대로 숫자를 바꿔도,

결과는 마찬가지일 것이다.

서구 교회는 역사상 그 어느 때보다 많은 자원을 가지고 있다. 하지만 그럼에도 역사상 가장 많은 사람들이 지옥의 사슬에 묶여 있다. 잠시 멈춰 서서, 스스로에게 몇 가지 어려운 질문들을 던져보면 어떨까? 우리는 우리의 문화적 비늘을 내버려 두고, 예수님이 그분을 따르는 이들에게 마지막으로 하신 말씀을 제대로 이해하지 못하게 하는 문화적 성경 해석에 깊이 빠져있는 것은 아닐까?

통계 수치는 우리 모두가 '미전도 지역(unreached)'이 아니라, '제대로 복음이 전달되지 않은 지역(under-reached)'에 살고 있음을 보여준다. 오늘날 교회라고 불리는 조직은, 사명을 완수하지 못할 것이다. 오늘날 우리 곁에 이미 존재하는 교회들을 더 많이 세우는 일은, 이성에 반하는 짓이다. 교회만을 개척하는데 드는 비용만 고려해도, 그것으로는 전 세계 대도시에 복음을 전파할 길을 찾을 수 없다는 사실을 금방 알게 될 것이다.

역사를 통해 복음의 진보에 관해 이야기할 때, 특히 교회의 미숙함과 비효율성의 결합에 대해 말할 때, 스톡데일 패러독스의 교훈을 놓치기 쉽다. 그리스도인들은 너무나 자주 참담한 현실에 직면하는 것과 신앙의 결핍을 혼동한다. 음부의 권세가 그분의 교회를 이기지 못한다는 예수님의 말씀을 견고히 믿는 것과 수 세기 동안 누적된 교회의 부실한 진보를 인정하는 것은 양립할 수 있다. 그러나 기독교인으로 자처하는 사람들은 그들의 미성숙함을 인정하려 하지 않는다.

우리는 이미 불타는 갑판에 서 있고, 이제는 행동할 때가 되었다. 우리 역시 갑판 아래로 물이 들어오는 와중에도 댄스파티를 했던 타이태닉호 승객들처럼 될 수 있다. 또한 우리는 유나이티드 항공 93호기의 승객들에게서도 배울 수 있다. 2001년 9월 11일, 4대의 미국 여객기가 납치당했다. 그중 3대는 테러범들이 표적으로 삼은 세계무역센터와 국방성에 충돌했다. 하지만 4번 째 비행기인 유나이티드 항공 93호기는 펜실베이니아 남부의 어느 밭에 추락했다. 93호기의 승객들은 납치된 다른 여객기들의 운명을 알면서도, 자신들의 비행기가 백악관을 향하고 있을 거라고 생각했다.

불타는 갑판을 감지한 것이다. 미국 역사상 가장 비극적이었던 날 중 하나인 그날에 승객들은 앉아서 죽을 때를 기다릴 수도, 무엇이든 해야겠다고 작정할 수도 있었다. 그들은 마치 갑판에서 바닷속으로 뛰어내리는 것처럼, 힘을 모아 테러범들을 제압하려고 시도했다. 승객들이 비행기의 통제권을 놓고 테러범들과 맞선 덕분에, 유나이티드 항공 93호기는 펜실베이니아 시골의 인적 없는 밭에 추락할 수 있었다. 테러범들을 제외한 모든 승객은 오늘날에도 미국의 영웅으로 추앙받고 있다.

우리는 예수님이 우리에게 주신 사명을 얼마만큼 사랑하고 있는가? 오늘날 우리가 경험하고 있는 추세를 멈추는 것이 우리의 삶을 헌신할 만큼 가치 있는 일일까? 우리는 우리의 목이 곧아서 성경을 올바로 읽지 못하고 있음을 기꺼이 인정하고, 우리의 방법들을 재고할 생각이 있는가? 우리는 "이제 무엇을 해야 합니까?"라고 계속해서 묻고, 책임 회피를 과감히 거부하며, "나는 내가 할 수 있는 일을 기꺼이 하겠습니다!"라고 다짐하고 있는가?

2장____ 대위임령

예수님의 마지막 명령으로 다시 돌아가는 위대한 결단

16 마리아의 이야기를 들었던 열 한 제자들은 예수님과 만났던 산이 있는
갈릴리로 향했다. 17 거기서 제자들이 예수님을 보았을 때, 그들 중에 많
은 사람이 마리아와 다른 마리아가 했던 것처럼 엎드려 경배했다. 하지만
몇몇은 주춤거렸다. 그들은 확신하지 못했다. (하지만 누가 그들을 비난 할
수 있겠는가?) 18 예수님이 앞으로 다가오셔서 그분의 사랑하는 제자들에
게 말씀하셨다. 제자들은 무슨 생각을 하고 어떻게 행동해야 할지 몰랐다.
이전에 이런 일이 일어난 적이 없기 때문이다.

예수님: 나는 너희에게 이 위임령을 주라고 명령하신 하나님의 모든 권세
로 말한다: 19 가서, 모든 민족 가운데 제자를 세워라. 아버지와 아들과 성

령, 삼위일체 하나님의 이름으로 세례를 통해 그들을 의식적으로 씻어 주어라. 20 그러고 나서 그들을 제자 삼으라. 내가 너희에게 가르쳐준 태도와 행함으로 그들을 세우고, 내가 너희를 위해 준 명령들을 따르는 법을 보여주어라. 그리고 나는 이 세대가 끝날 때까지 매일 너희와 함께 있을 것이다. _마태복음 28:16-20(The Voice 성경, 역자의 번역)

분명 '대위임령(Great Commission)'이라는 제목은, 마태복음 28장 18절에서 20절까지의 말씀에 등장하지 않는다. 하지만 일반적으로 이 본문의 제목으로 인정받고 있다. 일부 신학자들은 이 본문이 예수님이 이 말씀을 하실 당시 산에 모인 무리에게만 주어진 것이며, 모든 그리스도인을 위한 것은 아니라고 주장한다. 그렇다면 잠시 함께 생각해 보자. 다음의 글을 읽고, 당신이 그 내용에 동의할 수 있는지 없는지 고민해보라.

대위임령은 성경의 다른 모든 명령을 포괄하기 때문에, 우리는 예수님의 모든 가르침을 대위임령의 빛 아래에서 이해해야 한다. 따라서 예수님이 다시 오시는 그날까지 모든 그리스도인은 이 명령에 순종해야 한다.

대위임령은 정말로 위대한 명령인가? 동등하거나 조금 덜 위대한 다른 명령들이 성경에 있는데도, 왜 우리는 굳이 이것을 '대위임령'이라고 부르는가? 예수님이 '가장 크고 첫째 되는 계명'이라고 하신 명령은 어떠한가? 마 22:36-40 예수님은 모든 율법과 선지자의 가르침이 결국 하나님을 사랑하고 이웃을 사랑하는 것으로 요약된다고 직접 말씀하셨다.

그런데 어떻게 이 말씀이 마태복음 28장 18절에서 20절까지의 본문에 종속될 수 있겠는가? 잠시 일시 정지 버튼을 누르고, 마태복음 28장 16절에서 20절까지의 본문으로 돌아가서, 예수님의 말씀을 다시 면밀히 관찰하고, 각 본문 사이의 긴장 관계에 대해 살펴보자.

고대 철학자 에픽테토스는 "이미 알고 있다고 생각하는 것을 다시 배우는 것은 불가능하다"고 경고했다. 나도 익히 알고 있는 주제나 본문을 대할 때, 종종 간과하는 잘못을 저지른다. 우리는 성경 말씀을 대할 때, 문화나 신학적 입장의 렌즈를 사용하지 않고, 개인적으로나 신학적으로 도전받을 것을 감수하면서, 완전히 새로운 시각으로 오로지 예수님이 말씀하신 그 자체만 보려고 노력해야 한다.

갈릴리 산에서 있었던 그날의 생동감을 맛보려면, 16절부터 읽기 시작해야 한다. 여기서 우리는 예수님의 마지막 명령을 듣기 위해 누가 모였는지 알게 된다. 적어도 열한 제자가 모여 있었다. 이 열한 제자는 흔히 역사적으로 '사도'로 언급된다. 사도 또는 '보냄 받은 사람'이라는 호칭의 의미는, 본문을 읽어나갈 때 더 명백해진다.

마태는 이 열한 사람의 영적 온도에 관한 통찰을 제공한다. 어떤 이들은 예수님께 엎드려 경배하고 있었지만, 다른 이들은 주춤거리거나 의심하고 있었다. 예수님이 나타나셨을 때, 그분의 임재에 대해 이들은 두 가지 명백한 반응을 보였다.

마태가 사용한 헬라어 단어들을 보면, 그는 누가 누구인지 분명하게 추측하고 있었던 것 같다. 어쩌면 그들의 얼굴 표정에 다 드러났을지도 모른다. 어떤 사람들은 죽으셨다가 부활하신 예수님이 그들 눈앞에 계시다는 사실을 알고 있었다. 그러나 다른 사람들은 이것이 진짜인지 아닌지 확신할 수 없었다.

당신이 만약 예수님이었다면, 무엇을 했을 것 같은가? 세상을 변화시키기 위해 당신이 3년 동안 공들여 훈련시킨 팀, 당신이 3년 동안 행한 모든 것을 세상에 전하고 보여줘야 할 유일한 팀이 심각한 영적 위기에 처해 있다는 징후가 보인다. 그렇다면 이때는 책임에 대해 말할 것이 아니라, 워크숍이나 세미나를 열어 최근의 역사에 관해 제자들을 가르치고, 상기 시키고, 도전하게 해야 할 시기다. 처참한 상황처럼 보일 수도 있지만, 이것은 앞으로 발생할지 모르는 위기 상황을 최소화할 수 있는 시점이다.

그러나 어떠한 일도 발생하지 않았다. 마태는 단순히 일부 사람들은 예수님을 경배했고, 또 다른 사람들은 예수님을 의심했다고만 기록했다. 예수님은 이런 상황이 이상하거나 비정상적이라고 생각하지 않으셨다. 예수님은 두 부류의 사람들과 함께 계시면서 전혀 불편해하지 않으셨다. 예수님은 온전한 믿음이 없을 뿐 아니라 의심까지 하고 있는 사람들을 파송하시는 것에 대해 아무런 거리낌도 없으셨다.

우리는 이 장면을 생생하게 경험할 필요가 있다. 예수님은 아직 신자가 아닌 사람들에게 그분의 사명을 맡기려고 하신다. 사실 사도행전 1장에서 예수님이 받으신 질문들을 보면, 예수님이 지금 어떠한 일을 하려고 하시는지 그들이 전혀 감을 잡지 못하고 있다는 것을 알 수 있다. 40일 전에 이미 온 세상 사람들에게 가라는 명령을 받았지만, 아직도 그들은 예수님이 이스라엘의 왕으로 등극하게 되실 것인지에 대해 묻고 있었다행 1:6. 그들에게는 예수님을 이해할 수 있는 아무런 단초도 없었다.

예수님을 경배하는 자와 의심하는 자가 함께 있는데도, 예수님은 그들을 '가진 자와 갖지 못한 자' 혹은 '지도자와 추종자'로 구분하지 않으셨다. 예수님은 그들을 행위나 충성도에 따라 차별하지 않으셨다. 의심하든 예배하든 상관없이, 예수님은 모두를 동등하게 대우하셨다. 예수님은 두 그룹 모두 그분의 사명을 수행할 수 있을 거라고 믿으셨다.

오늘날 우리의 제자훈련 프로그램들은 정반대로 진행되고 있다. 우리는 제자들의 마음을 지식으로 채우기 위해 노력하고, 우리가 만든 과정을 완벽하게 이수해야 삶을 변화시키는 복음 전파 사역을 감당할 자격이 생긴다고 주장한다. 그런 뒤에야 그들을 '제자 삼는 자'로서 새로운 제자를 삼으라고 파송한다.

이것이 바로 그 장면이다. 우주의 주관자이신 하나님이 오늘날 일반적인 교회에서 장로나 권사, 집사로 선출될 수 없는 이들과 3년을 함께 보내셨다. 하나님은 경배하는 사람뿐 아니라 의심하는 사람에게도 땅끝까지 나아가 희망과 치유의 메시지를 전하라는 사명을 위임하셨다.

누가 할 수 있는지에 대한 우리의 생각 바꾸기

내가 너무 장황하게 이야기하는 것처럼 보일지 모르지만, 제자들의 급속한 증가가 어떻게 일어날 수 있는지 논할 때, 그 중요성은 더 명확해진다. 많은 사람이 스스로 만들어낸 신학적 상자에 갇혀 있기 때문에, 제자 삼기에 관한 패러다임의 변화가 필요하다. 우리가 물어야 할 중요한 질문은 바로 "누가 제자 삼을 수 있는가?"이다. 우리의 모범이 되시고, 또한 해답이 되시는 예수님을 살펴보자.

예수님은 이런 부류의 사람들과 동고동락하셨고 노력을 기울이셨으며, 영적으로 도전하셨다. 3년 동안 제자들은 예수님을 보았고, 그분의 말씀을 들었고, 서로 교제했다. 하지만 제자 삼는데 가장 탁월한 분이 계셨는데도, 그들은 여전히 주님을 알고 믿는 일에 미숙했다. 그러나 그들을 파송하시려는 예수님의 계획은 그들의 지식과 신앙, 믿음의 분량에 영향받지 않았다.

그들이 어떻게 반응하든 상관없이, 예수님은 부활 이후에도 계속해서 자신을 경배하는 자들과 의심하는 자들이 혼재하는 그룹에 힘을 쏟으셨다. 예수님은 우주 이 끝에서 저 끝까지 모든 권세가 자신에게 주어졌다고 말씀하셨다. 다시 말해, 예수님의 말씀의 권세가 미치지 못할 곳은 아무데도 없다는 것이다. 그분은 무엇이든 하실 수 있다!

예수님이 지상에 계시는 동안, 자신의 지위를 이용해서 강권하신 것은 이것이 처음이다. 이전까지 예수님은 기적이나 통찰력 있는 질문을 통해 자신의 능력을 발휘하셨다. 하지만 그분의 우주적 권세에 대해서는 직접적으로 언급하지 않으셨다. 예수님은 하나님 아버지께 청원하는 기도를 드리셨다. 그러나 이제 예수님은 하나님 아버지가 그분에게 보이는 땅과 보이지 않는 하늘의 무한한 권세를 부여하셨다고 밝히신다. 고대 히브리어 표현에 의하면, 예수님은 자신을 따르는 무리에게 그분의 권위가 한편으로는 땅과 다른 한편으로는 하늘에, 그리고 그 사이의 모든 것에 미친다는 사실을 깨닫게 하셨다.

산 위에서 이 말씀을 하실 때, 예수님은 먼저 그분의 우주적 권세에 대해 말씀하셨다. 예수님의 죽으심과 부활 사건에 비추어 볼 때, 이것은 하늘과 땅과 그 사이에 있는 모든 것을 다스리시는 그분이 어떤 해도 입지 않도록 사도들을 지켜주실 것을 확신시켜 주는 말씀이었다. 마찬가지로 예수님의 말씀 말미에 주신 약속도 동일하게 중요하다.

모든 사람, 즉 예수님을 신뢰하거나 의심하는 모든 이에게 주신 예수님의 말씀은 이렇게 요약될 수 있다.

"내가 모든 것을 책임지고 있다. 그러므로 너희는 나를 신뢰할 수 있다."

예수님은 지성이 아닌 의지에 호소하셨다. 예수님의 호소는 헬라적 사고방식이 아니라, 히브리적 사고방식에서 나온 호소였다(4장에서 이에 대해 더 자세히 다룰 것이다). 제자들이 들은 바는 그들이 어떻게 느끼고 무엇을 알았는지가 아니라, 기꺼이 하고자 하는 마음에 달려 있었다.

예수님은 "가라"고 명령하셨다. 성경의 언어를 이해하는 독자들을 위해 덧붙이자면, 헬라어 본문에서 이 단어는 명령형 동사가 아니라 명령형 분사의 형태로 기록되었다. 다소 전문적인 '성경 언어'를 언급해서 미안하다. 하지만 영어 번역본에 명령형으로 되어 있는 이 부분이, 원문에 다르게 표현되어 있다는 사실은 매우 중요하다.

어떤 성서학자들은 예수님의 말씀을 단순히 '가라'로 번역하지 않고, '너희가 간다면'이나 '너희가 갈 때에'로 번역한다. 분사는 그것이 수식하는 동사의 성격, 즉 명령형인 '제자 삼아'의 성격을 가질 수 있기 때문에, '가라'는 단어에 대해서는 논쟁의 여지가 있다. 그래서 당신이 어떤 방식의 번역을 원하던 간에, '너희가 간다면'이나 '가라'는 번역 모두가 가능하다.

그런데 예수님이 가라고 명령하셨든 '간다면'이라고 가정하셨든 간에, 그게 실제로 무슨 차이가 있다는 말인가? 문맥을 살펴보면, 예수님이 명령하셨다는 것보다 가정하셨다고 보는 것이 더 설득력 있다. 예수님은 제자들이 가지 않을 거라고 전혀 생각하지 않으셨다! 특히 그들은 '가기 위해' 훈련 받았기 때문에, 이제 가야 하는 범위가 더 넓어진 것이다.

아마도 예수님은 그들이 선교의 본질을 이해했다고 확신하셨을 것이다. 예전에 예수님은 그들에게 유대인들에게만 가고마 10:5-6, 영적 관심이 있는 사람들의 가정에만 머물라고 말씀하셨다마 10, 눅 10. 이것은 그들을 위한 훈련의 일부였지, 그들의 궁극적인 사명은 아니었다.

제자들의 사명을 정의한 예수님의 마지막 명령은 아주 명확했다. 예수님의 이 마지막 진술은 그분의 뜻을 기꺼이 따르려는 사람들의 행동과 방법론, 범위, 자원과 관련된 편견을 요약해 준다. 지금까지 제자들에게 일어난 일은 이후의 삶을 살아가기 위한 훈련이었다.

성경 원어의 용법을 고려해 보면, 예수님이 '너희가 간다면'이라는 가정으로 말씀하기 시작하셨다고 보는 것이 더 타당하다. 이것은 성경 본문 자체에 대한 연구뿐 아니라 교회 사역의 경험에도 근거를 두고 내린 판단이다.

'가라'는 번역을 선택한 우리는, 성경과 낯선 '복음 전도'의 개념을 고안하고 '복음 전도 대 제자훈련'이라는—예수님도 생소해 하실—이분법을 계발하게 되었다. 그 결과, 예수님의 명령에 담긴 능력을 약화시키고 말았다. 마태복음의 대위임령은 믿음의 진보를 위한 선포의 방식을 지지하지 않는다. 따라서 '가라'는 명령형 번역은, '복음 전도 대 제자훈련' 이라는 이분법으로 본문을 오해하도록 길을 열어주었다.

우리가 '가서'라는 말을 '전도'로 이해하고, '제자를 삼아'를 전도의 동반자 정도로 인식한다면, 이 두 명령을 동일한 비중으로 받아들일 수밖에 없다. 예수님의 간단하고 직설적인 명령에 두 갈래의 과정을 추가하는 것은, 본문에 대한 오해이자 복음전파 사역에 악영향을 끼치는 치명적 실수다.

수년간 이런 영향 때문에 그리스도를 따르는 사람들은 '모이면 제자훈련, 흩어지면 복음 전파' 같은 패러다임과 방법론을 만들거나, '가서 전하는 것(missional)' 대 '모여들게 하는 것(attractional)'에 관한 끝없는 논쟁에 빠지고 말았다. 이 같은 만연한 은유들은 오늘날 그리스도인들이 불필요한 논쟁으로 시간을 허비하는 전쟁터를 제공했다. 복음 전도 · 제자훈련 패러다임은 잘못된 선입견으로 성경을 읽게 했고, 이 중요한 본문을 온전히 이해하지 못하게 방해했다.

제자 삼는 제자들은 평범하지 않다

당신이 교회의 사역을 어떻게 평가하는지와 상관없이, 증가하는 제자 삼기는 시도한 사람도 없고 그것을 원하는 사람도 없는 것 같다. 시도한 적은 있었지만, 성취하기 힘든 것으로 판명되어 폐기처분 되고 말았다. 비주류에 속한 일부 그리스도인들은 예수님의 마지막 명령의 재생산적 측면에 주목해야 한다는 목소리를 내기도 했다. 그러나 현대 기독교의 동력과 자금의 주된 흐름은 제자 삼기보다 세계 복음화 쪽에 흘러갔다. 이것을 정형화 한 것이 바로 세계 복음화를 위한 회의에서 시작된 로잔 운동이었다. 세계 '제자화'를 위한 전 세계 기독교 지도자들의 회의나 운동은 여태껏 단 한 번도 없었다!

제자 삼기 위한 노력과 수고는 대부분 지식 주입에 집중되어 왔다. 서구 세계가 플라톤과 그의 사고방식을 받아들인 이후로, 서구 문화는 통합적인 히브리적 세계관에서 벗어나 교부들의 세계관을 발전시켜 왔다. 우리가 제자훈련이라는 이름으로 진행하고 있는 것들은 예수님의 생각과 다른 것들이다. 지식 습득이 우리의 '제자화'를 주도하고 있다.

예수님은 결코 자신의 사명이나 방법론을 복음 전도와 제자훈련으로 나누지 않으셨다. 내게 이단이라는 오명의 굴레를 덮어씌우기 전에, 복음서의 내용들을 생각해 보라. 성경 어느 곳에 예수님이 우리처럼 전도를 위해 많은 시간을 들여 사람들을 훈련시키셨다는 말이 나오는가? 그런 내용은 어디에도 없다.

오늘날의 전도 기법으로 분석해보면, 예수님의 사역은 반직관적인 것들이었다. 마가복음 10장에는 영적인 관심을 가진 어떤 사람이 예수님에게 영생을 얻는 방법을 묻는 장면이 기록되어 있다. 이때야말로 예수님이 사영리와 생명의 다리, 또는 다른 전도지를 사용해서 한 영혼을 하나님의 가족으로 영입할 수 있는 최적의 순간이 아닌가? 전도 모델을 계발하기에 딱 좋은 상황이자, 수세기 동안 우리가 어떻게 전도했어야 하는지에 대한 답을 주는 장면이 아닌가? 하지만 예수님은 우리가 결코 하지 않을 일을 하셨다. 그에게 모든 소유를 내버리라고 말씀하신 것이다.

복음서 전체가 그와 같다. 설득을 통한 전도의 패러다임은 이제 제쳐두라. 예수님이 이런 방법으로 제자들에게 복음을 전하도록 훈련시키셨는가? 정말로 예수님이 설득을 통해 복음전도의 본을 보이셨는가? 우리는 예수님이 그렇게 하신 적이 없다는 것을 알면서도, 왜 설득을 통한 복음 전도에 모든 에너지를 쏟아붓고 있는가?

설득을 통한 전도가 아무리 익숙하고 자연스럽다 해도, 우리는 얼마든지 이 방법에 대해 의문을 제기할 수 있다. 내 주장은 이미 역사적으로 입증되었다. 찰스 피니(Charles Finney, 1792-1875)가 계발한 '강단으로의 초청(altar call, 설교단으로 사람들을 초대하는 방식)'과 '죄인의 기도(sinner's prayer)'의 등장은, 하나님의 가족으로 회심시키기 위한 수단으로 성경의 율법주의적 개념들을 통합하려는 사람들에 의해 시작되었다.

- 만일 우리 입으로 죄를 고백하면롬 10:9-10,
- 만약 우리가 진실하게 죄를 자백하면요일 1:9,
- 회개하고 세례를 받으라마가복음 1:15

강단으로의 초청이나 죄인의 기도에는 아무 문제가 없지만, 그에 관한 성경적 근거도 없다.[1] 내 논점은 기존의 다른 방법들을 폄훼하려는 것이 아니라, 성경이 우리에게 다른 방향을 가리키고 있음을 제시하는데 목적이 있다. 특히 현재 우리가 사용하고 있는 방법들을 통해 얻고 있는 결과들을 볼 때, 더욱 더 그렇다.

본문이 말하지 않는 개념들을 가져오는 바람에, 예수님이 원래 의도하신 증가하는 제자화 전략의 단순함이 사라져 버렸다. 예수님은 '제자를 삼으라!'는 단순하고 권위 있는 명령을 주셨다. 예수님은 제자들이 '가는 것' 말고 무엇인가 더 할 거라고 기대하지 않으셨다.

부르심을 받은 특별한 사람들이 복음을 전하는 방식에 대해 예수님은 고려하신 적이 전혀 없으시다. 예수님은 그분을 따르는 모든 사람의 삶에 이 사명을 새겨 넣으려고 하셨다. 그리스도를 따르는 사람은 사명을 수행한다. 나는 예수님이 '그리스도인이 되기는 했지만, 좀 더 믿음에 헌신한 후에 제자가 될 수 있다'는 개념을 낯설어 하실 거라 생각한다.

예수님은 그분을 따르는 자들이 가족을 분열시키고, 상한 심령을 고치고, 부자들에게 도전하고, 가난한 자들을 격려하고, 억압하는 자들을 변화시키고, 억압받는 자들을 풀어주는, 그야말로 위험한 메시지를 살아냄으로써 제자를 삼는 제자들이 상식이 되기를 소망하셨다. 제자 삼는 일에 실패하고 있다는 사실은, 그리스도인들이 예수님과 그분의 사명의 핵심을 제대로 이해하지 못했다는 반증이다.

예수님이 의도하신 모습의 제자들

예수님이 제자들에게 가르쳐주신 기도의 비전은 이 한 마디로 간단하게 축약된다.

"뜻이 하늘에서 이루어진 것 같이 땅에서도 이루어지이다마 6:10 중에서."

예수님이 천국을 떠나신 것은 이 세상으로부터 인류를 구출하고자 하심이 아니라, 하나님이 이 땅에 좌정하시고 통치하시도록 하기 위함이었다. 성부 하나님과 성자 예수님, 성령 하나님은 변화된 세계를 꿈꾸신다. 그곳은 다가올 세상만이 아니라, 우리가 살고 있는 바로 이 세상이다. 삼위일체 하나님은 인간이 망가뜨린 창조 세계를 새롭게 하고 회복하며, 다시 세우는 창조주의 권능을 계시하기 원하신다.

어떻게 이런 일이 일어날 수 있는가? 여기 하나님의 명령이 있다. 제자 삼으라! 창조주의 소망을 위해 목숨을 거는 사람들, 배우는 자들을 만들라. 분명히 밝히지만, 예수님은 제자 삼으라고 하셨다. 개종자, 세례 받은 자, 교인, 목회자, 성직자가 아닌 제자를 삼으라고 하셨다.

그렇다면 이제 어떻게 제자를 삼을 수 있냐고 물어야 한다. 예수님은 간단하게 두 가지 단계를 제시하셨다. 첫 번째 단계는 세례를 베푸는 것이고, 두 번째 단계는 순종을 가르치는 것이다. 이 두 가지가 조화를 이룬다는 사실이 중요하다. 너희가 갈 때, 제자 삼고 그들에게 성부와 성자와 성령의 이름으로 세례를 주고, 내가 명령한 모든 것을 순종하도록 가르쳐라. 이 구절에는 '첫 번째 단계에서 이것을 하고, 두 번째 단계에서 저것을 하라'는 식의 시간 배열이 없다. 예수님은 이것들을 요리조리 쉽게 순서를 바꾸실 수 있었을 것이고, 그것은 이 구절에서 어떤 차이점도 만들어 내지 못할 것이다.

우리는 종종 예수님의 명령을 이렇게 해석하는 것을 보게 된다. 첫 번째, 복음을 전파한다. 이것의 성공 여부는 세례를 받느냐 안 받느냐에 달려있다. 그러고 나서 가르치거나 제자 삼는다. 예수님은 이 구절들을 이런 식으로 구분하지 않으셨다. 하지만 우리는 그렇게 한다. 예수님의 방법론에는 모든 사람을 하나님 나라의 삶으로 인도하기 위해 제자 삼는, 하나의 단계만 존재한다. 두 가지 모두 중요하지만, 제자 삼기를 규정하는 과정은 서로 분리되지 않는다.

- 그들과 예수님의 삶과의 동일성 확인하기
- 그들에게 순종의 삶을 가르치기

예수님의 삶과 동일성 확인하기

내가 '세례' 대신에 '동일시(identification)'라는 단어를 사용한다고 해서, 기독교 전통에 속한 세례 의식을 무시한다고 오해하지 않기 바란다. 예수님은 창조주를 향한 우리의 반역의 빚을 씻어내는 외적 의식 이상의 것을 의도하셨다. 예수님은 우리를 당신과 일치시키라고 명령하셨다.

우리의 영적 공동체에 속한 사람들이 아닌, 우리가 함께 살고, 배우고, 일하고, 즐거워하는 사람들에게 '세례' 의식을 꼭 설명해야 하는가? 우리는 세상 사람들이 예수님의 명령을 이해하고 적용하게 하기 위해 사려 깊은 노력을 기울이기보다, 습관적 종교 의식에 순종하는 것을 더 중요하게 생각하고 있지 않은가? 또한 이것은 일회성 행사를 고수하라는 명령인가, 평생 동안 그리스도인으로서의 정체성을 분별하도록 돕는 과정의 일환인가?

성경은 예수님을 따르는 자들이 옛 자아의 모습을 버리고 새로운 사람이 되었고, 그로 인해 더 이상 과거의 방식으로 살 수 없게 되었음을 예수님이 알고 계신다고 증거 한다. 나중에 예수님을 따르는 자로 살게 된 사도 바울은 로마에 편지를 보낼 때, 이 같은 수사적 질문으로 시작한다.

"그런즉 우리가 무슨 말을 하리요 은혜를 더하게 하려고 죄에 거하겠느냐" 롬 6:1.

제자 된다는 것은, 하늘에 계신 우리 아버지의 생각과 소망을 중심으로 내면세계와 외부세계에 속한 모든 부분을 지속적으로 새롭게 하는 삶의 총체적 변화 과정을 시작하는 것이다. 세례는 '예수님과 동행하는' 삶, 곧 영적으로 투명하고 명백한 삶을 어떻게 살아갈지 배워가기로 결단하는 시작점이다. 불행하게도 현대 기독교는 사람들이 영적 불쾌감을 갖도록 가르치는데 일가견이 있다. 우리는 그들의 삶보다 믿음을 나누도록 가르쳐 왔다. 우리는 단순히 살아계신 하나님과의 진실한 경험보다 교리적 명제들을 전하는 사람들로 훈련하는데 주력해 왔다.

왜 오늘날 교회 다니는 사람들이 자신의 믿음을 나누지 못하는지에 대한 연구 결과들이 인터넷에 널려 있다. 어떻게 하면 교회가 더 효과적으로 복음을 전할 수 있는지를 다룬 책과 강좌, 세미나와 컨퍼런스가 넘쳐난다. 사람들이 문제인가? 보다 급진적인 신앙이 필요한 것인가? 시스템 자체에 고질적인 문제가 있는 거라면, 새 포도주를 오래된 가죽 부대에 옮겨 담기만 하면 된다고 생각하는 단순한 시도들을 멈춰야 하지 않을까?

예수님과 일치하는 삶을 살아가는 과정으로서의 세례는, 그분이 희망과 회복의 메시지를 땅 끝까지 전하라고 위임하신 전략의 절반이다. 그 전략의 나머지 절반, 즉 예수님에 대한 순종을 가르치는 것 역시 강력하고 중요한 일이다.

순종 가르치기

나는 마태복음 28장 16절에서 20절까지의 본문에 기록된 주요 행위들에 관해 사람들에게 질문할 때마다 놀라곤 한다. 모두가 '가르침'을 '순종'과 분리해서 생각하기 때문이다. 우리는 순종이 아니라 지식에 관심이 있다.

원인이 무엇이든 간에, '가르침'에서 '순종'을 제거하고 성경을 읽다 보면 심각하게 잘못된 결론에 이르기 쉽다. 예수님은 제자들에게 그분의 모든 명령에 순종하도록 사람들을 가르치라고 말씀하셨다. 그런데 우리는 이 말씀에 어떻게 반응해 왔는가? 우리는 우리가 예수님의 모든 명령을 가르치면, 예수님의 모든 명령을 알고 있다면, 사람들이 당연히 순종할 거라고 생각했다. 하지만 신자와 비신자를 포함한 많은 사람이 예수님의 명령에 대한 현대 교회의 순종에 대해 아주 낮은 점수를 줄 것이다.

왜 우리는 순종이라는 단어를 있는 그대로 보지 못하는가? 정말로 '네가 그것을 안다면, 그것을 하게 될 거야'라고 생각하는 것인가? 우리는 건강에 좋은 음식을 먹어야 하고, 운동을 해야 한다는 사실을 알고 있다. 하지만 그 사실을 안다고 꼭 그렇게 실천하는가? 우리의 건강 검진 결과는 "아니오!"라고 부르짖을 것이다. 아는 것과 순종하는 것은 전혀 별개의 문제다.

현실에서는 아는 것이 반드시 순종으로 이어지지 않는다. 나는 이 교훈을 부모가 된 다음에 배울 수 있었다. 내가 훈육하려고 할 때마다 아이들은 "나도 알아요. 안다고요!"라고 말하곤 했다. 그렇게 힘주어 말하면서, 아이들은 자신의 불순종을 정당화하려고 했다. 그래서 나는 아이들을 위해 다음과 같은 명언 하나를 만들었다.

"안다는 것은 곧 실천하는 것이다."

불행하게도 아는 것, 가르치는 것, 배우는 것이 반드시 순종과 연결되지는 않는다.

일반적인 사람, 특히 민주주의 체제에서 성장한 사람들은 순종에 대해 거부감을 느낀다. 헌법에 기록된 권리에 의해, 우리는 자유롭다. 내가 살고 있는 미국에서는 "당신은 내 보스가 아니야" 혹은 "당신이 신이라도 되는 거야?"와 같은 말을 흔하게 들을 수 있다.

요즘에는 결혼할 때, 혼인서약문에서 '순종'이라는 단어를 삭제해 달라고 요구하는 신부들이 많다고 한다. 한 인간이 다른 인간에게 순종한다는 개념은, 현대 사회에 부적절한 것처럼 보인다.

그렇다면 창조주에 대해서는 어떤가? 우리가 아는 대로, 하나님이 모든 생명을 창조하시고 디자인하신 창조주라면, 그분의 말씀에 귀 기울이는 것이 당연하지 않은가? 하나님이야말로 전 우주에서 가장 현명하고 지혜롭고 유능한 존재가 아니신가? 당신이 창조주를 믿는다면, 하나님의 피조물로서 어떻게 합당한 삶을 수 있는지에 관한 그분의 말씀을 갈망하게 될 것이다. 그래서 예수님은 사람들에게 하나님의 지혜를 품고 살도록 가르치는 방식을 취하라고 명령하신 것이다.

그렇게 함으로써, 예수님은 율법주의자라 불리는 것을 두려워하지 않으시고, 담대하게 "내 모든 명령에 순종하도록 가르치라"는 말씀을 방법론의 핵심으로 삼으셨다. 현대 기독교, 특히 미국에서 전파된 기독교는 은혜를 관용과 용납으로 보는 왜곡된 관점에 깊이 젖어 있다. 현대 기독교에 침투해서 은혜의 개념을 왜곡시킨 문화적 악영향은, 예수님의 마지막 명령의 주요 부분들을 훼손시켰다.

'율법주의'는 사람들에게 인간이 만든 법 조항에 대한 책임을 묻는다. 예수님은 우리에게 인간이 정한 규칙이나 지침을 지키라고 요구하지 않으셨다. 어떤 것도 진리보다 우위에 설 수 없다! 예수님이 명령하신 순종은 기독교 문화의 기준이나 교단의 관행이 아니다. 이 순종은 (특정 교단이나 영적 교사가 아니라) 예수님이 말씀하신 것 안에서 정의되며, 그분의 명령을 삶의 기준으로 삼는 것이다. 예수님에 대한 순종은 율법주의가 아니라 자유로움으로 우리를 인도한다.

우리는 제자 삼으라는 예수님의 명령을 따르려고 노력하지만, 정작 우리 활동의 핵심은 그분의 모든 명령에 순종하도록 어떻게 사람들을 가르칠 것인가에 있다. 우리의 방법론은 예수님이 의도하신 대로 순종에 기반을 둔 문화, 즉 하나님과 이웃을 사랑하는 법을 배우는 문화에 기초해야 한다. 이것은 교단이나 교회가 만든 성경 이외의 규범이 아니라, 성경 안에 있는 명령이다. 명령을 아는 것만으로 충분하다는 생각에 속지 말아야 한다. 우리가 살고, 배우고, 일하고, 즐기는 곳에서 반드시 알고 있는 바를 보여줘야 한다. 참된 제자가 되는 일은, 예수님의 말씀에 순종하는 법을 배우는 것이다.

순종을 가장 중요하게 여기는 제자훈련 프로그램을 얼마나 많이 알고 있는가? 사람들에게 믿음, 영적 훈련, 지도력 계발, 사역 기술에 관한 기본사항을 가르치는 프로그램은 얼마든지 이야기할 수 있다. 하지만 예수님이 우리에게 하라고 말씀하신 것은 이런 것이 아니다. 예수님은 우리에게 순종하도록 가르치라고 명령하셨다. 이 중요한 것을 어떻게 놓칠 수 있단 말인가?

르로이 에임스(Leroy Eims)의 말대로, 현대 기독교가 제자 삼는 기술을 잃어버렸다는 사실은 비밀이 아니다.[2] 달라스 윌라드(Dallas Willard)의 저서 『잊혀진 제자도*The Great Omission*』는 현대 교회가 예수님의 마지막 명령에 순종하지 못했음을 지적하고 있다.[3] 이 책을 저술하는 동안, 앨런 허시(Alan Hirsch) 같은 사려 깊은 지도자들은 제자 삼기에 관한 올바른 이해가 현대 교회에서 모두 사라졌음을 경고해 왔다.[4]

한 단계의 과정

전도를 예수님의 마지막 명령으로 이해하는 것은, 원래 하나의 단계로 이루어진 과정을 두 단계의 과정으로 바꿔서 예수님의 전략의 핵심을 왜곡한다. 우리는 예수님 같은 삶을 살고 예수님에 대한 순종을 가르치는 제자훈련에 대해 고민하기보다, 일련의 명제들을 따라 사람들을 개종시킨 뒤에 예수님이 구원자 이상의 의미가 있는 분임을 이해시키는 데 주력해왔다.

우리는 예수님의 왕 되심을 배우는 과정을 밟아왔는데, 이 과정은 사람들이 자신과 하나님에 관한 일련의 설명에 대해 동의하도록 설득하는 도구로 왜곡되고 말았다. 그 결과, 우리는 매우 중요한 영적 진리에는 동의하지만, 마태복음 28장 18절에서 20절까지의 본문에서 예수님이 말씀하신 사명대로 살지 못하는 소비자들로 가득 찬—교회라 불리는 —조직을 갖게 되었다. 지금 우리가 교회라고 부르는 것은, 예수님이 의도하신 것과 전혀 다른 모습이다.

복음 전도, 강단으로의 부름, 죄인의 기도 같은 것이 원천적으로 잘못된 것은 아니지만, 이것들은 성경적 근거가 전혀 없는 것이며 성경은 이런 것을 실행하거나 모델로 제시하거나 명령하지 않는다. 이것들은 성경을 읽는 렌즈가 될 수 없다. 우리가 성경을 다시 읽을 수 있을 만큼 기존의 패러다임에서 벗어날 수 있다면, 성경을 읽는 다른 방식이 있음을 알게 될 것이다.

산 위에서의 친밀한 모임은 예수님이 그분을 따르는 이들에게 위임하시는 상황을 보여준다. 마지막 명령은 예수님이 3년 동안 그분과 함께 했던 그룹에게 주신 것이었다. 예수님이 하신 모든 일은 산 위에서의 마지막 명령에 근거해서 이해해야 한다. 이것은 예수님의 마지막 명령이 아니라, 그분의 제자들에게 주신 지속적인 위임령이다. 마태복음의 대위임령은 위임에 관한 가장 완전한 설명이다. 따라서 다른 복음서 저자들의 위임령을 가지고 추가로 설명하거나 정의할 수 없다.

요약하자면, '세례'는 예수님을 향해 외적으로 나아가는 것에 초점을 맞춘 반면, 예수님의 말씀에 대한 '순종'은 제자의 삶의 내적 표현이라 할 수 있다. 성령님이 우리를 자기중심성의 중독에서 벗어나 새로운 주인을 더 사랑하도록 이끄실 때, 우리는 예수님을 닮아가는 '순종'이라는 삶을 살게 된다. 이렇게 함으로써, 세상은 세례와 순종이 어떻게 조화를 이루는지 보게 될 것이다. 우리의 왕이시며, 점진적이고 지속적으로 우리의 왕이 되실 창조주께 기꺼이 순종할 때, 우리의 신분은 자연스럽게 겉으로 드러날 것이다.

제자 삼는 제자

처음 제시한 구절로 돌아가서 예수님이 제자들에게 제안하신 것을 생각해 보자. 이 사명의 범위는 분명하다. 처음에 예수님은 그들을 이스라엘 사람들에게 보내셨다. 이제 제자 삼는 일은 전 세계를 향해 있고, 이에 대해서는 이론의 여지가 없다.

예수님이 이 말씀을 하신 것은 처음이 아니었다. 이미 예수님은 종말의 때에 대해 묻는 제자들에게 그분의 메시지가 전 세계에 전파되어야 하고, 좋은 소식이 기존의 모든 사회정치적 집단에 전해져야 한다고 말씀하셨다 마 24:14.

민족들(nations)이란 단어는 국가와 같은 정치적 경계와 혼동하기 쉽다. 그렇다고 숨은 뜻을 가진 언어는 아니다. 이 단어는 복수형이고, 모든 이방인, 이스라엘이 아닌 민족, 모든 종족, 언어, 사람들 및 국가를 지칭한다. 히브리인들은 이 단어를 의심할 바 없이 '크고 분명하게' 들었을 것이다. 예수님은 제자들에게 그들이 나아갈 범위를 이스라엘을 넘어 모든 종족 집단으로 확장시키라고 요구하셨다. 요한계시록 5장 9절과 7장 9절에 사용된 이미지는 이 위임령이 성취된 모습을 보여준다.

이것은 새로운 아이디어가 아니다. 창세기 12장에서 아브라함은 땅의 모든 종족들에게 복이 되도록 선택되었고 복을 받았다. 요나는 니느웨 사람들에게 심판의 경고와 그것을 면할 수 있는 방법을 전하기 위해 이스라엘 바깥으로 보내졌다. 하나님은 항상 자신의 창조물들을 자신의 가족으로 회복시키기 위한 사명을 수행해 오셨다.

예수님의 대위임령 시작 부분에서, 그분은 우주적인 자신의 지위를 확립하신다. 무한한 권위와 권세를 가지셨다. 끝부분에서, 예수님은 또 하나의 무한한 측면을 제시하신다. 바로 그분의 임재다. 예수님은 모든 종족집단을 제자 삼는 자신의 꿈을 수행하는 일에 개인적으로 관여하기로 작정하셨다. 시작과 끝부분에 나오는 무한한 권세와 끊임없는 임재는 제자들이 마음껏 그 자원들을 맛보게 해준다. 예수님의 권세와 임재 없이, 그들은 아무데도 갈 수 없었고 어떤 상황도 직면할 수 없었다.

이 땅에서의 삶이 끝나갈 무렵, 예수님은 핵심 제자들을 모으시고 행군 명령을 내리셨다. 내가 언어학자는 아니지만, 그것을 요약하면 이런 내용일 것 같다.

> 나는 존재하는 모든 것에 대한 무한한 권세를 부여받았다. 그러므로 너희는 땅의 모든 종족에게 갈 때, 그들에게 아버지와 나와 성령님의 공동체와 자신을 동일시하는 것을 시작으로, 그들이 살고 배우고 일하고 노는 곳에서 내 도제(徒弟, 제자-역주)가 되는 방법을 보여주어라. 땅 끝까지 이르러 스스로 증가하기 위해, 내가 너희에게 남긴 모든 지혜대로 어떻게 살 수 있는지 발견함으로써, 그들 가운데 재생산의 혁명을 불붙여라. 나는 끝까지 이 일을 할 것이다.

이 본문과의 만남은 길고 격렬했다. 그러나 7년 전에 갑자기 이 구절이 전혀 다르게 내게 다가왔다. 내 머리를 스친 통찰은 단순했지만, 꽤 심오했다.

한 가지 질문으로부터 시작해 보자. 마태복음 28장 16절에서 20절까지의 본문에서 예수님은 우리에게 제자 삼으라고 명령하셨는가? 대답하기 전에, 잠시 생각해 보라. 이 질문에 대해 "아니요"라고 대답할 수 있는 일말의 여지가 있는가? 이토록 단순하면서도 우리의 상상을 초월할 만큼 심오한 진리에 대한 이해가 명백하게 보이지 않는가?

사실 나는 "아니요. 예수님은 내게 제자 삼으라고 요구하지 않으셨어요"라고 말할 수 있었을 때, 이 본문에 관한 개인적 깨달음을 경험했다. 그래서 내가 예수님을 경험하던 초기에, 예수님은 내가 제자 삼기 원하시며 재생산은 그분을 따르는 자들에게 당연한 것임을 확신하게 되었다.

내 인생 여정은 내 시간을 투자한 남성들과 여성들로 가득하다. 그들은 이전과 전혀 다른 삶을 살고 있다. 내가 변화를 가져올 수 있다는 믿음을 가지고 위험을 감수하며, 그들의 삶에 개입했기 때문이다. 언젠가 한 친구가 내게 이런 말을 했다.

"내가 항상 당신을 좋아하는 것은 아니에요. 하지만 내 남편이 당신 덕분에 더 좋은 사람이 된 것은 확실해요."

이들은 내가 개인적으로 얼굴과 이름을 아는 사람들이다. 군중 속에 있는 수백, 수천의 얼굴이 아니라 그들의 삶에 내 자신을 쏟아부은 나의 제자들이다.

어느 날, 이 구절을 읽다가 비늘이 벗겨지면서 나를 크게 변화시킨 깨달음을 얻었다. 나는 이 구절이 내 제자들에게 그런 것처럼 내게도 동일하게 유의미하다는 사실을 깨달았다. 그들은 제자 삼아야 했다. 다시 말하건대, 이것이 간단해 보일지 모르지만 예수님은 단지 제자 삼으라고 하신 것이 아니라 '제자 삼는' 제자(disciple-making disciple)를 삼으라고 나를 부르셨다.

제자훈련을 통해 내가 양육했던 사람들은 성장했고 성숙했다. 그들은 자신의 내면세계를 드러냈고, 자신의 육신적 전략들이 도전받는 것을 경험했고, 자기를 부인하고 십자가 중심의 삶을 살아야 함을 배웠다. 그들은 힘들게 번 돈에 집착하지 않고, 하나님의 일을 위해 더 많은 돈을 내어놓았다. 그들은 동료들과 이웃들에게 다가가 교회로 초대했다. 그들은 풍성하게 헌금했고, 가난하고 궁핍한 이들을 섬겼다. 더 성숙한 남편과 아내가 되었다. 도대체 이것이 뭐가 잘못되었단 말인가?

예수님은 나를 부르셨다. 그러나 사람들이 각자의 영적 여정을 좇아 성숙해지도록 돕는 일로만 부르지 않으셨다. 그분은 제자 삼는 제자를 삼으라고 나를 부르셨다. 재생산은 예수님이 주신 마지막 명령의 핵심이다. 그분은 내가 영적인 의미에서 자녀와 손자, 증손자들을 얻기 원하셨다.

이런 깨달음을 통해, 나는 마태복음 28장이 해야 할 일뿐 아니라 어떻게 해야 할지에 관한 방법론도 다루고 있다는 사실을 알았다.

나는 독서를 통해 깊이 있는 내면세계를 성찰하기 좋아한다. 예를 들면, 브레넌 매닝(Brennan Manning), 아빌라의 테레사(Teresa of Avila), 래리 크랩(Larry Crabb), C. S. 루이스(C. S. Lewis), 헨리 나우웬(Henry Nouwen), G. K. 체스터턴(G. K. Chesterton), 달라스 윌라드 같이 지혜로운 이들의 책을 좋아한다. 나는 사람들을 모아 이런 책들을 함께 읽고, 통렬할 정도로 정직하고 통찰력 있는 질문을 통해 그들의 영혼을 들여다보기 좋아한다. 우리가 개인적 평안과 안위에 중독되어 있기 때문에, 사람들에게 불안정과 불균형한 느낌을 주는 것은 그들의 성장을 돕는 길이 된다. 나는 이런 일 하기를 좋아한다.

나는 내 열정과 은사를 가지고 제자 삼는 사역을 해왔다. 나는 위험을 감수하며, 늘 도전적으로 이 일을 감당해 왔다. 나는 영적 성장 때문에 관계가 어려워지고 우정이 깨지는 것도 두려워하지 않았다. 이것이 과거의 내 모습이다. 하지만 내 제자들 중 많은 사람이 나와 같지 않다. 그들은 내가 한 것처럼 하지 않았다. 그들은 나의 방식대로 제자를 삼을 수 없었다. 왜냐하면 그들에게는 그런 은사가 없었고, 나만큼 열정적이

지도 않았기 때문이다.

그러다가 개인적인 신념과 예수님의 명령이 충돌하는 사건이 있었다. 처음에 나는 적당한 선에서 타협을 시도하며 예수님께 이런 질문을 던졌다.

"예수님, 예수님이 저를 이렇게 만드셨잖아요? 이것이 제가 잘하는 일입니다. 왜 제가 잘 하는 일을 못하게 하시나요?"

그러나 내면의 풍랑이 잠잠해지면서, 예수님이 원하시는 바가 무엇인지 보이기 시작했다.

나는 내가 제자 삼는 데는 별로 소질이 없으면서도 독서하고, 도전하고, 찌르고, 쫓아다니는 것은 좋아한다는 사실을 깨달았다. 이런 일들이 내게 큰 만족을 주었지만, 그 이면에는 내가 직면해야 할 진실이 있었다. 내가 제자 삼은 사람은 많았지만, 그중에 내가 한 것처럼 다른 사람을 제자 삼은 제자는 거의 없었다. 오래된 방식이지만 스포츠에 비유해서 말하자면, 나는 경기에서 선수로 뛸 수 있었지만, 코치는 할 수 없었다.

이 깨달음이 나의 결승선을 바꿔버렸다. 나는 더 이상 제자 삼는 것으로 사역의 성공 여부를 평가할 수 없었다. 급기야 나는 스스로에게 다음과 같이 속이 뒤틀리는 질문을 해야 했다.

'내 제자들이 다른 사람을 제자 삼을 수 있을까? 내가 그들에게 한 것처럼, 그들도 다른 사람들을 제자 삼을 수 있을까?

그러면서 나는—대위임령에 관해 진지하게 생각하고 있다면—간단하면서도 반복 가능한 방법론을 찾아야 한다는 사실을 깨닫기 시작했다. 은사와 성격, 열정을 뛰어넘는 방법론이 필요했다. 나는 영적 자원의 유무와 상관없이 제자 삼는 방법에 관한 모델을 찾아야 했다.

지금까지 말한 내용에 대한 요약으로, 마태복음 28장 18절에서 20절까지의 본문을 다시 살펴보자.

> 나는 존재하는 모든 것에 대한 무한한 권세를 부여받았다. 그러므로 너희는 땅의 모든 종족에게 갈 때, 그들에게 아버지와 나와 성령님의 공동체와 자신을 동일시하는 것을 시작으로, 그들이 살고 배우고 일하고 노는 곳에서 내 도제(徒弟, 제자 - 역자 주)가 되는 방법을 보여주어라. 땅 끝까지 이르러 스스로 증가하기 위해, 내가 너희에게 남긴 모든 지혜대로 어떻게 살 수 있는지 발견함으로써, 그들 가운데 재생산의 혁명을 불붙여라. 나는 끝까지 이 일을 할 것이다.

산 위에서 예수님은 자신의 첫 제자들에게 위임령을 주셨다. 그들은 재생산의 동력을 가진 순종하는 제자들이 되어, 지구상에 존재하는 모든 종족집단에게 나아가야 했다. 그분은 위임령의 서두에서, 자신보다 더 강한 힘을 결코 만나지 못할 것이라고 선언하셨다. 그리고 마지막에, 끝까지 함께 있겠다는 자신의 의도를 분명히 드러내신다. 그분은 항상 전능한 분이시다! 예수님은 아무리 오래 걸려도, 마지막 날이 될 때까지 항상 함께 하실 거라고 제자들에게 확신을 주신다.

대위임령으로의 위대한 복귀

마태복음의 구절은 산 위의 모임에 관한 가장 완벽한 기록이다. 신약성경의 다른 본문들(눅 24:44-49, 행 1:4-8, 요 20:19-23)에도 대위임령에 대한 저자들의 통찰이 담겨 있지만, 그 모든 것은 마태의 기록을 통해 얻은 것이다.

이 논의를 시작하게 한 진술로 다시 돌아가 보자.

> 대위임령은 성경의 다른 모든 명령을 포괄하기 때문에, 우리는 예수님의 모든 가르침을 대위임령의 빛 아래에서 이해해야 한다. 따라서 예수님이 다시 오시는 그날까지 모든 그리스도인은 이 명령에 순종해야 한다.

대위임령은 명령 이상의 것이다. 그것은 사명 선언문이다. 예수님의 전략적 계획은 지구상 모든 곳의 모든 세대에게 복음이 전달되는 것을 보는 것이다. 예수님의 계획은 교회가 아니라 제자 삼는 제자를 세우는 것이었음을 주목하라.

제자 삼는 제자가 하나님과 이웃을 사랑하지 않을 수 있을까? 그렇지 않다! 진정한 예수님의 제자는 결코 그럴 수 없다. 만약 삶의 모든 영역에서 예수님께 순종하는 법을 배우는 사람들을 배출하지 못하는 제자훈련 프로그램을 실시하고 있다면, 당신은 자신의 사역을 '제자 삼기'라고 부르면서 예수님께 불의한 일을 행하고 있는 것이다. 어쩌면 우리가 '제자 삼기' 대신 '제자훈련'이라는 용어를 사용하는 것이 그 때문인지도 모르겠다. 우리는 제자 삼지 않는 제자훈련을 할 수 있다.

제자가 된다는 것은, 예수님이 명령하신 모든 일에 대한 순종이 더 깊어진다는 것이다. 예수님의 제자들은 예수님이 가난한 자, 억눌린 자, 고아, 과부에게 가지셨던 한없는 관대함을 동일하게 나타내기 시작했다. 이런 문제와 상황은—천국에서는 찾아볼 수 없겠지만—우리가 이 땅에서 늘 직면하게 되는 것들이다. 제자들은 단순 거주자가 아니라, 이 세상의 시스템을 변화시키기 위해 존재하는 사람들이다.

예수님의 의도와 어긋나게 이해되고 있는 대위임령에 관한 내용을 접하게 되면, 대부분 혼란을 경험하게 마련이다. 오늘날의 상황에서 '제자'의 정의는 순종보다 지식에 방점을 찍는다. 복음 전도와 제자훈련이라는 두 단계의 과정은 기독교 안에서 가장 널리 사용되고 있는 모델이다. 우리는 제자 삼는 대신 회심자를 만들어, 그리스도인이라고 이름 붙인다. 하지만 예수님은 천국을 이 땅에 가져올 제자를 삼으라고 요청하셨다.

대위임령에 대한 이런 식의 사고는, 예수님의 생각과 달리 대위임령과 위대한 계명 사이에 논쟁을 불러일으킨다. 이 두 가지는 예수님이 의도했던 원인과 결과의 관계라기보다, 기독교의 기능들로 보인다. 제자 삼는 제자가 마땅히 맺어야 할 열매는, 예수님의 크고 작은 명령대로 살면서 더 많은 제자 삼는 제자를 세우는 것이다.

과거의 잘못된 방향을 바로 잡기 위해 새로운 용어를 만들고 싶겠지만, 그것은 이미 복잡한 문제를 더 어렵게 할 뿐이다. 우리에게 정말로 '선교적' 제자가 필요한가? 내 생각엔 예수님이 우리에게 이렇게 되물으실 것 같다.

"뭐라고?"

예수님을 닮은 제자는 이미 사명을 감당하고 있다. 제자에게도 등급을 매길 수 있다는 생각이나 수식어를 추가할 필요가 있는가?

우리는 현재 우리가 교회라고 부르고 있는 대상을 직시하고, 그것이 정말로 예수님과 연결되어 있는지 재점검해보기를 두려워하고 있지 않은가? 우리 시대의 끔찍한 비극은 복음을 전하려는 모든 시도 때문에 오히려 사람들이 지옥에 두 배나 적합한 상태가 되어버린 것이 아닐까? 우리는 사람들에게 예수님의 말씀에 순종하기보다, 강단으로 나아가기 위해 통로로 내려오는 것이나 죄인의 기도를 믿으라고 가르쳐 왔다. 스캇 맥나이트가 그의 책 『예수 왕의 복음*KIng Jesus Gospel*』에서 말한 것처럼, 우리는 하나님 나라의 삶에 관한 복음보다 용서의 복음을 선포해 왔다.[5]

대위임령에 대한 올바른 관점은, 우리가 어떻게 예수님의 메시지를 듣고 세상에 나아갈 수 있는지를 이해하는 기초가 된다. 오늘날의 복음주의적 사고방식으로 성경 본문을 해석하기를 거부하면, 예수님이 우리에게 원하시는 것들에 대한 신선한 통찰력을 얻을 수 있다. 전 세계의 모든 종족집단을 제자 삼는 제자로 세우라!

3장____ 거대한 실수 바로잡기

예수님을 그분의 말씀대로 이해하기

주일 오전 11시가 되면 백인과 흑인, 히스패닉 · 라틴계, 그리고 많은 다른 인종 집단이 각자의 종교적 경험에 따라 나뉜다. 그러나 이것은 분리의 시작일 뿐이다. 침례교, 천주교, 장로교, 감리교, 정교회, 나사렛파, 그리스도 교회(Church of Christ), 메노파 교도(Mennonites), 형제 교회(Brethren), 오순절 교단, 은사주의 교회(Charismatics)가 각기 다른 곳에서 모인다. 그들 모두 저마다의 독특함과 차별성을 자랑스러워한다.

이런 상황에 대해 예수님이 뭐라고 하실지 상상해 보라. 예수님의 의도는 무엇이었을까? 순수한 다문화주의였을까? 요한계시록이 보여주는 그림은 확실히 그렇다계 5:9, 7:9. 그러나 죄로 얼룩진 세상에서 그런 일이 가능하겠는가? 수많은 교회 개척자들이 이런 일이 일어나도록 희생을 치러왔지만, 소수만이 성공했을 뿐이다.

1964년 민권법(인종이나 민족, 성별 등에 대한 차별을 불법으로 규정한 법안-역자 주)을 촉발한 종교적 인종차별주의는 훨씬 더 깊은 문제의 증상에 지나지 않는다. 우리는 증상을 다룰 수도 있고, 근본적인 원인을 찾으려 시도할 수도 있다. 전문 의학 지식이 없는 사람도 증상을 다루는 것은 평생 걸리지만, 근본 원인을 찾으면 치유로 이어질 수 있다는 것을 안다. 우리를 근본 원인에 집중하게 만드는 원리가 하나 있다: 형식이 기능을 따라간다는 것이다.

1947년 10월 14일, 척 예거(Chuck Yeager)는 음속을 돌파한 최초의 인간으로 기록되었다. 의심할 여지 없이, 그의 전적(戰績)과 이 실험적인 프로그램에서 보여준 용기 덕분에 예거는 항공 역사에서 추앙받을 만한 인물이 되었다. 하지만 그는 음속의 장벽을 깨기 위해 노력하다 목숨을 잃은 수많은 사람의 업적 위에 서 있을 뿐이다.

음속의 장벽을 돌파하기 위한 시도는 항공 엔지니어들에게 수많은 이슈를 제기했다. 예를 들어, 프로펠러로 날아가는 전통적 형태의 비행기는 음속을 돌파하기도 전에 기체가 파괴되고 말았다. 항공 엔지니어들은 항공기 횡단면의 두께가 앞쪽에서 뒤쪽으로 완만하게 증가하면, 항공기 표면으로 최적의 공기 흐름이 발생할 것으로 생각했다. 하지만 비행기의 날개가 돌출되면 문제가 생길 수 있었다. 해결책은 날개를 동체에 끼워 넣는 것이었다. 그 결과가 바로 고전적인 '콜라병' 형태의 초음속 항공기였다. 다행히도 설계자들은 '형식이 기능을 따라간다'는 간단한 원리를 고수했다.

전통적인 형태의 엔진과 프로펠러 구동 방식에 집착하지 않았기 때문에, 그들은 새로운 제트 엔진과 동체 모양을 고안할 수 있었다. 그들은 엔진과 동체 모양이라는 '형식'을 음속보다 더 빨리 비행할 수 있는 '기능'에 맞춘 것이다.

이 원리 덕분에 유인 항공기는 음속의 장벽을 깨뜨리는 것은 물론 음속의 6~7배 속도를 낼 수 있게 되었다. 단순한 원리에 대한 관심은, 상상을 초월하는 성취로 가는 입장권이 될 수도 있고 걸림돌이 될 수도 있다. 이 보편적인 원리를 적용하면, 한계를 뛰어넘는 엄청난 자유를 누릴 수 있다. 하지만 그것을 거부하면, 처참한 결과의 주인공이 될 수밖에 없다.

나는 초기 단계로 두 교회의 개척을 주도했고, 또 다른 개척 팀에 참여했으며, 기존 교회에서도 6년 동안 사역했다. 이런 경험들을 통해, 나는 예수님의 대위임령을 비효율적으로 추구하게 만드는 몇 가지 주요 이슈들을 관찰하게 되었다.

나는 예수님의 사명이 이 세상에서 성취되기를 고대하는 사람들이 '형식이 기능을 따라간다'는 원리를 간과하는 것을 자주 보았다. 우리는 기능보다 형식을 우선시 해왔다.

잘 들어보라. 각자가 살고, 배우고, 일하고, 노는 곳에서 하나님을 경험하라고 서로 격려하고 도전하기 위해 남자들과 여자들이 정기적으로 모이는 장소가 있다. 하지만 우리는 형식적인 예배자가 되었고, 기능에는 주의를 기울이지 않았다.

이에 대해 예수님은 뭐라고 하실까? 내 생각에 그분은 우리의 '교회론(Ecclesialotry)'을 책망하실 것 같다. 그렇다. 우리는 교회라는 이름의 형식적인 예배자들이 되었다. 어쩌면 예수님이 이렇게까지 물으실지도 모르겠다.

"왜 너희는 내가 하라고 명령한 것(제자 삼는 제자 세우기)은 하지 않고, 내가 하겠다고 한 것(내 교회를 세우리라)을 하고 있느냐?"

성경 본문에서는 물론, 성경 역사의 흐름에서도 예수님의 대위임령을 부인하는 진술은 찾아볼 수 없다. 예수님은 제자 삼는 제자를 세우셨다. 성경 역사에 관한 수많은 기록은 교회가 조직되고 지도자가 세워지기 이전에, 사도 바울이 제자 삼는 사역을 했음을 보여주고 있다. 예수님과 사도 바울 모두 형식이 기능을 따르도록 실행했다. 선교의 성경적 기능, 즉 제자 삼는 사역을 확장하는 것은 교회가 추구해야 할 방향과 형식을 제공했다.

제자 삼는 제자를 세우면, 그 결과는 항상 성경적 기능을 감당하는 공동체, 즉 예수님의 교회로 나타난다. 하지만 그 대신 교회를 개척한다면, 제자 삼는 제자를 늘 세울 수는 없을 것이다. 불행하게도 교회사는 제자가 되어야 한다는 압박을 받았던 수많은 사람으로 가득 찼던 건물들을 보여준다. 제자 삼기 전에 교회 성장을 추구할 자유를 허락함으로써, 우리는 예수님이 우리에게 주신 사명을 왜곡했고, 그분이 전 세계적 사명을 위해 일으키기 원하셨던 바로 그 유기적 조직(organism)을 무력하게 만들었다.

'교회론'은 그 성경적 의미를 '교회'라는 단어에 거의 빼앗기고 말았다. 성경에서 드물게 사용된 이 단어가 우리의 모델이 되었다. 그러나 우리가 이 단어를 남용하고 과용하는 바람에, 교회의 중요성을 상실하고 말았다.

'교회'의 어원에 대해 간단히 살펴보는 것이 이 논의에 도움이 될 것 같다. '교회(church)'라는 단어는 고대 영어와 독일어 'kirche', 스코틀랜드어 'kirk'에서 파생되었을 것으로 추정된다. 또한 '주님과 관련된 것'을 의미하는 헬라어 'kuriakos'와도 연관되었을 것으로 생각된다. 이 단어는 성경에 두 번 등장하지만, '교회'로 번역된 경우는 없다. 이 시점에서 우리는 이런 질문을 던질 수 있다.

"이것은 성경에서 일반적으로 '교회'로 번역되는 영어 단어 '에클레시아(ecclesia)'와 어떤 관계인가?"

로버트 영의 성경 번역(Young's Literal Translation)에서처럼, 번역가들이 '에클레시아'를 단순히 '집회(assembly)'로 번역하지 않았기 때문에 우리가 길을 잃은 것일까? 이 단어가 우리의 성경 읽기에 미친 영향력은 상상을 초월한다. 수 세기 동안 독자들이 '교회'를 '집회'라고 읽었다면, 오늘날 우리가 에클레시아를 왜곡했을까? 우리가 하나님의 선교(Missio Dei)를 잘못된 자리에 둔 것은 아닐까? 교회를 건물과 동일시하려는 경향이 강하지 않은가? 집회를 벽돌과 시멘트로 만든 건물로 재정의하기는 더 어렵다고 본다.

헬라어로 교회를 뜻하는 '에클레시아(Ekklesia)'는 특별한 목적을 위해 부름을 받은 그룹을 의미한다. 예수님의 에클레시아는 창조주 하나님과 다시 연결되어 희망과 치유의 메시지를 전하도록 부름을 받았다. 그것은 결코 그 자체로 그치는 것이 아니었다. 초대교회에서 사람들이 제자가 되어 하나님의 가족으로 받아들여질 때, 그들은 동일한 사고를 하는 사람들에게 둘러싸여 있었다. 이 무리에 속한 사람들은 오직 한 가지 사실만 알고 있었다: 예수님을 닮고 그분께 순종하도록 사람들을 가르쳐라.

오직 한 가지만 알고 있었기 때문에, 그들의 주된 활동은 제자 삼는 제자를 양성하는데 초점이 있었다. 제자 삼는 과정이 내재한 것은, 그들의 아버지이신 창조주와 새로운 가족관계로 살아가는 것이었다. 순종을 통해 예수님을 알게 되었기 때문에, 그들이 하나님을 사랑하고 그분의 사랑을 세상 가운데 확장하는 것은 지극히 정상적인 일이었다. 그들은 결국 예수님이 제자들에게 가르쳐주신 기도에 대한 응답이었다.

> "나라가 임하시오며 뜻이 하늘에서 이루어진 것 같이 땅에서도 이루어지이다" 마 6:10.

항상 그랬던 것은 아니다. '교회'라는 단어는 모퉁이에 서 있는 빌딩, 가정에서 모이는 교회, 또는 목요일 저녁에 모이는 선교적 공동체(missional community)와 동의어로 사용되었다. 이런 건물이나 모임은 '교회 사람들'을 위한 장소로 알려졌다. 이것은 주로 그들이 반대하는 것들로 정의되는 교회 문화의 일부이다. 어느 날 나는 운전을 하다가, 교회에 대한 문화적 태도가 잘 요약된 범퍼 스티커를 보게 되었다. 거기에는 이렇게 적혀 있었다.

"나는 교회와 증오의 분리를 위해 존재한다!"

우리의 교회 문화는 너무나 비뚤어져 있어서, 조지 헌터(George Hunter)가 그의 책 『불신자들에게 열린 교회가 성장한다*Church for the Unchurched*』에서 밝힌 대로, 교회가 사람들을 하나님께 인도하는데 가장 큰 걸림돌이 되고 말았다.[1]

어떻게 이런 일이 일어날 수 있었을까? 이 세상에서 예수님의 사명을 감당하기 위해 고안된 바로 그 기관이, 이제는 그 사명의 가장 큰 걸림돌이 된 것이다. 당신도 내 의견에 고개를 끄덕이리라 생각한다. 나는 유행에 민감하고, 멋지고, 문화의 유행을 잘 따라가는 교회에 속해있다. 우리는 가난하고 연약한 사람들에게 나아가고, 누구든지—심지어 동성애 커플까지—받아들이고, 우리가 원하는 방식대로 옷을 입고, 어린이 성매매를 막고, 실업자들에게 일자리를 제공하고, 다양한 구제 활동을 한다. 하지만 오래전부터 세상이 우리를 지켜보면서 갖게 된 생각들이 바뀌지 않았기 때문에, 지금 우리가 무엇을 하는지는 중요하지 않다. 우리, 즉 교회는 너무나 많은 것을 잘못 해왔기 때문에, 우리의 흑역사를 지우는 것이 불가능하다.

사람들은 교회가 얼마나 잘 하고 있는지 볼 수 있을 정도로 우리에게 가까이 오지 않는다. 공정하든 그렇지 않든, 교회 문화는 가까운 시일 내에 사라지지 않을 공통의 이미지를 갖게 되었고, 우리의 이웃과 동료들은 우리를 그 일부로 여긴다. 친구, 이웃, 친척, 동료에게 신앙적으로 접근하려고 할 때, 우리는 중립지대에서 출발할 수 없다. 우리는 이미 부정적인 편견 속에서 시작할 수밖에 없다.

어디서부터 잘못된 것인가? 콘스탄틴에게 모든 잘못을 돌리고 거기에서 끝내는 것이 좋을 수도 있다. 그가 예수님의 사역을 타락시키는데 일조했을 수 있다. 그러나 이것은 콘스탄틴 한 사람만의 책임이 아니다. 우리는 수많은 잘못된 방향 전환 때문에 혼란을 경험하게 되었고, 그것들은 모두 기능을 뒤따르는 형식이라는 원리와 관련이 있다.

교회 개척 대 제자 삼기

나는 이미 첫 번째 실수, 즉 교회 개척에 대해 어느 정도 설명했다. 나 자신이 교회 개척자였기에, 똥 묻은 개가 겨 묻은 개 나무라는 것처럼 보일 수도 있다. 하지만 내 경험은 내부자의 관점을 제공한다.

교회를 개척할 때, 우리가 실제로 하는 일은 예배 모임을 시작하는 것이다. 거의 예외 없이 핵심 그룹을 구성하고, 찬양인도자와 같은 주요 사역자들을 배치하고, 최소 필요 인원을 모으고, 대규모로 시작할 수 있는 자금을 모으고, 이벤트를 열 수 있는 장소를 찾고, 시작 날짜를 정하는데 집중하는 것은 결국 매주 열리는 정기 모임을 만들기 위함이다.

여기에는 엄청난 에너지가 필요하다. 소그룹 사역, 어린이 사역, 청소년 사역, 설치 · 해체 팀, 재정팀을 담당할 핵심 자원자들을 모집하고 이끌어야 한다. 불행하게도 에너지는 모두 조직을 구축하는 데 집중된다. 이것을 가장 잘 표현해 주는 단어가 바로 관료주의이다. 관료주의는 에너지가 없어도 끊임없이 작동하는 기계가 아니다. 반대로 여기에는 엄청난 양의 에너지가 필요하다. 왜냐하면 대부분이 전에 이런 일을 해본적 없는 새로운 사람들이기 때문이다. 어떤 조직도 저절로 굴러가지 않는다. 반드시 에너지가 투입되어야 한다. 불행하게도 조직이 커지면 커질수록, 더 많은 에너지가 소비된다.

아무도 교회 개척의 사명이 자립이라고 주장하지 않을 것이다. 그러나 실제는 개척 교회가 생존 가능성에 도달할 때까지 소비되는 대부분의 에너지는 생존하는 데 집중된다. 예수님의 사명을 염두에 두는 것은 저글링 묘기(여러 개의 공이나 링을 한꺼번에 돌리는 곡예 – 역자 주)가 되어버린다. 불행하게도 대위임령의 공을 떨어뜨린다고 내 월급이 타격을 받지는 않는다. 하지만 교회 개척의 공을 떨어뜨리면, 경제적 안정이 위협을 받는다. 물론 둘 다 할 수 있지만, 내 경험으로 볼 때 교회를 세우는 활동은 쉽게 대위임령을 압박한다.

교회의 또 다른 형태인 선교적 공동체도 마찬가지다. 참여자들 가운데 응집력 있는 공동체를 구축하고, 비전을 공유하고, 기능하는 데에는 에너지가 필요하다. 그런 일은 저절로 일어나지 않는다. 사명을 감당하는 것이 가장 중요한 이슈라 할지라도, 그룹의 역동성을 위한 에너지, 선교적이라기보다는 공동체적인 에너지가 필요하다.[2]

예수님의 나라를 세우면서, 동시에 교회를 개척하거나 선교적 공동체를 모으는 일은 불가능하다. 내일 교회가 하나님 나라를 건설하려면, 오늘 교회를 개척해야 한다. 우리가 있는 자리에서 예수님이 성육신하시려면, 먼저 선교적 공동체를 만들어야 한다. 교회의 시스템이 제대로 작동하고 선교 공동체가 잘 기능해야, 하나님 나라를 세우는 성공적인 조직이 될 수 있다.

전부는 아니겠지만, 내가 아는 많은 교회 개척자들은 대위임령의 성취에 진실한 관심을 두고 있다. 그들은 교회 개척이 그것을 위한 가장 효과적인 도구라고 확신하고 있다. 그래서 그들은 성실하게 어깨에 쟁기를 메고, 그들이 알고 있는 최선의 방법으로 예수님의 나라를 확장하려고 시도한다. 하지만 그들은 그저 교회론을 실행하는 시스템의 포로가 된 것이 아닐까? 아무튼 속담에 나오는 것처럼 말 앞에 마차를 세워놓는다면, 우리는 예수님의 참된 의도로 돌아가는 길을 찾을 수 없다. 형식을 만드는 것, 즉 교회 개척이 더 쉽기에, 우리는 제자 삼는 제자를 세우는 대신 그 일을 한다. 사실 우리는 어떻게 증가하는 제자 삼기를 할 수 있는지 고민해 보지 않았다. 그래서 우리는 제자들이 나타나기를 소망하면서 교회를 개척한다. 그러고 나서 그렇게 되지 않을 때 어쩔 수 없이 놀라는 척을 한다.

우리가 교회 개척을 격려했던 젊은 남녀들은, 1940년대 후반 일주일에 한 명꼴로 사망했던 초음속 테스트 비행사들과 같다. 교회 개척자들은 음속 이하로 비행할 수 있는 비행기로 초음속으로 비행하라는 요구를 받았다. 음속의 장벽을 만나는 순간은 위험하고 위협적이다. 어떤 이들은 이를 통과하기도 하지만, 그렇게 하지 못하는 사람들이 더 많다.

형식은 기능을 따라간다. 예수님은 우리에게 제자를 삼으라고 명령하셨다. 이것이 바로 우리의 기능이다. 사도 바울은 제자를 삼으며 이 도시에서 저 도시로 여행했고, 그 과정에서 교회가 형성됐다. 예수님은 자신의 말씀에 대해 신실하셨고, 사도 바울은 예수님이 명령하신 기능에 충실했다.

내 친구이자 전 세계적으로 널리 알려진 훈련 전문가 짐 요스트(Jim Yost)는 종종 이렇게 말하곤 했다.

"우리가 예수님 수준의 결과를 원한다면, 예수님의 방식을 사용하려고 노력해야 한다."

그가 말하려는 것은, 예수님이 자신의 교회를 세우시게 하고, 우리는 그분이 명령하신 것, 즉 제자 삼는 제자를 세우는 데 집중하도록 재조정하고 되돌아가자는 것이다.

정의가 중요하다

다들 우리에게 문제가 있다는 이야기에 대해 동의할 것이다. 그렇다면 어떻게 돌아갈 것인가?

어떤 단어를 선택하고 그 단어를 어떻게 사용하느냐에 따라, 우리의 생각과 행동이 달라진다. 이것은 우리 개개인의 삶에서도 발견된다. 우리는 누군가에 관해 이야기하면서, 무심코 피부색이나 국적에 관한 서술어를 사용한다. 만일 어떤 사람의 피부색이나 국적이 우리와 동일한 경우에는, 추가적인 서술어를 사용하지 않는다. 왜 그럴까? 우리가 직면하지 않은 교활하고 숨겨진 인종적 태도를 드러낸 것이다. 우리가 선택하는 단어들과 그것들을 구사하는 방식은 우리 내면의 실상을 반영한다.

아름다운 목적을 위해 만들어진 단어를 부도덕한 방식으로 사용하는 것은 언어적 포르노다. 단어와 구절이 원래 의도와 전혀 관련 없을 만큼 과용함으로써, 의도된 뜻을 바꿔버리는 것은 부도덕하다. '부도덕'이라는 단어가 지나치다고 생각할지 모르지만, 우리는 얼마나 오랫동안 건물을 '교회'라고 부르는 것이 현대 기독교를 타락시키지 않은 것처럼 행동할 수 있을까? '교회' 혹은 '에클레시아'라는 단어가 벽돌과 시멘트를 가리키는 것이 아닌데도, 우리는 서구 문화 속에서 여기에 동의했고, 그것을 다시 전 세계로 수출했다.

최근 케냐를 여행한 적이 있는데, 한 친구가 내게 이렇게 말했다.

"당신네 서구인들은 우리에게 바이러스를 옮겼습니다. 이제 당신들은 우리에게 바이러스 백신을 가져와야 합니다."

그는 아프리카의 교회들이 직분에 중독되어 있고, 건물 중심으로 사역하는 서구의 방식에 고착되어 있음을 언급했다.

첫 번째, 건물과 관련해서 '교회'라는 용어를 사용하는 것은 사람들 위에, 너머에, 혹은 그들로부터 멀리 떨어진 곳에 '첫 번째 교회(First Church)'가 있다는 생각을 준다. 교회에서 사역자로 일할 때, 한 나이든 여성의 전화를 받은 적이 있다. 그녀는 내게 이렇게 말했다.

"교회는 언제쯤 캐서린 베이커 씨의 생일을 축하해줄 건가요?"

나는 이렇게 대답했다.

"글쎄요. 성도님은 언제쯤 하실 건가요?"

다른 이유도 있겠지만, 나는 그 대답 때문에 그 교회를 떠나야 했다.

'만남의 장소'라는 문구를 모든 교회 출입구에 붙여놓고, 사람들에게만 '교회'라는 단어를 지속해서 사용하기 시작한다면 어떻게 될까? 이것은 내 평생의 '십자군 운동'이었다. 그래서 숄크릭(Shoal Creek Community Church, 저자가 섬기고 있는 교회의 이름 – 역자 주)이 건물을 인수했을 때, 나는 가족들이 그 건물을 '교회'라고 부르지 못하게 했다. 심지어 건물에서 '공동체 교회(Community Church)'라는 문구를 떼어내기 위해, 지도자 그룹과 승산 없는 싸움까지 벌였다. 분명 신학적 오류가 있는데도, 그들은 문화적 관점에서 '교회'라는 용어가 필요하다고 느꼈다. 사람들이 건물 안의 교회 모임에 참석하기까지 힘든 시간을 보낸다는 결론이 나왔다. 제대로 된 정보를 주지 않아 우리 공동체에 관해 추측하게 만든다면, 사람들은 교회 모임에 참석하는 것을 더 어려워할 수도 있다. 나는 이 싸움에서 지고 말았다! 사소하고 중요하지 않은 문제처럼 보일지 모르지만, 이것은 유의미한 싸움이었다. 이 싸움은 교회가 거리 한 모퉁이 상자 속에 갇혀있는 조직이 아니라 사람들의 모임이라는 생각에서 시작되었다.

두 번째, 우리는 교회를 건물이 아닌 사람들이라고 논의해왔기 때문에, '교회'라는 단어를 사용할 때 우리가 의미하는 바를 분명히 밝혀야 한다. 나는 사우디아라비아 리야드에 있는 가정에서 비밀리에 모이는 아랍의 형제자매들에게 '교회'라는 용어를 사용하는 것은 받아들이면서, 북미에서 소그룹으로 모이는 사람들을 '교회'라고 부를 때는 왜 그렇게 난리가 나는지 이해할 수 없다.

'교회'에 대한 우리 자신의 정의를 내리려면, 최소한 합당한 성서적 근거는 갖고 있어야 한다. 다음 내용은 우리가 '교회'라는 단어를 사용할 때 의미하는 것을 설명하고 있는가?

- 급여를 받는 전문가(성직자)와 평신도로 구성된 종교 기관
- 사역을 이끄는 유급 전문가(성직자)
- 가장 중요한 일을 하는 성직자에게 돈을 지불하는 수동적인 태도의 평신도
- 헌법 및 내규
- 건물
- 정부에 등록한 비영리 단체
- 다른 지역 교회들과 다르게 규정된 일련의 교리들[3]

우리 안의 모든 것이 각 항목에 대해 "아니오!"라고 외치고 싶다 해도, 우리에게는 약간의 문제가 있다. 유명한 조직 심리학자인 크리스 아지리스(Chris Argyris)는 그의 책 『실천 이론 *Theory on Practice*』에서 우리의 문제점을 지적한다. 사실상 아지리스는 우리가 모두 거짓말쟁이라고 주장한다. 우리는 한 이론을 지지하면서도 그와 다른 이론을 실천한다. 불행하게도 사람들은 실천 이론이 이끌어가는 정신 모델 위에서 행동한다. 사람들은 될 수도 있고 할 수도 있는 것에 대한 희망과 바람을 이야기할 때가 더 많다.[4] 이것은 종교적 문제나 영적 문제, 교회 문제가 아니라 인간의 문제이다. 이것은 인간이 만든 대부분의 조직에서 발견된다. 우리는 교회가 사람들임을 선언한다. 그러나 우리는 계속해서 건물을 '교회'라고 부르는 대화에 참여하고 있다. 우리는 한 입으로 두말하고 있다. 이것에 대해 말하면서, 정반대의 다른 것을 행하는 것이다.

전에 함께 일했던 유럽 친구들이 정부가 그들의 교회를 공식적으로 인

정했다는 통보를 받고 나서 보여준 에너지와 자부심은 정말 놀라웠다.

여러 문화적 이슈에도 나는 그들이 전쟁에서 승리했지만, 궁극적으로는 패배할 거라고 주장했다. 한 지역을 복음화하기 위해 교회를 개척하는데, 모든 교회 개척에 같은 방식으로 에너지를 사용해야 하고 정부가 합법적인 교회라고 허가해줄 때까지 기다려야 한다면, 그 지역에서 복음의 급속한 확산은 절대 일어나지 않을 것이다. 그들은 신속하게 움직이기에는 너무 무거운 구조로 되어 있다. 그들은 잘못 탑승한 비행기에서 생각하고 사역하고 있다.

이런 유형의 사고는, 세상적 측면에서 신뢰를 주면 사람들이 우리를 다르게 볼 거라고 가정하는 육신적이고 물질적인 지혜에 기인한다. 이것은 물질적 세계에 의지하는 반면, 성령님이 오셔서 깨우치시고 회복하신다는 것을 신뢰하지 않는다는 사실을 보여준다. 투자 수익은 적고 단기적이다. 제자 삼는 제자를 세우는 투자 수익은 평생 지속한다. 제자 삼는 투자는 수익을 내는 데 더 오래 걸릴 수 있다. 하지만 그렇게만 되면, 더 높은 배당금을 돌려받게 된다.

제자 삼기 운동(Disciple-Making Movement) 전략에 참여하고 있는 나의 멘토들은, 하나님이 전 세계에서 하고 계신 일을 나눌 때 자주 공격적인 질문을 받는다.[5] 지난 20년 동안 100개 이상의 운동 중 하나를 통해 200만 명이 넘는 사람들이 세례를 받았고 8만 개의 교회가 개척되었다.[6] 사람들은 이 수치를 듣자마자 이렇게 질문한다.

"당신은 '교회'를 어떻게 정의하세요?"

우리 중 대부분은 교회가 그렇게 빠르게 증가할 수 있다고 믿지 않기 때문에, '교회'의 정의가 잘못되었을 것이라고 확신한다. 그 짧은 시간에 8만 개의 교회 건물을 짓는 것은 불가능하며 그럴 돈도 없다. 우리는 언어적 포르노와 형식 · 기능의 원리 위배에 지나치게 시달린 나머지, 자기 자신의 문제를 볼 수 없다. 우리는 결코 물에 젖지 않았다고 생각하는 물고기와 비슷하다. 물고기에게는 젖는 것이 자연스러운 일이다. 젖어 있는 것이 정상이다. 그것이 물고기로 정의할 수 있는 기준이다. 물고기가 자신이 젖어 있는지 아닌지 알고 싶다면, 건조함을 경험해보면 된다. 이 같은 발견의 경험은 자신의 삶에 위기, 공포, 위험, 불균형, 불편을 가져올 것이다. 물고기는 제대로 깨닫고 물에 젖은 상태를 더 감사하게 생각하겠지만, 그렇게 되려면 먼저 건조함의 불편을 경험해야 한다.

이 책은 나를 불편하게 만드는 책이다. 패러다임의 변화를 통해 성장하면서, 나는 나의 '젖은 상태'를 깨달았고, 그것이 성경적인지 아닌지, 문화적인지 아닌지, 역사적인지 아닌지, 도덕적인지 아닌지, 혹은 비도덕적인지 아닌지 조사하기 시작했다.

학문적으로 엄격한 신학대학원들 중 한 곳에서 학위를 받았지만, 나는 다시 기초로 돌아가야 했다. 단어의 정의와 그 단어를 어떻게 사용하는지 다시 살펴봐야 했다. 나는 가장 기본적인 단어인 '교회'라도 정의할 수 있을까?

당신은 교회를 어떻게 정의하는가? 만약 당신이 교회를 봤다면, 당신은 자신이 교회를 발견했다는 것을 어떻게 아는가? 이 단체가 존재하기 위한 최소한의 요구사항은 무엇인가? 예수님은 교회에 대해 우리에게 뭐라고 명령하셨는가? 성경의 다른 곳에서 교회에 관해 무엇을 찾았는가? 명령하는 것과 묘사하는 것 사이에 차이점이 있는가? 이 모든 질문에 답하려는 것은 아니다. 다만 몇 가지에 대해서만 다루려고 한다.

모든 사람이 이 주제에 대해 자신만의 노력을 기울이는 것이 최선이다. 다른 사람의 말을 읽고 받아들이기는 매우 쉽다. 문제는 우리가 자신이 내린 결론이 아닌 다른 것에는 헌신하거나 확신하지 않는다는 점이다. 그러나 당신은 지금 이 책에 대가를 지불했으므로, 내 말을 들을 자격이 있다.

우리가 가장 낮은 공통분모에서 시작하고 있다는 사실을 기억하라. 교회를 세우기 위한 최소한의 요구사항은 무엇인가? 교회는 다음과 같은 사람들의 집단이다.

- 성경에 기록된 그분의 지혜에 순종함으로써 하나님과 관계 맺는 사람들
- 서로 격려하고 도전하기 위한 정기적 모임을 통해 서로 관계 맺는 사람들
- 증가하는 제자 삼기를 통해 천국으로부터 하나님의 질서를 가져와 세상과 관계 맺는 사람들

성경은 신자들의 공동체가 형성되던 초기에 그들에게 교회 · 에클레시아라는 용어를 붙이는 것을 부끄럽게 여기지 않는다. 사도 바울은 아라비아에서 예루살렘으로 돌아와 시리아와 길리기아로 갔다. 그는 AD 33~34년의 여행에 관해 기록하면서, 유대 지방의 교회들이 자신에 대해 모르고 있었다고 언급했다행 9:26-27.

예수님이 돌아가시고 부활하신 이후 3~4년 만에 많은 교회가 유대

지역에 존재했는데, 이것은 사도 바울이 디모데에게 교회의 지도자 자격에 관한 글을 보내기 훨씬 이전의 일이다. 이것이 필요 이상의 것을 억제하며 작고 단순한 것을 추구하는 미니멀리스트(minimalist) 같은 교회라고 가정하는 것이 합당하겠는가? 오순절 사건 이후 예루살렘에서 돌아온 제자들의 무리는, 바울이 교회라고 부를 만큼 성경적으로 기능하는 공동체를 시작했다.

어떤 유기체도 완전한 형태로 시작하지 않는다. 원시 세포 구조 안에 들어있는 DNA가 이끄는 성장 과정이 있다. 너무 빨리 성장하면 일련의 문제들을 직면하게 되고, 너무 느리게 커져도 또 다른 일련의 문제들이 발생한다.

교회도 다르지 않다. 불행하게도 대부분의 교회의 원시 세포에서—종종 제자훈련이라고 묘사하는 지식 중심의 접근방식과 혼동하지 말아야 하는—'순종 중심의 제자 삼기 DNA'를 찾아보기 어렵다. 우리는 형식(교회 개척)이 기능(제자 삼기)을 따라가게 할 인내심이나 원칙을 갖고 있지 않은 교회 개척 전략으로 현대 교회의 외적 부분에만 지나치게 집중해 왔다.

북미의 한 가지 문제는 우리가 미니멀리스트가 아니라 최대한의 것을 추구하는 맥시멀리스트(maximalist)라는 점이다. 교회를 개척할 때 우리는 지도력, 재정, 교인의 조건, 모임들, 복음 전도, 홍보, 예배음악, 자원봉사자 모집 같은 영역에 시스템을 구축하는 데 중점을 둔다. 이것은 마치 세포 DNA도 준비되기 전에 골격을 조립하는 것과 같다.

예수님은 그렇게 하시지 않았고, 사도 바울도 마찬가지였다. 그런데 왜 우리는 그렇게 하고 있는가? 하나님은 무에서 세상을 창조하셨는지 몰라도, 교회는 그렇게 만들어질 수 없고 그렇게 만들어서도 안 된다. 예수님이 상상하신 교회를 만들기 위해서는 올바른 재료를 준비해야 한다. 그것은 바로 예수님에게 순종하고 싶은 열망이 자라나고, 자신이 살고 배우고 일하고 노는 곳의 사람들을 초대하는 남성과 여성의 핵심 그룹이다. 증가하는 제자 삼기 전략을 준비하는 것이 교회 개척 전략의 최우선 과제다.

정기적인 공식 모임을 계획하기 전에, 최소한 3~4세대 정도가 제자 삼는 제자를 세우는 과정에 참여하는 것을 교회 개척 규범으로 삼으면 어떻게 될까? 무엇보다도 증가하는 제자 삼기의 기준은 예수님의 복음을 혁명적으로 전파할 수 있는 DNA를 교회 개척에 가져다줄 것이다.

산 위에서 예수님은 경배하는 자들과 의심하는 자들이 섞여 있는 그룹과 함께 계셨다. 그분은 그들 모두를 통해 교회를 세우기 원하셨다. 이들이 교회 개척팀이라면 우리 중 누구도 마냥 기뻐할 수만은 없을 것이다. 하지만 예수님은 앞으로 나아가셔서 그분의 대위임령을 발표하셨다. 예수님은 이것이 성령님이 인도하시는 유기적 과정임을 믿으셨다. 예수님은 그분의 교회를 세우기 시작하셨고, 그 교회는—우리가 그것을 망치려고 노력했는데도—여전히 살아남아 전 세계로 퍼져나갔다.

사도 바울도 동일하게 사람들과 관계를 맺고 그들의 영적 여정을 보살피기 시작했다. 그가 항상 한 곳에 오랫동안 머물지는 않았지만, 사람들이 제자가 되어 하나님의 가족으로 받아들여졌을 때 복음의 힘은 그들의 삶 가운데 자리 잡았다.

사도 바울의 여정은 13년 이상 이어졌고, 그중 9년은 여행이었다. 아마도 그는 48개의 도시를 방문했을 것이다. 사도 바울에게는 우리처럼 교회를 개척할 수 있는 시간과 에너지가 없었다. 그는 순종 중심의 제자 삼기 DNA를 그 자리에 가져다 놓고 성령님이 역사하시게 했다.

우리가 아는 것은 사도 바울이 가는 곳마다 제자를 삼았다는 점이다. 그는 복음의 DNA를 사람들에게 주입해서 교회의 유기적 본성이 예수님에 의해 성장하게 했다. 사도 바울은 교회 개척 사고방식을 갖고 있지 않았다. 그는 제자 삼는 사고방식을 갖고 있었다. 그는 형식(교회 성장)이 기능(제자 삼기)을 따라가야 한다는 것을 알았다.

이 DNA가 성장하고 발달하는 과정에서 사도 바울은 당면한 문제들에 맞서, 발전한 기능에 적합한 형식을 가져올 성숙한 믿음의 사람들을 찾았다. 이 구조는 가볍고 기능 중심적이며, 앞자리가 아니라 배후에서 이끄는 것이었다.

구조가 단순해야 반복할 수 있다

가벼운 구조의 단순성은 무겁고 복잡한 구조보다 유기체의 사명을 촉진한다. 조직을 테스트하는 가장 좋은 방법은, 지도자를 없애보는 것이다. 그 조직은 지도자가 없는 상황에서도 계속해서 사명을 수행하는가? 생존할 가능성이 있는가? 그렇지 않다면 대위임령의 정신을 확장할 수 있는 체계나 구조를 구축하지 못할 만큼, 지도자가 억압적으로 조직을 이끌어왔다는 이야기가 된다.

모든 건강한 유기체는 혼란스럽지만 질서를 따라 단순한 구조에서 복잡한 구조로 발전한다. 성경이 교회의 구조에 과도한 짐을 지우지 않는 것처럼, 복잡한 구조는 불필요하게 과도한 짐을 유기체에 부과하지 않는다. 우리는 언제 만날지, 만날 때 무슨 일이 일어날지, 우리의 규모는 얼마나 크거나 얼마나 작아야 하는지에 대해 이야기하지 않는다. 핵심 영향력을 가진 자들이 갖춰야 할 성품과 자질 말고는, 다른 어떤 세부 사항도 제시하지 않는다.

그러나 우리는 하나님이 보시고 내버리실 법한 세부 사항으로 가득한 규칙서, 신앙고백서, 신조, 교리, 회의 규칙, 교황의 교시, 제자훈련 교본을 계속해서 개발해 왔다. 다들 복잡한 것을 더 복잡하게 만들고 있다. 이것은 엄연한 현실이다. 자신이 부담감에 부담감을 더하고 있는지 기능을 촉진하고 있는지 평가하고, 자신이 무엇을 어떻게 복잡하게 만들었는지 파악하려면 훈련이 필요하다.

더 간단한 용어로 교회에 관한 나의 정의를 다시 살펴보자. 교회는 다음과 같은 사람들의 집단이다.

- 하나님께 순종하는 사람들
- 같은 생각을 하는 제자들과 함께 공동체에서 순종의 삶을 보여주는 사람들
- 세상을 하나님의 가족으로 제자 삼아 자신의 세상을 변화시키려고 노력하는 사람들

간단한 정의다. 나는 이것을 당신과도 나누려고 한다. 교회에 대한 최소한의 요구사항을 기능상 성경적으로 정의해야 할 필요가 있다는 사실을 기억하자. 교회가 처음 시작될 때는 소수의 사람만 있을지 모른다. 이웃이나 직장을 통해 증가할수록, 교회는 세포처럼 성장하고 분열할 것이다. 또한 내재한 핵심 가치—예수님의 모든 가르침을 이해하고 순종하는 제자 삼는 제자를 세운다는—를 따라, 자신을 조직하려 하고 계속해서 그렇게 할 때, 교회는 특별해질 것이다.

이렇게 성장하는 문화를 구축하려면 언어가 필수적이다. 사업이나 선교 영역에서 비교 문화적으로(cross-culturally) 일하는 모든 사람은, 언어를 배우기 전에는 그 문화를 이해할 수 없다는 사실을 잘 알고 있다. 제자 삼기 운동을 일으키기 위해 예수님의 복음을 한 도시나 지역에 가져가려면, 언어가 중요하다.

나는 바울이 직분에 엄격하지 않았던 이유가 바로 이것이라고 본다. 그는 디모데전서 3장 1절에서 감독을 언급하고, 디도서 1장 5절에서는 장로를 언급했다. 그는 지도자로 임명된 자들이 아니라 성령님이 이미 그들 속에 이루신 것으로 인정받는 자들의 인격을 묘사했다. 그들의 직분의 영향력은 인격을 통해 나온다. 무슨 호칭으로 불리느냐가 핵심이 아니라, 그들이 섬기는 기능이 중요한 것이다.

새터데이 나이트 라이브(미국 NBC 방송국의 프로그램—역자 주) 40주년 기념 쇼에서 이런 지도자 유형의 예가 제시된 적이 있다. 새터데이 나이트 라이브가 사회적으로 항상 긍정적인 영향을 준 것은 아니지만, 이 프로그램은 시청자와 비평가들의 시험을 통과하고 살아남았다. 그런데 40

주년 기념 쇼는 창립자 겸 제작 책임자인 로렌 마이클스를 중심으로 제작되지 않았다. 그렇다. 여러 차례 언급되기는 했지만, 그는 마지막 순간에 무대에 출연했다. 이 쇼는 창립자나 제작 책임자 같은 지도자가 아니라 일선에서 프로그램을 만드는 사람들 중심으로 꾸며졌다.

예수님의 가르침에 비추어볼 때, 직분은 그분이 원하시는 지도자 유형에 해가 되는 것이 분명하다. 그들이 섬기는 기능이 훨씬 더 중요하다. 예수님은 배후에서 이끄는 지도자, 촉매제같이 조용하면서도 강한 영향력을 가진 남녀를 원하셨다. 그들은 자신을 넘어 성장하기 위해 살아간다. 중앙이나 선두에 서려고 하는 대신, 복음의 능력이 자신들을 넘어서게 하려고 노력한다는 것이다. 그들의 인격과 열정, 은사는 선두와 중심의 자리에서 나오는 것이 아니다. 그들은 예수님이 가르치신 대로 지도력을 발휘할 때 그분의 나라가 얼마나 더 강하게 나타나는지 경험해 왔다.

마태복음 23장에서 예수님은 랍비과 아버지, 선생이라는 직분의 사용을 금하셨다.

> "잔치의 윗자리와 회당의 높은 자리와 시장에서 문안 받는 것과 사람에게 랍비라 칭함을 받는 것을 좋아하느니라 그러나 너희는 랍비라 칭함을 받지 말라 너희 선생은 하나요 너희는 다 형제니라 땅에 있는 자를 아버지라 하지 말라 너희의 아버지는 한 분이시니 곧 하늘에 계신 이시니라 또한 지도자라 칭함을 받지 말라 너희의 지도자는 한 분이시니 곧 그리스도시니라 너희 중에 큰 자는 너희를 섬기는 자가 되어야 하리라 누구든지 자기를 높

이는 자는 낮아지고 누구든지 자기를 낮추는 자는 높아지리라" 마 23:6-12.

이 용어들을 사용하지 않는 첫 번째 이유는, 하나님이 우리 삶에서 그런 역할을 수행하시기 때문이다. 두 번째는 예수님이 하나님 나라에서 핵심적인 영향력 있는 자들에게 '배후' 역할을 맡기고 싶어 하시기 때문이다.

이 명령을 통해 예수님의 계획에는 직분과 종교적 우월성을 결부시키는 것이 포함되어 있지 않다고 추론한다면, 지나친 것일까? 본문은 '목사'라는 직분의 사용에 대해 뭐라고 이야기하고 있는가? 나는 목양과 관련된 단어가 언어적 포르노로 변모했다고 생각한다.

목양은 너무나 아름다운 개념을 가진 용어이다. 이 역할은 하나님의 모든 역사 가운데 절대적으로 필요하다. 하지만 은사를 직분으로 만들면서 엡 4:11, 우리는 이 아름다움을 망가뜨리고 말았다. "선생으로 불리려고 하지 말라"는 예수님의 말씀에는 목사에 대한 호칭도 포함되지 않을까 마 23:8? 예수님이 말씀하신 '선생'과 사도 바울이 언급한 '선생(한글 개역개정판 성경에는 '교사'로 번역되어 있다-역자 주)'은 동일한 단어다 마 23:10, 엡 4:11. 당신이 직접 본문을 살펴보라.

"우리 각 사람에게 그리스도의 선물의 분량대로 은혜를 주셨나니… 그가 어떤 사람은 사도로, 어떤 사람은 선지자로, 어떤 사람은 복음 전하는 자로, 어떤 사람은 목사와 교사로 삼으셨으니 이는 성도를 온전하게 하여 봉사의 일을 하게 하며 그리스도의 몸을 세우려 하심이라" 엡 4:7, 11-12.

이 단어들을 직분이 아니라 기능으로 읽어보자. 나는 사도, 선지자, 전도자, 목사, 교사라는 교회의 5중직을 복구하려는 노력에 박수를 보낸다. 예수님이 그분의 교회에 주신 기능에 집중하는 것은 가치 있는 일이다. 하지만 새로운 직분과 역할을 만들려고 방향을 전환하는 것은, 지도력에 관한 예수님의 가르침과 배치된다.

내가 수천 년의 교회사 가운데 형성된 전통과 가르침에 반대하고 있다는 것을 알고 있다. 그러나 언어가 문화를 창조한다면, 우리는 우리의 언어로—제자 삼는 제자를 세우라고 부름을 받은 모든 사람의 본질을 좀먹는—영적 계급을 만들어 왔다. 영적 계급을 나타내는 용어를 사용하는 것만으로도, 우리는 예수님의 명확한 명령을 위반한 것이다. 마태복음 23장에 기록된 예수님의 명령이, 세상을 변화시키기 위해 교회에서 사용하는 모든 직분을 억제한다고 보는 것이 과장일까? 나는 전혀 과장이라고 생각하지 않는다. 사실, 이 명령을 위반하면서 교회의 '성직제도'가 만들어졌다.

사람들을 사회경제적 신분으로 고착시키는 인도의 카스트 제도처럼, 우리가 고안한 목사와 장로, 집사 같은 직임은 교회를 계층화하고 예수님이 절대 의도하지 않으신 의존성을 만들어낸다. 예수님은 결코 사회종교적 신분에 따라 사람들을 구별하라고 하신 적이 없다. 사도 바울도 마찬가지다. 사도 바울은 이런 지도자들이 해야 할 일을 설명해서, 지도력에 대한 예수님의 가르침을 전수했다.

후기 종교개혁(Post-Reformation) 사역

만약 내가 "우리는 후기 종교개혁 사역을 하고 있나요?"라고 물으면, 당신은 이렇게 대답할지 모른다.

"그럼요, 시간상으로 우리는 후기 종교개혁 시대를 살고 있어요. 대답하기 어려운 질문도 아니네요!"

종교개혁 이전과 이후, 각각의 시기에 사람들이 어떻게 하나님과 관계를 맺고 있는지를 살펴보면, 아무것도 변하지 않았다는 사실을 알게 될 것이다. 당신이 구도자 중심의 교회, 매혹적 사역(attractional ministry, 다양한 프로그램을 제공해 지역 주민들이 교회에 찾아오도록 유도하는 사역 – 역주), 또는 선교적 공동체에 속해있든 아니든, 지금도 우리는 하나님과 관계를 맺지 않은 사람들에게 하나님과 관계 맺기를 기대하기 전에, 먼저 개인이나 기관과 관계를 맺으라고 요청한다.

성육신적 사역(incarnational ministry, 예수님의 성육신 모델을 좇아 불신자들과 눈높이를 맞춰 그들에게 나아가는 사역 – 역자 주)이든, 매혹적 모임이든, 또는 우정 관계를 통한 전도(friendship evangelism)든 간에, 우리는 사람들을 먼저 개인이나 장소와 연결하려고 노력한 뒤에 하나님과 연결하는 전도 방법을 사용하고 있다. 우리는 '들려줄 수 있는 권리를 얻으라,' '그들에게 건너가기 전에 다리를 놓으라,' 또는 '신뢰할 수 있는 관계가 되라'는 식의 방법론을 사용했다. 모두 사람들을 하나님과 연결하기 전에, 사람과 연결하려는 시도였다.

개신교에서는 성모 마리아, 성직자 중심의 미사, 고해성사, 성례에서 인간이 은혜의 중재자 역할을 감당하는 것 때문에 천주교를 이단시한다. 그러나 사람들을 하나님과 연결하기 전에 다른 사람과 연결하려는 개신교의 변형(orthopraxy)도 동일한 중재 행위다.

사람들이 중재자 없이 하나님과 연결되는 것을 상상하기는 어렵다. 그러나 개신교 신학에서는 그것이 바로 우리가 믿는 바다. 우리에겐 오직 한 분 하나님과 한 분 중보자가 계실 뿐이다딤전 2:5, 하지만 무슨 이유에선지 우리는 예수님이 중재자의 역할을 맡겨드리기 전에, 우리가 믿음 없는 자들을 위해 중재해야 할 필요를 느낀다.

영적인 관심을 가진 사람들을 하나님과의 관계로 이끌기 위해 '발견과정(discovery process)' 사용법을 배우면, 우리 자신이 아니라 하나님과 사람들을 연결하는 데 에너지를 쏟을 수 있다. 영적인 삶에서 그들의 최우선 의존 대상은 하나님이지 우리가 아니다.

부활인가, 출산인가?

나는 "기존 교회가 바뀌도록 돕는 것과 그냥 무언가 새로운 것을 시작하는 것 중에 어느 쪽이 더 효과적일까요?"라는 질문을 종종 받곤 한다. 이런 대화에서 나는 대부분 "부활보다 출산이 더 쉽다"는 금언으로 대답한다.

정치적으로 옳은 입장에 서는 것에 대해 우려하거나 이간질을 시도하는 것이 아니라면, 나는 두 접근법 모두 효과적이지 않다고 말할 것이다. 명백한 진실은 둘 다 잘못된 지점에서 시작한다는 것이다. 둘 다 기능을 형성하는 것이 아니라 형식을 창조하는 데 집착한다. 둘 다 관료주의를 형성하는데 뛰어들려고 할 것이다. 기능보다는 형식에 더 많은 에너지가 몰릴 것이다.

기존 교회를 예로 들어보자. 지도자는 제자 삼기 운동이라고 불리는 것에 대해 잠깐 들은 뒤에, 자신과 함께 새로운 과제에 도전하는 것에 관해 동료 지도자들과 대화하고 싶어 한다. 교회 지도자 회의가 열렸고, 대부분 이해하지 못한 것을 두고 오랜 토론이 있었다. 제자 삼는 운동은 비성경적이거나 너무 급진적이어서 더 논의할 수 없다는 결론이 난다.

비전을 품었던 지도자는 상처받은 마음으로, 배우자나 가까운 친구들에게 동료 지도자들이 대위임령을 성취하는 일에 게으르고 불성실하다는 비판을 쏟아내며 밤을 새우다시피 한다. 평소 상태로 돌아가기 위해, 몇 주까지는 아니어도 며칠은 필요할 것이다. 떠나고 싶은 생각이 소용돌이치지만, 새로운 일자리를 찾아야 한다는 부담도 만만치 않다. 그래서 그는 이 모든 것을 마음속 깊숙이 감추고, 비틀거리며 앞으로 나아간다.

그의 동료 지도자들이 정말 대위임령을 성취하는 데 게으르고 불성실한 걸까? 나는 그 회의의 어떤 부분이 그에게 이런 결론을 내리게 했는지 잘 모르겠다. 당신도 알다시피, 그 방에 있던 지도자들은 같은 목적지를 향하는 기차표를 샀다. 명확하지 않거나 충분히 공유되지 않았더라도, 그들도 비전을 갖고 있다는 말이다. 그들이 타려고 하는(헌신한) 기차의 목적지가 바로 그 비전이다. 그런데 비전을 품은 누군가가 갑자기 자리에서 일어나 "우리가 눈만 뜬다면, 하나님이 전 세계에서 하고 계신 놀라운 일과 그것이 우리 지역에서도 일어나는 것을 볼 수 있습니다!"라고 돌출 발언을 하는 것은, 사실상 그들에게는 기차의 목적지를 바꾸자고 제안하는 소리로 들릴 뿐이다.

잘 생각해 보라. 당신이 실제로 표를 사서 A 지역으로 기차 여행을 하고 있는데, 기관사가 갑자기 이렇게 말한다면 어떻겠는가?

"죄송한데요. 우리 기차는 A를 향해 가고 있었습니다만, 지금부터는 새롭게 B로 행선지를 바꾸려고 합니다."

누구라도 화를 내지 않겠는가?

이것은 기본적인 존중의 문제다. 당신이 기차의 방향을 바꾸고 싶다면, 이미 같은 방향으로 가기 위해 헌신한 사람들에게 방향 전환에 대한 동의를 얻어야 한다. 하지만 현실에서는 그렇게 하지 않는 사람들이 많다. 특히 교회에서는 더 그렇다. 그리스도인들은 자신이 향하고 있는 방향이 거룩하고 하나님이 정해주신 거라고 믿는다. 기차의 목적지를 바꾸려고 한다면, 차라리 돌판을 들고 있는 편이 나을지도 모른다.

그렇다. 부활은 어렵다! 분명 진정한 부활의 기쁨이 있지만, 축제를 열기 전에 헤쳐나가야 할 갈등의 관계들도 있다. 출생과 부활의 차이는 말로 설명해도 잘 되지만, 오래된 집을 리모델링 하는 것과 아예 새로 짓는 것에 비유하면 더 확실한 이해를 얻을 수 있을 것이다. 왜 그럴까? 다들 아는 대로, 리모델링보다 새로 짓는 쪽에 두 배 이상의 시간과 비용이 들어가기 때문이다.

리모델링은 건강에 해로울 수 있다. 나는 지은 지 백 년이 넘은 집에 살고 있다. 내 경험에 비추어보건대, 벽의 석고를 제거하려고 하다가 무엇을 발견하게 될지 알 수 없는 집이다. 배우고 조사하고 조언을 구하는 최선의 노력에도 불구하고 해를 입을 수 있다. 한 번은 양날톱으로 벽을 뜯어내고 있는데, 이상한 느낌이 들었다. 그 자리에 있는 줄도 몰랐던 가스관을 내리친 것이다. 그렇게 하기 직전에, 나는 이런 농담을 했다.

"혹시 시체를 찾은 건지도 몰라."

바로 그때 불꽃이 튀었고, 내가 그 시체가 될 뻔했다.

사역 결과 때문에 절망한 수많은 교회 지도자들이 시카고, 로스앤젤레스, 시애틀, 애틀랜타, 찰스턴 교외에 갔다가, 자신들의 교회에 필요한 가장 흥분되고 혁신적인 방향을 구상해서 돌아왔다. 하지만 그들은 교회 안에 새로운 목적지에 대한 자신의 열정을 공유할 사람이 거의 없다는 사실을 발견했다. 그러고 나서 절망의 주기가 시작된다. 그것을 '부활'이라 부르든, '리모델링'이라고 부르든지 간에, 모든 면에서 어려운 일이다.

부활은 고통스러울 수 있지만, 출산은 비싸다! 『빠르게 성장하는 교회 개척 *Planting Fast Growing Churches*』이라는 책에서, 베테랑 교회 개척자인 스티븐 그레이(Stephen Gray)는 명확하게 사실을 밝히고 있다.

> 이 사실을 숨기지 말자. 교회 개척은 무척 비싸다. 교회 개척에 수천 달러를 기꺼이 투자할 생각이 아니라면, 시작조차 하지 마라. "지불한 만큼 얻는다"는 명언을 기억하는가? 처음 이 말을 한 사람은 분명 교회 개척자일

> 것이다. 당신이 교단의 지도자이고 몇십 센트 정도를 만지작거리며 새로운 교회를 시작하고자 한다면, 이 말을 기억하라.
> "지불한 만큼 얻는다".
> 교회 개척 사역을 망치거나 최소한 빈혈에 걸린 삶을 살게 하는 가장 빠른 방법은 덜 투자하는 것이다.[7]

그는 2년 동안 20~30만 달러 정도가 든다는 이 생각에 1달러의 값을 매겼다. 불법 총기류를 유통하는 사람이나 지역의 마약 단속 총책임자에게는 적은 액수겠지만, 교회 개척 비용에 이 정도의 금액을 사용한다는 것은 교단 내부에서도 설득이 어려울 것이다. 우리는 3년 동안 매년 최소 15만 달러가 든다는 다소 심각한 돈 이야기를 하고 있다.

통계 수치로 이야기하면, 더더욱 놀라게 된다. 세계 교회 개척 네트워크(Global Church Planting Network)에 따르면, 미국에서 대위임령이 성취되는 것을 보기 위해서는 2~10만 개의 새로운 교회가 필요하다고 한다.[8] 연간 15만 달러의 초기 투자 비용뿐 아니라, 대위임령을 성취하기 위해 매년 30억 달러의 추가 비용을 교인들에게서 요청해야 한다. 이런 일이 가능할 것으로 생각하는 사람이 있겠는가? 결코 없다! 통계에 따르면, 미국 교회는 반세기 동안 전례 없는 번영을 누렸지만, 이제는 대공황의 깊은 늪에 빠졌을 때보다 더 인색해졌다.[9]

현대 미국 교회의 헌금 추세를 연구한 존 디커슨(John Dickerson)이 이런 말을 했다.

"헌금 추세가 크게 변하지 않는 한, 앞으로 복음주의 진영의 헌금은

25~30년 안에 70%까지 감소할 수 있다. 세대 간 패턴이 급격히 변하지 않는다면, 미국 경제의 회복과 사역 헌금의 감소는 아무 상관이 없을 것이다."[10]

교회 개척이 대위임령을 성취하는 가장 효과적인 방법이라면, 복음이 모든 나라에 전해지는 것을 보는 일은 긴 여정이 될 것이라고 확신한다. 전 세계적으로 비그리스도인 10명 중 8명이 단 한 명의 그리스도인도 알지 못하는 사람들이다.[11] 우리는 이런 문제를 해결하기 위해 어떻게 현재의 방법들을 사용할 것인가? 현재의 형식들이 요구하는 막대한 자금은 사명 완수를 불가능하게 한다. 이런 지역에 복음을 전하려면 다른 사고방식이 요구된다. 형식에 고착된 방법들은 우리가 소망하는 바를 성취하는 데 방해가 될 뿐이다.

성경적으로 기능하는 공동체의 개념을 포기하자는 말이 아니다. 예수님의 마지막 명령에 대한 이해를 재정리하자는 것이다. 우리의 임무는 순종과 재생산이라는 성경적 DNA를 내재화해서 제자 삼는 제자를 세우는 것이다. 예수님은 순종하는 제자들을 통해 그분의 교회를 세우실 것이다. 우리의 교회론을 살펴보고 잘못된 부분을 돌이키면, 예수님이 의도하신 사명으로 돌아갈 수 있다.

4장____사역에서 운동으로

복음을 자유롭게 하기 위해 필요한 사고 전환

사고의 전환은 두 가지 방식으로 찾아온다. 급속하고 급진적이다. 둘 사이에는 정도의 차이가 아니라 질적인 차이가 존재한다. 나는 이틀 동안 인쇄업에 필요한 용품을 조달하는 미국 동남부의 어느 회사에서 팀 빌딩 회의를 이끈 적이 있다. 약 50년 동안 그들의 사업은 '급속한' 변화를 경험했다. 예를 들어, 4색 인쇄 공정은 기술의 발전으로 '낮은 비용과 높은 안정성'을 거머쥐며 단기간에 발전했다.

그런데 1990년대 초반에 급격한 전환이 일어나기 시작했다. 디지털 세상은 이 회사를 다른 현실로 인도했다. 해마다 제품 생산량이 30%씩 줄어들었고, 회사는 사라질 위기에 처했다. 회사의 경영진이 미래에 대해 다르게 생각할 때가 온 것이다.

급격한 변화가 일어날 때, 과거의 사고방식에 의존하는 것은 치명적인 결과를 가져올 수 있다. 우리가 늘 해왔던 일들을 더 잘하는 것은 불가능하다. 이제는 다른 방식으로 해야 한다. 이 시대에도 우리의 환경이 거의 달라지지 않았기 때문에 문제가 발생한다. 많은 것이 똑같아 보이고 똑같이 움직이는 것 같아도, 기본 원리는 매우 다르다. 마치 야구 경기에서 시합하던 중에 잠시 눈을 감았다 떴는데, 크리켓 경기장에서 깨어난 것처럼 말이다. 공과 방망이와 베이스는 있지만, 그 외 모든 것이 근본적으로 달라졌다.

한 번은 친구 하나가 쓰러지기 직전의 모습으로 내 사무실에 나타나서, 방금 한 시간이나 낭비하고 왔다며 분노했다. 나는 허탈한 웃음을 짓는 그에게 무슨 일이냐고 물었다.

친구는 마스터 카드에 연락해야 할 일이 있어서 전화교환원에게 문의했고, '1－800－MASTERCARD'로 전화하라는 안내를 받았다. 그런데 받아든 전화번호를 살펴본 그는 글자가 너무 많다는 생각이 들었다.

당신도 그가 그렇게 생각한 이유—전화번호 자릿수에 대한 그의 패러다임—을 이해할 수 있을 것이다. 전화번호가 10자리였다. 'M－A－S－T－E－R－C－A－R－D'에는 카드회사에 전화하는 데 필요한 마지막 7자리 숫자보다 더 많은 글자가 들어 있었다(미국 전화기의 다이얼 숫자판에는 알파벳도 적혀있으며, 각 글자에 할당된 숫자를 조합하면 전화번호가 나온다－역자 주). 전화교환원이 친구에게 준 정보가 그의 패러다임에 맞지 않았기 때문에, 그는 직접 이 문제를 해결하려고 했다.

그는 메모지 위에 자신의 패러다임에 맞도록 'M－A－S－T－E－

R–C–A–R–D'로 만들 수 있는 숫자의 조합을 적기 시작했다. 그러다가 번호가 나오면 그리로 전화를 걸었다. 나중에는 모음을 빼거나 논리적으로 축약하는 등 다양한 시도를 하게 되었다. 메모지는 금세 모든 형태의 알파벳과 숫자 배열로 가득 찼다.

어떤 조합으로도 전화 연결을 할 수 없었기 때문에, 친구는 좌절하고 말았다. 마침내 교환원의 실수일 거라고 결론을 내린 그는 다시 전화를 걸어 카드회사 연락처를 문의했다. 하지만 교환원이 이전과 같은 대답을 하자, 그에게 "이건 숫자가 너무 많지 않나요?"라고 따져 물었다. 그리고 교환원의 대답도 듣기 전에, 친구는 자신이 한 시간 동안 했던 작업을 열심히 설명했다.

교환원은 그의 말을 끊고, 나지막한 목소리로 물었다.

"1–800–MASTERCARD로 전화해 보셨어요?"

친구는 대답하기 난처해서 바로 전화를 끊어버렸다.

그는 두려움과 떨림으로 '1–800–MASTERCARD'로 전화를 걸었고, 자신이 그토록 찾고 있던 카드회사 상담원과 연결이 되었다. 고정된 사고방식 때문에 그의 인생에서 한 시간을 낭비하고 말았다. 패러다임 마비 증세 때문에, 한 시간이 영원히 사라진 것이다.

카테고리가 좁아지면 엄청난 기회를 놓칠 수 있다. 잘 알려진 소셜 네트워킹 서비스인 페이스북의 창업자 마크 주커버그(Mark Zuckerberg)의 대학 룸메이트였던 조 그린(Joe Green)은, 아버지의 조언에 따라 주커버그의 동업 제안을 거절했다.[1] "예"와 "아니오"의 차이는 약 70억 달러였다!

하지만 우리는 돈이 아니라 훨씬 더 가치 있는 것, 즉 하나님의 형상대로 창조된 남자와 여자를 다루고 있다. 우리는 반드시 자신의 사고방식과 패러다임에 도전해봐야 한다. 그래야 우리는 하나님이 그분의 방식으로 소통하신 진리를 보게 된다.

지식에서 순종으로

나는 우리의 사고방식 때문에 예수님의 삶과 죽음, 부활에 관한 복음의 자유로운 흐름이 제한받고 있는 세 가지 영역을 살펴볼 것이다. 그 중 첫 번째 영역은 '지식에서 순종으로'의 사고 전환이다. 앞서 언급했듯이, 마태복음 28장 16~20절까지의 본문을 읽을 때 사람들은 흔히 '순종'이라는 단어를 그냥 지나치고, 그저 '내가 명한 것들을 가르쳐라'라는 정도로만 이해한다.

단지 이 구절만의 문제가 아니다. 복음이 팔레스타인에서 서구로 전파되면서, 미묘하지만 치명적인 오해가 교회 사역에 스며들었다. 이 같은 일탈 현상은 히브리 문화에서 태어났지만 주로 헬라적 문화권으로 퍼져나간 복음에서 비롯되었다고 볼 수 있다.

히브리적 사고의 구조는 존재에 관해 통합적 관점을 제공한다. 통합의 근원은 우주의 창조주에게서 발견되는데, 그분의 모든 속성은 무한하고 무제한적이다. 그러므로 그분의 모든 의사소통과 행위는 서로 일치한다. 모든 것이 그분에게 속했기 때문이다. 창조주의 의사소통은 인간의 견해와 모순되는 것처럼 보이지만, 히브리인들은 자신의 유한성을 받아들였다. 그들은 자신의 능력이 제한되어 있다는 사실에 대해 개의치 않았다. 창조주의 무한한 지식에 절대 접근하려 하지 않았기 때문에, 히브리인들은 자신들이 삼라만상을 이해하지 못하는 것을 조금도 불편해하지 않았다.

예를 들어, 성경은 하나님이 모든 것을 예정하셨다고 말한다롬 8:28; 11:36. 그리고 기도에 변화시키는 힘이 있다고 가르친다마 7:7; 약 4:2. 히브리인들에게 이 두 가지 개념은 의문을 갖게 하고, 갑론을박을 벌이게 하며, 서로 긴장 관계에 있다. 하지만 이 둘을 이해하려는 노력이 아무리 실망스럽다 해도, 그들은 결코 둘 중 어느 한쪽의 진리를 침해하지 않을 것이다.

히브리인들은 결코 무한한 분의 모순되어 보이는 진술이나 행위들을 최종적으로 해결할 수 있을 거라고 여기지 않았다. 이렇게 제한된 관점에 근거를 둔 추정은 모순으로 보이는 것을 수용할 수 있게 해주었다. 불편하기는 하지만 자신의 유한한 관점을 받아들였기 때문에, 그들은 신적 존재를 이해하는 과정에서 발생할 수밖에 없는 긴장감을 안고 살아갈 수 있었다.

이런 통합적 관점은 그들의 행동에도 영향을 미쳤다. 그들은 아는 것과 행하는 것이 서로 분리되지 않는다고 생각했다. 무언가를 안다는 것은 곧 그것을 행동에 옮기는 것이다. 하나님은 이해해야 할 존재가 아니라 순종해야 할 대상이시다.

헬라적 사고의 틀은 플라톤 같은 철학자들이 지지하는, 존재에 관한 특정 관점을 바탕으로 세워졌다. 그는 물리적 세계와 형이상학적 세계를 구분했다. 형이상학적이란 우리가 만지고 보고 느낄 수 있는 것 너머의 세계다. 종종 정신적이거나 영적인 세계로 여겨졌고, 플라톤의 판단에는 이것이 최상의 세계였다. 아이디어와 개념의 영역은 궁극의 현실이었다. 진리는 추가적인 아이디어와 개념을 발견하는 철학의 지적 활동을 통해 얻어진다.

"이런 방식으로 존재하는 세계는 이원론적이다. 물질세계는 그 자체로 본질적 의미가 없다. 오직 형식이나 아이디어가 의미를 준다. 어떤 사람이 참된 지식을 소유하려면, 자신이 살아가는 세상이 아니라 자신의 정신세계에서 찾아야 한다."[2]

예수님의 제자들은 팔레스타인을 벗어나 플라톤의 헬라적 이원론에 영향을 받은 문화 속으로 나아갔으며, 심지어 초대교회마저도 그 영향을 받았다. 예루살렘 교회는 비유대인들 가운데 유대 율법의 실천을 위해 노력했고행 15, 고린도에서는 비 유대교인들이 예수님이 바라시는 성관념대로 살아내는 문제를 가지고 있었다고전 5. 이런 문제들은 물질세계와 영적 세계의 충돌을 보여준다.

플라톤에게서 시작되어 성경적 진리에 관심 두는 것을 어렵게 만드는 두 가지 기본 가정이 있다. 첫 번째는 물질세계와 비 물질세계를 분리하는 것이다. 현실을 이런 분리된 시각으로 바라본다고 손해 볼 것은 없다. 다만 한쪽을 다른 쪽보다 우위에 둘 때 문제가 생긴다. 히브리인의 통합적 세계관에서는 이 둘이 인과적으로 연결되어 있지만, 헬라적 세계관은 비물질적인 것을 가장 중요하게 여긴다.

두 번째는 인간의 유한성에 대해 이의를 제기하는 것이다. 인생의 모든 해답은 비 물질적인 것을 통해 얻을 수 있으며, 인간이 모든 해답을 발견할 수 있다는 가정이다. 이 가정 자체가 해악을 끼치는 것은 아니다. 하지만 그리스인들은 우주의 '통일된' 원리를 찾는 것이 가능하다고 생각했다. 인간이 하나님을 완벽하게 이해할 수 있다는 것이다. 그러나 하나님에 관한 정보는 얻을 수 있겠지만, 유한한 존재가 무한한 존재를 완전히 이해하는 것은 영원히 불가능한 일이다.

이 같은 생각은 현대 교회가 제자도를 정의하는 데에도 영향을 미쳤다. 대부분의 경우, 우리는 제자도를 지식 습득의 차원에서 이해하며, 그로 인해 우리가 물리적 세계에서 거룩하게 행동하게 되기를 바란다. 이것은 우리가 가진 전제에 대한 이해 부족에서 비롯된 문제다. 물고기는 물에 젖은 상태가 일반적인 환경이기 때문에, 자기가 물에 젖어 있다는 사실을 인식하지 못한다.[3] 마찬가지로 우리는 플라톤의 이원론이 깊이 뿌리 내린 서구 문화에 익숙하기 때문에, 그 영향을 느끼지 못한다.

이데아 세계에 애착을 가진 오늘날의 그리스도인들은 '행함'보다 '지식'을 추구한다. 이것이 광범위하게 나타나는 특징이라는 사실은, 굳이 말로 설명하지 않아도 앞에서 언급한 도덕적 통계와 우리가 교회를 '운영하는' 방식을 살펴보면 쉽게 알 수 있다.

성경적 진리를 이해한 재능있는 전달자는 이 진리를 충성스러운 자들에게 전한다. 많은 경우, 그는 많은 사람 앞에서 성경에 대한 자신의 이해를 드러낸다. 그는 무언가가 주입되어 사람들의 삶이 변하기를 소망한다. 하지만 다음 주일에 "지난주에 배운 내용으로 무엇을 실천했습니까?"라고 묻지는 않는다. 우리는 더 많이 순종하는 것보다 더 많이 배우고 싶은 갈망으로 가득하다.

현대 기독교를 이끌어가는 이원론적 패러다임은 지식에 대한 중독적 사고방식을 구축한다. 지식은 만족할 수 없는 것을 만족하게 하려는 거짓된 시도이기 때문에, 효용 체감 법칙이 적용되고 중독 주기가 생긴다. 나는 마지막으로 배운 지식이 더는 만족스럽지 않기 때문에, 새로운 지식을 원한다. 나는 내 영원한 갈급함의 해결을 추구한다. 이런 해결책은 하나님과 예수님, 성경에 관한 새로운 정보의 형태로 주어진다. 그러나 당시에는 이런 정보가 만족을 줄 수 있지만, 결국 효용성이 떨어지고 만다. 나는 더 많은 정보를 구하지만, 지금까지의 복용량으로는 충분하지 않고, 내게는 이전보다 더 많은 것이 필요하다. 이 주기(cycle)는 내가 하나님을 이해할 수 있거나—그리스인들이 말한 것처럼—'우주의 통합적 원칙을 찾을' 수 있다는, 보이지 않지만 부인할 수 없는 생각 때문에 계속된다. 그렇게 하면 내가 계속해서 찾고 있던 것을 발견하게 될 것이다.

헬라적 사고방식은 다다익선이라고 생각하도록 우리를 유혹한다. 이것은 중독 문제와 직접적 연관이 있지만, 그 특성은 약간 다르다. 조금이라도 가진 것이 좋다면, 더 많이 가질수록 더 좋을 것이다. 그래서 우리는 글을 잘 쓰고 말을 잘하는 사람들을 높이 평가한다. 그러나 내가 무언가에 순종하려고 한다면, 정보를 많이 갖는 것보다 더 적게 가지려 할 것이다. 내가 순종하는 데 정보가 도움이 된다면, 그것은—정보가—작은 부분에서만 진리를 탐구할 수 있게 해주기 때문이다.

칼로리에 대해 생각해 보면, 이 이론을 이해할 수 있다. 일주일에 여러 번 뷔페식당을 방문하면 사람의 몸이 망가진다. 칼로리 섭취량에 맞춰 적절히 운동하지 않으면, 건강에 치명적인 문제가 발생할 수 있다. 마찬가지로 합당한 순종의 행위 없이 다량의 진리에 대한 지식만 취하면, 우리의 영혼에도 문제가 발생한다.

바리새인들은 수많은 영적 진리를 '깨달았다'는 문화를 대변했다. 순종하지 않고 수많은 진리를 아는 것은 우월 의식과 자기 의, 그리고 진리 자체를 듣지 못하게 만든다. 오늘날의 기독교에서도 똑같은 일이 벌어지고 있다!

성경 속의 하나님은 우리와 관계 맺는 분이시지만, 동시에 순종해야 할 대상이다. 우리가 하나님에 관한 지식을 소유할 수 있지만, 그것은 제한적인 지식이며 우리는 유한한 존재다. 무한한 존재를 완벽하게 이해하려는 고질적인 욕구에 휘둘리는 것은, 창조 질서를 거부하는 행위다. 이런 욕구가 우리의 제자훈련 프로그램을 주도할 때, 왜곡된 시스템이 계발된다. 결과적으로 우리는 "이 세대를 본받지 말라롬 12:2"는 사도 바울의 경고를 무시하게 된다. 사도 바울은 이 세상의 불순종 행위뿐 아니라, 세상의 방식을 불어넣는 사고 체계도 지적한 것이다.

하나님이 히브리인으로 이 세상에 오신 것은 실수가 아니었다. 물질과 비 물질 사이에서 창조된 시너지(synergy, 동반 상승효과 – 역자 주)를 살아내는 인간 문화를 통해 영원한 진리를 부어주신 것은, 하나님이 직접 고안하신 것이다. 반대로, 오늘날의 기독교가 물질과 영을 구분하는 우리의 플라톤적 사고방식을 이해하지 못하는 것은, 복음을 전파하는 데 아킬레스건으로 작용한다.

분석에서 통합으로

거대하고 비만한 헬라적 사고방식은 성경을 통합적으로 다루기보다 분석적으로 접근하는 것을 선호하게 했다. 어떤 지역에서는 한 구절씩 가르치는 것을 훌륭한 성경 강해의 기준으로 추켜세우고, 귀납적 성경 공부가 더 우월한 방법이라고 주장하며, 성경 지식을 깊이 파고 들어가는 것을 최고의 목표로 삼는다.

우리는 전체를 보지 않고 세부 사항을 분해해서 본다. 내 생각에 우리가 이렇게 하는 이유는, 전체적인 것보다 세부적인 것을 다루기가 더 쉽기 때문인 것 같다. 통합적 접근은 헬라 문화의 영향을 받은 우리의 사고체계에 수많은 긴장을 초래하며 유한성에서 비롯된 혼란 속으로 우리를 빠뜨리곤 한다.

분석을 지나치게 강조하는 비만한 헬라적 사고방식은 성경에 존재하지 않는 분리를 조장해 왔다. 오늘날의 기독교 출판물들은 '복음 전도와 제자훈련'이라는 이분법을 즐겨 사용하지만, 이런 구분은 1세기 기독교의 표현이 아니라 현대의 발명품이다. 우리는 예수님이 사람들에게 복음을 전하기보다 그들을 개종하도록 훈련했다고 오해한다. 점검받지 못한 이런 사고방식은 순종보다 지식 습득으로 이끌고, 예수님이 절대 갈라놓으려 하지 않으셨던 것들을 분리하도록 조장했다. 순종하기보다 지식을 얻고자 하는 욕망은, 예수님의 부르심에 맞지 않는 방법들을 계발하고 배포하도록 우리를 이끈다.

한편 우리는 그리스도인들이 자신의 믿음을 나누고, 불신자들의 세계에서 정신적인 전투를 수행할 수 있도록 훈련하는 데 많은 시간과 비용을 들여왔다. 그러나 다른 한편으로, 우리는 사람들이 이해한다면 믿게 될 거라는 오류를 조장해 왔다. 이것은 누가복음 10장에서 예수님이 제자들을 파송하신 경우와 전혀 다르다. 그들은 단순히 지역 사회로 나아가, 기꺼이 듣고자 하는 사람을 발견하면 간단한 영적 진술, 즉 "당신의 집에 평화가 있기를 바랍니다"로 축복하고, 그곳에 머물라는 지침을 받았다. 분명 제자들은 예수님이 말씀하신 주제를 명확하게 전달하기 위해 자신들이 그곳에 왔다는 것에 관해 대화를 이어갔을 것이다. 예수님이 그 지역들에 가시려고 했다는 구절을 기억하라. 제자들이 할 일은 설득이 아니라 증언이었다.

또한 헬라적 사고방식은 성경 번역자들이 성경에 기록된 단어들의 의미를 현대 문화에 정확하게 전달하지 못하도록 방해했다. '믿음(faith)'이나 '믿다(believe)'라는 단어를 예로 들어보자. 헬라어 '피스티스(pistis)'는 신약성경에 자주 사용된다. 100년 전에는 '믿음'이나 '믿다'라는 단어가 높은 수준의 행동을 가리켰지만, 오늘날에는 이 단어들에 담겨있던 역동적 성격이 사라져버렸다. 지금 우리는 이 단어들은 '일련의 사실들에 대한 지적 동의'라는 의미로만 사용하고 있다. '피스티스'를 '신뢰(trust)'로도 번역할 수 있는데, 이 단어에는 무언가가 진리인 것처럼 살아간다는 역동적 의미가 있다. 하지만 성경에 기록된 '믿음'이라는 단어를 전부 '신뢰'로 바꿔버리면, 현대 세계에 제시해야 할 성경의 본래 의도를 흐릴 수 있다.

나는 친구가 킹 제임스 성경에서 '순종하다(obey)' 대신 '준수하다

(observe)'라는 단어를 사용한 것에 대해 불평하는 것을 듣고, 말의 중요성을 깨닫게 되었다. 그의 생각에 미국인들은 공휴일과 제한속도를 준수한다(그렇지 않은가?). 내 친구는 '순종하다'에 비해 '준수하다'가 너무 가볍거나 약하다고 느낀 것이다. 하지만 다른 영국인 친구에게 그 이야기를 들려주었더니, 그는 흥분하며 이의를 제기했다. 영국에서는 지금도 '준수하다'라는 단어를 강한 의미로 사용하고 있으며, 영국인들은 무언가를 준수하라는 지시를 받을 때 더 주의를 기울여 행동한다는 것이다. 단어의 미묘한 뉘앙스가 이렇게 큰 차이를 만든다. 오늘날의 기독교가 '믿음'이나 '믿다'라는 단어를 '신뢰'의 의미로 해석한다면, 어떻게 되었을까? 나는 우리가 세상 끝까지 복음을 전하려고 노력한 것보다 더 많은 열매를 맺었을 거라고 '확신한다(trust)'.

이 같은 번역의 문제는 우리가 복음을 나누는 방식에도 영향을 미친다. 우리는 사람들에게 신뢰할 기회를 제공하기보다 믿도록 설득하는 것에 대부분의 노력을 쏟는다. 스캇 맥나이트는 그의 책 『예수 왕의 복음』에서 이 문제를 다룬다. 그에 따르면, 우리는 브랜드에는 충성스러우나 예수님의 명령에 충성하는 것의 본질은 이해하지 못한 소비자들의 공동체를 만들어 왔다. 복음을 나누려는 우리의 시도는 십자가에서 돌아가신 예수님을 믿게 하는 것에만 맴돌고 있기 때문에, 이것이 사람들의 삶에 또 다른 믿음을 추가하는 것이 아니라는 점을 이해시키는 데 실패한다(분석적). 이것은 사람들이 현재 가지고 있는 구조화 된 원리들을 육신으로 오신 하나님으로 바꾸는 작업이다(통합적). 예수님이 새로운 왕이시며, 그분의 삶과 죽음과 부활 덕분에 사람들은 그분의 왕권 아래 그분의 왕국에서 사는 특권을 누리게 된다.

전부 다 우리의 세상에서 사라진 것은 아니다. 리처드 포스터와 달라스 윌라드 같은 선구자들은 영적 여정을 마음뿐 아니라 몸과도 연결하는 훈련으로 우리를 다시 이끌어 주었다. 금식과 침묵 같은 훈련의 재발견은, 몸을 영적 여정으로 되돌려 놓고 하나님이 절대 분리하지 않으신 것들을 재결합한다. 하지만 우리는 실천으로 이끄는 방법을 알지 못한다. 그래서 제자 삼기의 초석이신 예수님의 명령에 순종하는 방법도 이해하지 못한다.

물고기의 비유처럼 우리가 '젖어 있다'는 것을 드러내는 것, 즉 헬라적 사고방식이 어떻게 우리를 진리에서 떼어냈는지 알아가는 고통스럽고 지루한 과정은 큰 도전이다. 이 과정은 "이게 정말 사실일까? 나도 거대하고 비만한 헬라적 사고방식을 갖고 있을까?"라고 자문하며 생각하는 것에서부터 시작된다. 이런 질문들은 인내와 결합해서, 우리가 새로운 인도 방법(new way of leading)을 받아들이도록 새로운 시각을 열어 줄 것이다.

분석적으로 가르침

새로운 인도 방법은 제자 삼는 제자들이 촉진자가 되어, 사람들이 성경을 읽고 하나님과 그분의 뜻을 스스로 찾도록 돕는 발견 과정이다. 이것은 매우 위험한 주제를 포함하고 있다. 많은 기독교 지도자가 정체성의 핵심을 위협하고, 지식의 축적과 전수를 치켜세우는 헬라적 사고방식에 직접적으로 도전하기 때문이다. 발견 과정에서 촉진자는 성경에 관한 질문에 대답하는 것을 삼가고, 사람들이 본문 자체로 돌아가도록 질문을 던진다. 발견 과정에서 일방적으로 가르쳐주는 것은 거의 없다. 사람들은 스스로 성경을 읽고 순종함으로써 직접 하나님께 배우도록 격려받는다.

많은 경우, 이런 방식은 갈등을 유발한다.

"뭐라고? 가르쳐주지 않는다고? 그렇다면 어떻게 배울 수 있지?"

잠깐만 기다려보라. 숨을 깊이 들이마시고 나서, 이 교육 방식에 관해 살펴보자. 오늘날의 기독교가 주제별 전문가 집단에 의존하고 있다는 사실에 대해서는 의심의 여지가 없다. 그들의 메시지와 가르침은 서점과 콘퍼런스에서 보고, 블로그에서 읽고, 팟캐스트에서 들을 수 있다. 그리고 지역별로도 기독교 공동체들은 교회 개척자, 목사, 사역자, 선교적 공동체 지도자, 가정교회 지도자, 장로, 집사, 주일학교 교사 등의 분야별 전문가들을 중심으로 조직된다.

훌륭한 헬라적 전통은 강의를 통해 다른 사람에게 지식을 전수하는 이들에게, 지식을 축적하기 위한 조직과 사역 훈련을 제공함으로써 지식에 대한 사랑을 표현한다. 우리는 이 같은 지식의 교환을 '제자훈련'이라고 잘못 불러 왔다. 믿음의 재생산이 잘 이루어졌다면, 나는 이 책을 쓰지 않았을 것이다. 우리가 제자 삼는 제자의 암호를 해독하지 못했다는 사실은 전혀 비밀이 아니다.

왜 그럴까? 무엇보다도 '가르친다'라는 단어에 대한 우리의 오해 때문일 수 있다. 하워드 헨드릭스 박사는 여러 차례 이런 말을 했다.

"학습자가 배우기 전까지, 교사는 가르친 것이 아니다."

헨드릭스 박사는 재담의 대가이다. 하지만 이 재치있는 말이 어떤 맥락에서든 그리스도인 교사라고 주장하는 사람을 판단하는 잣대가 된다면 어떨까? 학습자가 '듣는다'라고 하지 않고 '배운다'라고 한 그의 말을 기억하라.

가르침을 들은 사람 중에 실제로 배운 사람이 얼마나 되는지에 따라 성공 여부가 결정된다는 사실을 교사들이 알았다면, 현장에서 가르치는 그들의 모습이 근본적으로 달라졌을 것이다. 하지만 우리는 그리스도인 교사들에게 훨씬 덜 엄격한 기준을 적용하는 것 같다. 우리는 학생들의 표준화된 시험에서의 성과를 교사들의 급여와 연결지어서, 공립학교 교사들을 더 높은 수준으로 끌어올리려고 한다. 그러나 영원한 진리를 다루는 사람들은 더 낮은 기준에 맞춰져 있다. 대신에 우리는 단지 우리의 관심을 끌고, 유머러스하고, 활기차고, 열정적이며, 박식하고, 시대적 감각이 뛰어난 사람들을 추켜세운다.

내가 헬라어와 히브리어 공붓벌레라고 스스로 밝힐 필요는 없겠지만, '가르침'이라는 히브리어 단어와 헬라어 단어는 모두 '원인'의 의미를 담고 있다. 그래서 우리는 '가르친다'라는 단어를 '배움을 야기하다'라는 의미에서 가져 왔다.[4] "누가 여호와의 영을 지도하였으며 그의 모사가 되어 그를 가르쳤으랴사 40:13"라는 이사야 선지자의 고백은 '누가 여호와를 배우시도록 할 수 있는가?'라는 의미였다. 무한하신 존재는 가르침 받을 필요가 없기에, 당연히 이것은 수사적 질문이다!

성경에 나오는 '가르친다'라는 단어가 매번 '배움을 야기하다'라는 뜻으로 사용된다고 주장하려는 것은 아니다. 그러나 가르침이 단순한 강의와 내용 전달, 일대일 지식 전수를 의미하는 거라면, 그것은 가르침에 관한 성경적 기준에 미치지 못한다. 각각의 개념에 동일한 이름표를 붙이도록 다른 사람들을 훈련하는 것이 가르침이라면, 우리는 가르침을 '암기 촉진 활동' 쯤으로 정의하고 있는 것이다. 암기는 삶의 변화를 가져올 정도로 충분한 흔적을 남기지 않는다. 당신이 교사라면, 단지 내가 당신의 이름표들을 인정하고 당신 앞에서 그것들을 되뇐다는 이유로 선생 노릇을 잘 감당하고 있다고 여겨서는 안 된다.

변화는 교사가 다룰 수 없는 인간의 깊은 내면에서 일어난다. 따라서 교사로서 자신이 가르치는 학습 과정에 성령 하나님과 함께 참여하고자 한다면, 목표를—기억보다 훨씬 더—깊이 설정하고, 자신이 볼 수 없는 영역을 다뤄야 하기에 철저한 겸손을 갖춰야 한다.

성령 하나님과 영원한 진리, 인간의 영혼 사이에는 우리가 관여하거나 결코 이해하지 못할 상호 작용이 있다. 그렇다면 교사로서 우리가 감당해야 할 역할은 무엇인가? 불을 붙이는 점화 도구인가? 정원을 가꾸는 정원사인가? 체력을 강화하는 트레이너인가? 도자기를 만드는 도공인가? 음식을 제공하는 영양사인가? 건물과 교량을 세우는 건축업자인가?

우리의 역할은 우리의 은사와 갈망, 열정이 아니라 변화과정의 본질에 의해 결정된다. 예수님은 우리 속으로 들어가는 것이 아니라, 우리 속에서 밖으로 나가는 것으로 부정하게 된다고 분명히 말씀하셨다마 15:11. 현실의 변화는 내면에서 시작된다. 이것은 색맹인 사람과 색맹이 아닌 사람이 함께 정지신호를 보고 있는 상황에 비유할 수 있다. 어떤 색이 보이냐는 질문에 그들은 서로 다른 대답을 할 것이다. 하지만 두 사람의 대답은 모두 각자의 관점에서는 사실이다.

내가 "우리 할머니는 포도나무에 올라가는 것(climbing vines, '포도 덩굴이 타고 올라갈 막대를 세우다'라는 의미까지 담고 있는 중의적 표현이다-역자 주)을 좋아하십니다"라고 말한다면, 내게 건강한 할머니가 계신다는 것인가 아니면 식물을 잘 키우시는 할머니가 계시다는 것인가? 대부분의 할머니는 포도나무에 올라가시지 않는다. 정확하게 이해하기 위해서는 더 깊이 질문해야 한다.

의미는 사람의 내면 깊은 곳에서부터 시작된다. 우리의 개인적 경험과 그에 대한 반응은 깊은 개인적 이해의 범주를 형성한다. 본인 이외에는 누구도 확실성이나 유효성을 가지고 그렇게 분류할 수 없다. 내 안의 어딘가에서 의미가 부여되면, 객관성을 증명할 수는 없어도 여러 객관성에 관해 말할 수는 있다. 모든 사람은 저마다 자신의 객관성을 살펴볼 것이다. 만약 그것이 가르치는 상황의 현실이라면, 독백과 강의는 아무런 대화 없이 다양한 객관성을 언급하려고 하는 유일한 객관적 행위이기 때문에, 삶의 변화를 일으키는 효과적인 방법이 될 수 없다.

정보 전달로서의 가르침은 사도 바울이 '마음을 새롭게 함으로 변화를 받으라롬 12:2'고 도전할 때 품었던 생각과 거리가 멀다. 하지만 우리는 패러다임에 갇혀 있다. 우리는 '선포'를 의미하는 헬라어 단어 '키루소(kyrusso)'를 보면서, 독백하며 다른 사람들에게 믿고 순종하라고 설득하는 사람을 떠올리곤 한다. 그 순간, 우리는 1세기의 관점에서 현대로 뛰어넘어 '청중을 향해 혼자 말하고 있는 사람'으로 이 단어의 의미를 이해하는 것이다.

'선포'는 '수용과 순종을 촉구하며 종교적 진리와 원리를 공개적으로 알리는 것'을 의미한다.[5] 우리는 곧바로 많은 사람이 줄 맞춰 앉아 있는 장면을 떠올린다. 하지만 이것이 정말 이 단어가 나타내는 그림일까? 이 단어는 그룹의 크기를 규정하지 않으며, 단순히 '공개적'이라는 의미를 지닐 뿐이다. 순종을 촉구한다는 것은 '군중을 감정적인 확신으로 이끄는 한 명의 연설가'를 암시하지 않는다. 순종을 촉구하는 방법에는 여러 가지가 있다.

성인들은 자신이 내린 결론에 대해 깊이 헌신하지만, 남이 내린 결론에 대해서는 별로 헌신하려 하지 않는다. 이것은 새로운 이야기가 아니다. 불행하게도 하나님으로부터 멀리 떨어져 있는 비신자들에게 다가가려는 시도뿐 아니라, 교육과 영적 변화를 위한 교회 내부의 시도들도 이미 결론을 내리고 시작된다. 우리는 열정적으로, 그리고 성실하게 독백과 설득을 통해 이런 결론을 다른 사람에게 전수하려고 노력한다.

서구의 문화적 역동성은 이 과정을 악화시킨다. 우리는 '설득'의 세계에 살고 있다. 모퉁이를 돌 때마다 우리는 가입, 구독, 구매, 관심을 유도하고 설득하는 메시지로 가득한 광고판들을 보게 된다. 설득은 1960년대 광고계 내부를 보여준 AMC(미국의 유명 케이블 방송국 – 역자 주)의 드라마 '매드멘(Mad Men, 1960년대 뉴욕의 한 광고회사를 배경으로 하는 미국의 드라마 – 역자 주)'의 시대부터 디지털 시대에 구글이 광고하는 방식에 이르기까지 다양하다. 깨어있는 대부분의 시간 동안, 우리는 쇼핑하라는 유혹을 느끼고 있다. 그래서 우리가 이런 유혹에 넘어가지 않기 위해 늘 싸우고 있다는 사실은 놀라운 일이 아니다. 이것은 하늘 아버지와의 생명력 있는 관계가 부족하다는 것조차 모른 채, 세상의 도움을 얻으려고 하는 우리 중 일부에게도 영향을 미쳤다. 상품을 판매하는 것처럼 복음을 이야기하는 방식은, 서구에서 우리를 비생산적인 길로 접어들게 했다.

우리는 학생들이 더 많이 참여할수록 더 많이 배운다는 것을 안다. 비극은 우리가 기능보다 형식을 숭배하는 시스템에 사로잡혀 있다는 것이다. 우리에게는 이전에 해왔던 것과 다른 방식으로 일할 수 있는 여지가 거의 없다. 사실, 우리가 변화하면 통제력을 잃을 것이라는 우려는 과장이 아닐지도 모른다.

핵심적인 진실은 이것이다. 강의를 통한 가르침은 영적 전쟁에 부적절한 무기이다. 변화가 일어나려면, 반드시 사람들의 내면을 목표로 삼아야 한다.

통합적으로 가르침

그래서 나는 '가르침'의 새로운 정의를 좋아한다. '사람들이 깨닫도록 돕는 것' 말이다. 이것은 나를 강사에서 '학습환경 디자이너(learning-environment designer)'로 변화시켰다.

영적 변화를 촉진하는 것에 대해 생각하기 시작할 때, 나는 하나님, 성령님, 영원한 진리, 그리고 나와 동역하는 사람들의 인식을 고려한다. 교수 · 학습 상황에서 역동적 변수인 다른 사람들의 인식을 이해하는 데 실패하면, 자기 말만 하는 사람으로 전락할 수 있다.

학습자들의 현실이 삼위일체 하나님과 영원한 진리에 연결된다면, 그들은 결코 이전과 같지 않을 것이다. 그래서 그들의 귀보다 더 깊은 곳을 목표로 해야 한다. 그들이 하나님의 영원한 진리를 깨달을 수 있도록 '경험을 디자인해야' 한다.

독백은 정보를 전달하고, 정보는 필요한 것이다. 그러나 이것은 변화 과정의 시작일 뿐이다. 그리스도를 따르는 대부분의 사람에게 이것이 제자화 과정의 유일한 단계라는 해석은 억지일 뿐이다. 앉고, 듣고, 먹고, 집에 간다. 이 패턴을 깨뜨려야 효과가 나타난다.

인간, 특히 성인은 마음의 평정 상태에 높은 가치를 둔다. 이것은 평화, 편안함, 균형 또는 안정감 같은 이름으로도 불린다. 이 상태는 우리 주변의 현실을 설명하는 데 도움이 되는 사고방식을 계발함으로 얻게 된다. 이 사고방식이 우리에게 늘 많은 유익을 주기 때문에, 우리는 애정을 갖고 이것을 키우며 소유한다.

삶이 변화되고, 사람들이 성장하며 새로운 사고방식을 갖게 되는 것을 보기 원한다면, 이 평정 상태를 뒤흔들어야 한다. 그러나 내게 인간의 감성을 침해하도록 허락하는 백지위임장이 주어진 것은 아니다. 관계에서 신뢰를 유지하는 것과 현 상황을 뒤흔들어 성장을 위한 기회를 마련하는 것 사이에는 섬세한 균형이 필요하다. 성령 하나님이 그분과 연결되는 것에 관해 관심을 두고 진지하게 임하는 이들의 내면에서 역동적으로 일하신다는 사실은, 우리의 영적 여정에 도움이 된다.

영적 영역에서 우리에게는 하나님이 보내주신 동역자가 있다. 성령 하나님이 우리의 모든 활동 가운데 임하신다. 우리만 복음 전하는 일을 감당하고 있는 것이 아니다. 예수님은 대위임령을 통해 우리와 함께하겠다고 약속하셨다.

일단 뒤흔들어 놓으면, 사람들은 균형을 찾기 위한 자기만의 방법을 찾아낸다. 인간이 평정 상태로 돌아가는 방법을 찾기 위해 엄청나게 많은 에너지를 사용하는 것은 기이한 일이다. 그들이 평화를 추구할 때에만, 그들의 삶에 존재하는 불편함이 사고방식에 영향을 미치고 새로운 차원의 안정감을 만들어 낸다. 이것이 바로 성장이며, 모든 생명체가 이것을 경험한다.

교육 과정은 육체의 성장 과정과 매우 비슷하다. 평정 상태가 유지되다가, 무언가 그 평화를 뒤흔들고 혼돈이 야기된다. 혼돈은 낡은 질서에 질문을 던지게 만든다. 낡은 범주는 필연적으로 제대로 작동하지 못한다. 혼돈은 처리해야 할 새로운 정보들을 생성하고, 새로운 질서가 형성되기 시작한다. 결과적으로, 유기체는 더 적합하고 더 강하며, 반복할 준비가 된 더 높은 수준으로 재조직된다.

이 과정으로 운동이 어떻게 건강에 유익을 주는지도 설명할 수 있다. 이것은 모든 스포츠에 적용할 수 있는 훌륭한 훈련방법이다. 이것은 우리가 어떻게 정서적 건강을 얻고, 새로운 기술을 배우고, 낡은 습관을 버리고, 우리 몸을 더 나은 쪽으로 변화시킬 수 있는지 설명한다. 또한 이것은 통합적 가르침의 과정이다.

아내인 캔디와 나는 공원에 있는 테니스 코트에서 밥과 제니퍼를 만났다. 제니퍼는 20대 후반이고 밥은 50대 초반이었다. 캔디와 제니퍼는 금세 의기투합해서 함께 시간을 보냈다. 제니퍼는 영적 갈증을 느끼고 있었지만,

밥은 그에 대해 별로 관심이 없었다. 그는 자신의 영적인 삶을 나름대로 잘 영위하고 있다고 생각했고, 자신이 어떻게 살아야 하는지에 대해 말해 줄 사람도 원하지 않았다.

밥은 두 번 이혼했고, 제니퍼는 미혼이었다. 밥이 제니퍼가 좋아하는 안정적이고 경험이 많은 사람이었기 때문에, 두 사람은 낭만적인 관계를 유지하며 잘 지내고 있었다. 그들은 굳이 서둘러 '공식적인' 관계를 맺을 필요를 느끼지 못하고 있었다.

우리 인생의 다른 시절이었다면, 캔디와 나는 두 사람의 삶의 상황을 직접 지적하거나 그것 때문에 그들과 거리를 두었을지 모른다. 하지만 우리는 그렇게 하지 않았다. 우리는 그들과 저녁 식사를 하고 테니스를 쳤고, 제니퍼와 함께 영적인 여정을 추구했다. 얼마 지나지 않아, 캔디와 제니퍼는 함께 성경을 읽기 시작했다. 하나님을 향한 제니퍼의 갈망이 나타나기 시작했지만, 그녀의 믿음이 성장하면 성장할수록 밥은 더 불편해했다. 실제로 그들과 많은 시간을 함께 보낸 것은 아니지만, 우리가 그렇게 했을 때 제니퍼가 혼자서 성경을 엄청나게 많이 읽고 있다는 것을 알게 되었다. 어느 날, 우리를 만난 자리에서 그녀가—밥에게는 너무나 실망스러운 일이겠지만—이렇게 말했다.

"밥과 나는 섹스를 그만해야 할 것 같아요."

그녀는 다소 직설적인 사람이었다.

어떻게 그런 생각을 하게 되었는지 묻자, 그녀는 하나님 때문이라고 대답했다. 성경을 읽다가 섹스는 결혼을 위해 남겨둬야 할 기쁨이라는 결론을 얻게 되었는데, 그와 함께 자신과 밥은 결혼한 관계가 아니고 결혼할 생각조차 없다는 사실도 깨달았다는 것이다. 두 사람은 서로 유익을 주고받는 가까운 친구로 인생을 함께하고자 했었다.

캔디가 물었다.

"그렇다면 이제 어떻게 할 건가요?"

그녀는 잠시 생각하고 나서 이렇게 말했다.

"같은 집에 살면서 섹스하지 않는 것은 불가능해요. 그러니 제가 이사를 하는 게 좋을 것 같아요."

내가 물었다.

"이건 당신에게 불이익을 가져다줄 수 있는 과격한 행동이에요. 정말 그렇게 하고 싶은 거예요?"

나는 이때 제니퍼가 한 대답을 절대 잊지 못할 것이다.

"만약 당신이 내게 이사 가야 한다고 말한 사람이라면, 그 말을 참고만 했을 거예요. 그러나 그 말씀을 하신 분이 하나님이시라면, 순종하는 것이 더 좋다는 걸 알아요."

제니퍼는 밥과 헤어졌다. 이 사건은 누구보다도 밥의 마음을 아프게 했을 뿐 아니라 그의 마음을 부드럽게 만들어서, 영적 추구를 시작하게 했다. 그도 성경을 읽기 시작했고, 영적인 사람들을 멀리하게 만든 '자기중심적' 종교를 해체하기 시작했다. 처음에는 영적인 것에 대한 그의 새로운 관심이 제니퍼를 되찾기 위한 것이었는지 아니었는지 분명하지 않았다. 결국 시간이 흐른 뒤에도 그들의 관계는 회복되지 않았지만, 밥은 변함없이 영적으로, 그리고 개인적으로 진정한 성장을 보여주었다.

밥과 제니퍼 모두 영적 여정을 계속했다. 캔디와 내가 그들과 맺은 관계는 일상적인 것이었기 때문에, 그들은 자신의 초기 영적 여정에서 우리를 의지하지 않았다. 우리는 지혜를 나누거나 질문에 대답하는 데 시간을 쓰지 않았다. 우리는 항상 성경과 하나님이 영적 성장의 주요한 자원이라고 강조했다. 그들의 초기 영적 경험은 하나님의 음성을 듣는 것에 관한 확신을 주었다.

그리스도인으로서 우리는 성경에 관해 많이 알고, 영적 여정에 관한 지혜와 통찰력을 나눌 수 있다. 그러나 우리는 종종 이런 나눔이 의존성을 높이고, 결국 재생산의 과정을 훼손한다는 사실을 무시한다. 어떤 사람들은 당신이 가진 성경 지식과 경험을 얻는 데 수년을 보내기도 한다. 하지만 지식을 얻는 것이 목표인가? 제자들이 제자 삼기 전에 필요한 것이 그것이라면, 인류 역사상 그 어느 때보다 오늘날 지옥에 갈 것 같은 사람이 더 많다는 것은 놀라운 일이 아니다.

그리스도인들은 통제에 대한 환상을 갖고 있다. 일반적인 그리스도인의 지혜는 특정한 부정적 경험, 즉 이단을 피하려고 훈련된 주제별 전문가가 필요하다고 가정한다. 이에 관해 재미있는 사실은 역사를 통틀어 훈련된 주제별 전문가들이 있었지만, 이단을 피할 수 없었다는 것이다. 사실 교회사를 대충 조사해 보면, 지난 이천 년 동안 대부분의 주요 이단들은 훈련받지 않은 사람이 아니라 정식 교육을 받은 성직자에 의해 시작되었다.

너무나 자주 복음의 역사를 무시하거나 모르는 자들이 이단에 대해 이런 주장을 펼친다. 기독교의 일탈 행동은 거대하고 비만한 헬라적 사고방식이 지배하는 학계에서 비롯된 것이다. 성경에 계시된 긴장을 받아들이기 거부하면, 유한한 논리를 사용하여 무한한 분을 해부하고 이단을 낳게 된다. 설명이 불가능한 것도 있다는 사실을 받아들여야 한다 신 29:29.

교사에서 학습 디자이너로

가르침에는 새로운 역동성이 필요하다. 우리는 정보를 전달하는 거래에서 벗어나 학습 디자이너가 되어야 한다. 사람들이 우리의 결론대로 행동하지 않는다면, 우리는 그들이 생각해야 하는 것이 무엇인지 말하는 것을 멈춰야 한다. 진리를 가지고 다른 사람에게 영향을 미치고 싶다면, 왜 그들이 마땅히 생각해야 하는 것에 관해 이야기하지 않는가? 여기에 '가르침'의 새로운 정의가 다시 등장한다. 그것은 사람들이 깨닫도록 돕는 일이다.

우리의 결론을 진술하는 연역적 전략을 사용하고 변호하는데 시간을 쓰는 대신, 사람들이 가진 패러다임을 불편하게 하는 계시 가까이 그들을 데려가는 것은 어떨까? 나는 기독교의 배타성을 변호하는데 많은 시간을 사용해왔다. 내가 하던 그 일은 사람들을 요한복음 14장 6절 말씀으로 이끌어, 함께 그것을 읽었던 순간과 비교할 수 없다.

> "예수께서 이르시되 내가 곧 길이요 진리요 생명이니 나로 말미암지 않고는 아버지께로 올 자가 없느니라."

나는 사람들의 반응에 항상 놀란다. 사람들은 예수님에게 이 말씀을 받지만, 나와 논쟁한다. 아마도 그래서 예수님이 이렇게 말씀하신 것 같다.

> "내 양은 내 음성을 들으며 나는 그들을 알며 그들은 나를 따르느니라"요 10:27.

나는 성경에 담긴 정보, 문화, 역사, 신학을 정확하게 알고 있다고 확신한다. 나는 그것을 배우기 위해 많은 돈을 지불했다. 그래서 내가 그 지식을 사용하고 성경의 세부사항에 대해 사람들을 가르치고 싶어 한다 해도 놀라운 일은 아니다. 진실은 지식을 나누는 것이 사람들의 삶의 변화를 촉진하는 데 그다지 효과적이지 않다는 것이다.

그러나 내가 앞자리를 포기하고 그들을 거기 앉혀서 하나님을 직접 대면하게 할 때, 놀라운 일이 일어난다. 그들은 자신의 질문에 대한 답변을 얻으려고 내게 의존하지 않는다. 그들은 하나님에 관한 지식을 직접 얻는다. 사람들이 성경에 관한 '은밀한' 지식이 전혀 없어도 하나님과 직접 대면할 수 있다는 사실을 알게 될 때, 놀라운 역량 강화가 일어난다. 때로는 우리가 사람들을 지금의 자리에 붙잡아 두기 위해 새로운 영지주의를 만든 것처럼 느껴지기도 한다. 우리는 수천 년 전에 그 이단을 이겨냈다!

후기 종교개혁 시대의 목회적 사고방식에서 벗어나 개인이나 기관에 의존하게 하는 것을 멈추면, 자유와 힘을 얻게 된다. 세속적인 방식으로 의존하게 하지 않으면서 하나님과 관계를 맺고 그분을 의지하도록 사람들을 가르치는 것은, 어렵지만 가능하다.

그리스의 위대한 철학자 소크라테스조차 이렇게 말했다.

"나는 아무것도 가르칠 수 없다. 나는 오직 그들이 생각하게 만들 수 있다."

그는 우리 중 많은 사람이 이해하지 못하는 것을 알고 있었다. 질문에 대답하는 것은 변화를 가져오지 못한다. 정보를 전달할 수는 있지만, 인간 내면의 근본적 변화를 일으킬 수는 없다.

세계적으로 유명한 위대한 교사들은 질문의 힘을 알고 있다. 그들은 교사가 모든 것을 해결해주면, 학생의 삶에 아무 변화도 일어나지 않는다는 사실을 안다. 그러나 학생이 대부분의 일을 감당하면, 중요한 변화가 시작된다.

대부분의 주제별 전문가들은 지식의 저주에 시달리고 있다. 우리는 과도한 확신 속에서 다른 사람이 우리를 통해 확신에 도달할 거라는 잘못된 추정을 한다. 또는 최소한 사람들이 이해하도록 도울 수 있는 방식과 어휘, 세계관을 이미 갖고 있다고 추정한다. 그러나 일반적으로 학습자는 우리와 동일한 결론을 내리지 않는다. 그들은 우리와 같은 유전적 특징, 목소리, 성격, 관계하는 방식, 정보를 갖고 있지 않기 때문이다.

대위임령의 성취를 위한 추진력을 되찾고 싶다면, 교사라는 역할에 대해 과신했던 것을 진정으로 회개해야 한다. 하나님이 세우신 거대한 계획에서 우리는 아주 작고 유한한 부분을 감당하는 존재들이다. 마땅히 자신의 역할을 수행해야 하지만, 그렇다고 자기 자신을 과대평가해서는 안 된다.

아이들이 어렸을 때, 우리 부부는 그들에게 소형무전기를 사 주곤 했다. 나는 네 명의 자녀를 두었다. 그래서 몇 년 동안 우리는 각기 다른 기능의 무전기 세트를 여러 번 샀다. 비 오는 어느 지루한 날, 초등학교 고학년이었던 아이들은 옛날 무전기 세트를 몇 개 발견했다. 그들은 TV 리모컨에서 배터리를 꺼내 무전기를 갖고 놀려고 했다. 문제는 그들이 서로 다른 무전기를 갖고 있었다는 것이다.

아이들이 침실에서 무전기들을 시험하며 나누는 대화를 듣고 있자니 웃음이 저절로 나왔다.

“내 말 들려?”

"무전기를 통해 들리지는 않아!"

이번에는 더 크게 말한다.

“지금은 내 말 들려?”

이 대화는 목소리가 최고로 커질 때까지 계속되었다. 그들의 문제가 무엇인지 이미 짐작했을 것이다. 두 무전기의 사용하는 주파수가 서로 달랐다. 주파수가 다르다는 것은 서로 연결할 수 없다는 의미이기 때문에, 볼륨을 최고로 올린다고 해도 무전기를 사용할 수는 없었다. 물론 큰 소리로 말해도 소용없었다.

우리가 실제보다 더 많은 힘을 가졌다고 여기게 하는 것은 과대망상인가, 무모한 열정인가? 오늘날의 종교적 영웅들은 열정적이고, 신학적으로 영악하며, 미디어를 잘 다룬다. 그들은 놀라운 의사소통 전문가들이다. 그들처럼 되는 것이 모든 신학생의 은밀한 바람일 것이다. 나 역시 그랬기 때문에 잘 안다. 그러나 예수님은 우리를 의사소통 전문가가 아니라 제자 삼는 자로 부르셨다. 이 시대의 진정한 영웅들은 한 시간 동안 우리의 관심을 끌 수 있는 뛰어난 재능을 가진 사람이 아니라, 자기 복제를 할 수 있는 '제자 삼는 제자의 세대'를 일으키는 사람이다.

정보 전달에서 학습설계로 옮겨간다는 것은 무엇을 의미할까? 초기 단계의 가정이 몇 가지 있다. 첫째, 당신이 아니라 학습자가 있는 곳에서 시작하라. 둘째, 그들이 의제를 주도하게 하라. 셋째, 당신이 아니라 그들이 저자가 되게 하라.

학습자가 있는 곳에서 시작하라

학습자가 있는 곳 말고 달리 어디서 시작하겠는가? 이 가정은 이해하기 쉽다. 하지만 복음을 전할 때 우리는 흔히 상대의 세계관이나 권위에 대한 개념, 과거의 종교 이력(?)을 파악하지 않는다. 우리는 그들이 예수님에 대해 어떻게 생각하는지에 대해서만 알고 싶어 한다. 그들의 개인사에서부터 시작하면 좋겠지만, 대부분 그렇게 하지 않는다. 우리는 늘 십자가에 관한 사실을 설명할 기회를 찾는 데 집중한다.

학습자가 있는 곳에서 시작한다는 것은, 그들이 이해할 수 있는 언어를 사용한다는 것을 의미한다. 그리스도인들은 교회에 출석하지 않는 불신자가 이해할 수 있는 언어로 자신의 영적 여정에 관해 이야기해야 한다. '내부자' 언어를 사용하는 것은 문화적 제국주의를 전달할 뿐이다. 아직 그리스도인이 아닌 사람들이 우리에게 알레르기 반응을 보이는 것은 놀랄 일이 아니다. 당신은 당신이 사용하는 성경적 비유 중에서 어떤 것들이 일반적으로 통용되지 않는지 확인하기 위해, 당신이 즐겨 쓰는 어휘를 검토해 본 적이 있는가? 예수님의 보혈은 우리에게 매우 귀중하다. 그것이 자격 없는 사람들을 위한 최고의 희생을 보여주기 때문이다. 그러나 이 구절 자체는 기독교 문화 바깥에 있는 이들에게는 역겨울 수 있다. 구약과 신약처럼 간단한 것에서부터 시작하라. 성경에 대해 모르는 불신자들은 구약이 무엇인지 전혀 모른다. 하나님으로부터 멀리 떨어진 사람들이 이해하는 언어로, 하나님이 이 세상에서 어떤 일을 하고 계시는지 설명할 수 있느냐가 시금석이 될 것이다.

학습자가 의제를 주도하게 하라

학습이 필요한 유일한 사람은 학습자 자신이다. 하나님은 관여할 필요가 없으시고, 진리는 신뢰받을 필요가 없고, 교사는 가르칠 필요가 없다. 필요를 가진 사람이 학습자이기 때문에, 학습 환경은 학습자가 의제를 주도하도록 설계해야 한다.

학습 환경은 학습자가 의제를 주도할 뿐 아니라, 대부분의 활동도 수행하는 방식으로 구성해야 한다. 주제별 전문가가 사용하는 강제 주입 방식은 학습자를 매우 수동적으로 만든다. 전형적인 정보 전달 방식은 지식의 씨앗을 심을 토양의 질을 절대 고려하지 않는다. 학습자에게 의제를 주도할 기회를 주면, 영적 관심의 질이 드러난다. 대답이 필요한 것은 본인의 질문이다. 질문이 없다면, 우리가 엉뚱한 사람과 일하고 있는 것일 수도 있다.

학습자가 저자가 되도록 하라

학습 환경에서 학습자의 활기는 학습 주제와 학습자의 필요가 일치하는지에 대한 좋은 시금석이다. 학습자의 질문들은 이것을 가늠하는 좋은 척도다. 발견 과정은 학습자가 성경에 주목하고 기꺼이 행동에 옮기는 결단에 이르도록 고안되었다.

일반적으로 사람들은 자신에게 주어진 결론보다 자신이 내린 결론을 훨씬 더 쉽고 깊게 수용하기 때문에, 학습 과정의 효율성은 본인이 결론을 내릴 수 있는 상황을 만드는데 달려있다. 제자로 세워져 하나님의 가족이 된—진리 앞에 섰을 때, 그리스도를 따르는 대부분의 신자에게도 도전이 되는 '순종선언문(obedient statements)'을 부끄러워하지 않는—사람들은, 언제나 나를 겸손하게 한다.

결론

우리는 예수님에게 들어야 한다. 예수님은 "순종하도록 가르치라!"고 말씀하셨다. 우리는 지식이 아니라 순종이라는 목표에 제자 삼는 노력을 기울여야 한다. 우리에게 선생은 더 필요하지 않다. 순종 중심의 책임감 있는 제자 삼기 경험을 쌓는데 필요한 것은, 더 많은 학습 디자이너이다.

성경을 읽으면서 하나님이 우리 인생에 관해 말씀하시는 것을 발견하는 자리에 사람들을 초대하려면, 성경에서 출발점을 제공해야 한다. 우리는 창조주 하나님과 우리가 연결하고자 하는 청중 사이에 존재하는 주요한 장애물을 파악해야 한다.

순종을 중심으로 하고 발견에 기반을 둔, 증가하는 제자 삼기 방식은 숄크릭커뮤니티 교회를 그 방향으로 옮겨가게 했다. 거기에는 모든 사람의 질문에 답변할 수 있는 주제별 전문가가 없다. 우리는 모든 참여자가 서로에게 삶을 배우고, 반복하고, 모방할 기회를 얻는 간단하고 반복 가능한 과정을 갖추고 있다.

숄크릭커뮤니티 교회는 누군가가 성경의 한 부분을 선택해서 읽고 하나님의 뜻을 분별하고자 할 때, 다뤄야 할 8가지 질문을 발견했다.

1. 이 모든 것은 어디에서 왔는가?
2. 내 인생의 의미는 무엇인가?
3. 삶에 관한 권위 있는 조언은 누구에게 들어야 하는가?
4. 인류의 역사는 목적지를 향해 나아가고 있는가? 혹시 죽으면 다 끝나기 때문에 역사도 헛된 것은 아닐까?
5. 무엇이 선하고 악한지, 어떤 것이 옳은지 그른지 결정하기 위해서 어디를 바라봐야 하는가?
6. 나는 왜 충분한 만족감을 느껴본 적이 없을까?
7. 예수님은 누구인가? 하나님과의 관계 안에서 나는 예수님을 어떻게 이해해야 하는가?

8. 이 세상에서 하나님이 하고 계신 일 가운데 나의 역할은 무엇인가?

우리는 이 질문들에 대한 답변으로 시작되는 성경을 읽어나가는 방식을 고안했다. 함께 성경을 읽으면서 하나님이 인생에 관해 뭐라고 말씀하시는지 발견하자고 사람들에게 요청함으로써, 우리는 그들이 자녀가 아버지와 관계 맺는 것처럼 하나님과 관계를 맺고, 제자 삼는 제자가 되는 평생의 여정을 지속해 나가는 것을 볼 수 있었다. 실제로 우리는 7가지 여정을 통해 사람들과 동행한다. 이 책의 2부에서, 5장에서 8장까지는 솔크릭커뮤니티 교회의 계획을 다루고 있다. 우리가 그것을 어떻게 개발했으며(5장) 그것은 어떻게 작동하는지(6장), 그리고 제자 삼는 제자가 되기 위한 7가지 여정(7장)과 지도자들을 위한 교훈(8장)에 관해서도 이야기할 것이다.

2부

••• 해결책

5장 하이브리드 교회

어떻게 지역 교회가 배가하는 제자 삼기를 발견해 왔는가?

모든 것은 꿈으로부터 시작되었다. 물론 내가 졸업한 댈러스 신학교의 학생들 대부분은 하나님과 관련해서 꿈꾸는 사람들과는 거리가 멀지만 말이다. 그렇지만 나에게는 하나님이 살아 역사하신다는 비전이 있었다.

숄크릭커뮤니티 교회를 시작하면서부터, 나는 예배 장소에서 집까지 차로 이동하는 30분 동안 30만 명의 사람들을 위해 정기적으로 기도했다(장소를 바꾼 뒤로는, 캔자스시 지하철 구역에 오가는 230만 명의 사람들을 위해 기도한다). 나는 보통 디모데전·후서를 읽고 하나님께 간청한다.

"주님의 마음은 그들이 주님께 나오기를 원하고 계십니다. 제가 어떻게 그들의 관심을 끌어낼 수 있을까요? 어떻게 해야 그들에게 우리 교회가 매우 위험한 메시지를 탐구할 수 있는 안전한 장소라는 것을 확신시킬 수 있을까요?"

우리는 최근의 변화가 그동안 기도했던 것의 급속한 성장을 돕는 촉매제가 될 수 있다고 느꼈다. 마침내 4년 동안의 노력 끝에, 하나님이 캔자스시 북부 외곽의 'I-35'와 'I-435' 고속도로 교차로에서 1.5km도 채 떨어지지 않은 곳에 있는 오래된 교회 건물을 사용할 수 있게 해주셨다. 훌륭한 교회 캠퍼스의 조건은 첫 번째도 위치, 두 번째도 위치, 세 번째도 위치이기 때문이다.

이런 가운데, 나는 롤런드 앨런의 『교회의 자발적 확장과 그것을 방해하는 원인*The Spontaneous Expansion of the Church and the Causes which Hinder It*』을 읽고 있었다. 앨런은 예수님이 명령하신 것을 달성하는 데 우리의 전략이 걸림돌이 된다면, 그것을 바꿔야 한다고 주장했다. 이것은 내가 막 경험하려고 하던 상황의 뇌관이 될지도 모를 메시지였다. 이런 생각은 내가 꿈꾸기 시작했을 때부터 계속해서 머릿속을 맴돌고 있었다.

꿈을 통해, 하나님은 나의 기도에 응답하셨다. 주일 아침, 30만 명이 숄크릭커뮤니티 교회 캠퍼스를 방문했다. 처음에는 영광스러운 일이었다. 차에 타고 있는 가족들, 아이들을 데리고 온 싱글 맘들, 술집에서 쏟아져 나온 사람들, 일을 마치고 퇴근한 매력적인 댄서들, 아침 식사 대신 교회 모임에 온 조립 노동자들…. 하나님을 찾는 인간의 아름다운 모습들이었다.

하지만 그 꿈은 곧 악몽으로 변했다. 캔자스시에는 다른 도시들처럼 한 번에 30만 명을 수용할 수 있는 공간 인프라가 없다. 내 예상보다 훨씬 더 빨리 교통 대란이 시작되었다. 리본 모양의 콘크리트 도로들은 난장판이 되었고, 한꺼번에 우리의 작은 모임 장소로 이동하기에는 고속도로의 사정이 여의치 않았기 때문에 모든 차량이 달팽이보다 더 느리게 움직였다. 실제로 우리 교회는 한 번에 450대의 차량과 1,200명의 인원만 수용할 수 있다! 교통 체증이 심해지자 사람들은 집으로 돌아가기 시작했다. 부족한 인프라 때문에 영적인 불이 꺼지고 말았다. 많은 사람이 그들의 영적 관심을 키울 수 있는 장소에 들어가지 못했다.

이렇게 꿈이 악몽으로 변해버린 사건은, 나의 전략과 기도가 일치하지 않는다는 것을 보여주었다. 1995년, 훗날 숄크릭의 가족이 된 소그룹 사람들은 일리노이주 사우스 배링턴(윌로우크릭 교회가 있는 곳 – 역자 주)에서 열린 콘퍼런스에서, 하나님으로부터 멀리 떨어져 있는 사람들을 위한 교회를 세우는 법을 배웠다. 대학생 때부터 복음주의 사역을 위해 훈련받아온 우리는 강의를 듣고 흥분한 상태였다. 우리는 아직 하나님과 연결되지 않은 사람들을 만나고 훈련하는 일을 위한 영적인 열정을 회복하고 싶었다.

교회에 가지 않는 사람들을 위한 교회를 세우려고 했던 빌 하이벨스(Bill Hybels) 목사의 열정 가득한 요청은, 오늘날에도 여전히 뜨겁게 타오르고 있다. 교회를 다니지 않던 사람들은 주로 회심을 겪은 뒤에 성장했다. 우리는 주일에 찬양 예배로 모이지 않았기 때문에, 그리스도인들을 많이 모으지는 못했다. 대신에 우리는 8년 동안 이 전략을 성실하게 실천했고, 영적 여정을 추구하는 자리에 친구와 이웃, 직장 동료를 초대했다.

시작 부분에서 언급했듯이, 이 책은 매뉴얼이라기보다 매일의 기록에 가깝다. 나는 당신이 '무엇'과 '어떻게'의 측면에서 반드시 우리처럼 되어야 한다고 권할 생각은 없다. 우리의 전술은 매우 명확한 전략적 결론에 근거해서 결정된 것이다. 그것은 우리가 누구이며, 누구를 섬길 것인지, 그리고 무엇을 해야 하는지에 대한 이유다.

다른 사람을 설득할 수 있는 에너지는 우리와 똑같이 하는 것이 아니라 우리와 다르게 생각하는 것에서 나온다. 더군다나 우리 교회는 미국에서 가장 빠르게 성장하고 있는 교회 목록에 들어가 있지 않다. 듣기만 해도 누구나 감동할 만한 수치나 기록도 갖고 있지 않다. 미국 교회의 '성공적인' 확장에 기여하고 싶은 마음도 있었지만, 하나님은 우리에게 작지만 꾸준한 성장이라는 복을 주셨다.

바라기는 우리가 대위임령을 어떻게 문화 환경에 적용했는지 당신이 이해했으면 좋겠다. 중요한 것은 우리가 사용하는 기술이나 전략이 아니라, 우리가 지금 하는 그 일을 왜 하고 있는가에 대한 대답이다. 프리드리히 니체는 "살아가야 할 이유를 가진 사람은 그 어떤 어려움도 이겨낼 수 있다"고 말했다. 이것이 바로 내가 말하고 싶은 메시지다.

처음부터 우리에겐 확고한 신념이 있었는데, 그것은 우리가 사람들에게 먹을 것을 주지 않겠다는 것이었다. 우리는 그들에게 스스로 먹을 수 있도록 가르쳤다. 십 대들이 부엌에 서서 먹을 것을 달라고 조른다고 생각해보라. 최악의 부모만이 그들에게 음식을 만들어 먹이지 않겠는가? 십 대 정도면 스스로 밥을 해 먹을 만큼 나이를 먹었다. 만약 그들이 음식을 만들 줄 모른다면, 요리를 가르칠 때가 된 것이다.

내가 이렇게 말할 때, 여러분이 "네 양을 먹이라" 또는 "네 양을 치라"는 예수님의 말씀을 가지고 내 말을 반박할 수도 있을 것이다요 21:15-17. 하지만 그게 무슨 뜻인지 잠시 생각해 보자.

오늘날 교회에서 하는 방식은 주일마다 진리를 점액질 같은 형태로 전달하는 것이다. 더 쉽게 소화할 수 있도록 음식을 씹은 다음, 바로 삼킬 수 있도록 제공하는 것과 같다.

예수님이 베드로에게 말씀하실 때 어떤 점을 염두에 두셨을까? 목자는 양을 들판으로 데려가 풀을 뽑아 끈적끈적한 녹색 점액으로 만들고, 이 칙칙한 색깔의 혼합물을 병이나 작은 그릇에 담아 양의 입을 열고 부어 넣을까? 당연히 아니다!

요한복음 21장에서 예수님이 베드로에게 하신 말씀은, 결코 그런 이미지를 지향하지 않는다. 목자는 양들을 풀밭으로 데려가 그들이 스스로 먹게 한다. "내 양을 먹이라"라는 명령은 오늘날 우리가 생각하는 것보다, '그들에게 보여주라'나 '그들이 먹는 방법을 발견하도록 도와라,' '그들이 스스로 먹을 수 있도록 가르쳐라'라는 의미에 훨씬 더 가깝다.

'음식을 먹여준다'는 암시는 사람들에게 엄청난 의존성을 갖게 만든다. 빌 하이벨스 목사가 "우리가 잘못했습니다"라고 고백한 날, 미국의 기독교계는 크게 흔들렸다(다양한 프로그램으로 교인들에게 수많은 프로그램과 영적 활동을 제공했지만, 그것이 성도의 성숙으로 이어지지 못했음을 인정했다는 이야기 – 역자 주).[1] 윌로우크릭 교회는 사람들에게 그들의 영적 성장을 위해 교회를 의존하도록 가르쳤지만, 원대한 희망은 전달할 수 없었다.

사실 어떤 교회도 그렇게 하지 못했다.

영적 성장을 위해 사람이나 기관을 의존하게 하는 것은, 복음을 무겁게 만들어 제대로 전해지지 못하게 한다. 예수님의 전략에 인위적인 짐을 부과하는 것은, 대위임령에 불의를 행하는 것이다. 예수님이 마태복음 23장에서 가르치신 것처럼, 우리가 의존해야 할 대상은 랍비나 아버지, 교사가 아니라 하나님이시기 때문이다.

우리는 불신자들을 매료하거나 기존의 그리스도인들로 자리를 채우는 고전적 방식의 교회에 출석하고 있다. 불행하게도 이런 전략으로는 아무리 노력해도 6,000명에서 1만 명 규모의 교회에서 성장이 멈출 수밖에 없다. 내가 30만 명을 위해 기도하자고 사람들을 설득하지 않았다면, 우리는 그 숫자에 흥분하며 만족했을 것이다.

우리는 항상 이 같은 기존 전략을 뛰어넘는 무언가를 생각해 왔다. 왜냐하면 핵심 기능이라 할 수 있는 제자 삼는 제자 세우기가 우리의 관심사였기 때문이다. 우리는 할 수 있는 것뿐 아니라 무엇을 해야 하는지에 대해서도 정기적으로 간구했다. 우리는 어떻게 해야 우리가 중보기도하는 30만 명에게 나아갈 수 있을까? 교회의 전략과 관련된 모든 책을 읽고, 끝없이 인터넷을 검색하고, 수많은 전화 통화를 하고 난 뒤, 우리는 약속의 땅으로 우리를 인도해줄 사람이 누구인지 알아내기 위해 여행을 떠났다.

시설이나 재정적인 부분에 제약받지 않고 성장할 수 있는 전략을 찾기 시작하면서, 우리는 전형적이며 유행하고 있는 모든 전략을 살펴보았다. 하지만 새로운 시도를 할 때마다 어김없이 벽에 부딪혔기 때문에,

우리의 연구는 너무나 실망스러웠다. 우리가 주일마다 했던 일은 쉽게 복제할 수 없는 것일까? 멀티사이트(multi-site, 현대 교회의 모델 중 하나로, 새로운 교회를 개척할 때 독립적인 교회가 아니라 지 교회로 세우는 것 – 역자 주), 빠른 교회 성장, 전통적인 교회 개척, 영상 파티, 가정 교회 네트워크 같은 방식은 모두 이미 어느 정도의 성공을 거두었지만, 누구에게나 똑같은 성공을 보장해주지는 않았다.

나는 리더십 네트워크(Leadership Network)에 속한 사람들에게 우리가 추구하는 것과 같은 방식의 교회를 본 적이 있는지 물어봤던 것을 기억한다. 그들 중에는 "본 적 있다"라고 응답한 사람이 없었다. 오늘날에도 솔크릭 같은 교회는 거의 없을 것이다. 사실 "주일에 찬양 예배를 드리지 않습니다"라고 말할 때 돌아오는 보편적인 대답은 "그럼 도대체 어떤 예배를 드립니까?"이다.

주일 아침 예배 때 우리는 경배와 찬양곡 대신에 U2(1976년에 결성한, 전 세계적으로 유명한 아일랜드 출신의 록 밴드 – 역자 주), 콜드플레이(Coldplay, 1998년에 결성한 영국 출신의 얼터너티브 록 밴드 – 역자 주), 블랙 아이드 피스(Black Eyed Peas, 1995년에 결성한 미국의 팝 음악 그룹), 로드(Lorde, 뉴질랜드 출신의 여성 싱어송라이터 – 역자 주), 심플 플랜(Simple Plan, 1999년에 결성한 캐나다 출신의 펑크 밴드 – 역자 주), 멈퍼드 앤 선스(Mumford and Sons, 2007년에 결성한 잉글랜드 포크 록 밴드 – 역자 주), 그리고 여러분이 알만한 아티스트들의 최신곡을 부른다. 우리는 재능 있는 자원봉사 연주자들과 싱어들을 찬양 팀에 합류시키려고 애쓰고 있다. 여러 개의 분립 교회를 셋으로 줄이는 데 선택의 여지가 없었다. 우리는 이 공연장들에서 라이브 곡을 연주할 재능 있는 사람들을 찾을 수 없었다. 인터넷을 통한 생방송이나 일주일 뒤에 배포하는 DVD로는 동일한 현장감을 느낄 수 없었다.

우리가 신경 쓰는 대상이 하나님과의 인격적인 관계를 맺지 못한 사람들이기 때문에, 우리는 그들의 음악과 삶의 문제부터 다루기 시작한다. 우리는 그것들을 붙잡고 성경의 진리로 돌아간다. 우리는 주일이 결론을 전하는 날이 아니라, 새로운 토론을 시작하는 날이 되기를 바란다.

보즈푸리(Bhojpuri)

이 여정을 지속하는 동안, 나는 화이트보드에 눈길을 떼고 싶지 않다는 메모를 했다. 나는 화이트보드 한구석에 '보즈푸리'라고 썼다. 그것은 언젠가 내가 인도 북부에서 시작된—그 가운데 제시된, 복음을 받아들인 사람들의 수치가 과장된 것처럼 들리는—이 이야기를 다시 탐구해야 할 거라고 상기시켜 주었다. 시도할 때마다 좌절했기 때문에, 그 작은 단어가 더 많이 생각났다. '그곳은 인도야' 아니면 '인도에서는 가능하지만 이곳에서는 불가능해'라는 생각이 머릿속에서 소용돌이쳤다. 그러나 절망은 놀라운 동기 부여가 되었고, 나는 이야기가 과장 되었다는 것을 폭로하고 화이트보드에서 이 단어를 지워버릴 수 있을지 확인하기 위해 그 속으로 뛰어들었다.

내가 읽은 보고서는 믿을만한 사람들이 작성한 것 같았다. 그것은 교회에 관해 과장된 이야기를 제공하는 데 관심 없는 6개의 각기 다른 조직이 편집한 것이었다. 어떤 면에서는 이 숫자들이 별 의미가 없는 것처럼 보이지만, 사실은 절대적으로 놀라운 수치들이다. 2007년에만 10만 명이 세례를 받았다. 14년 동안 최소 150만 명 규모의 교회가 최소 4만 개는 세워졌다. 이것은 아주 회의적인 사람조차 한 번쯤 관심 두게 할 만큼 놀라운 숫자들이다. 우리는 보즈푸리에서 일어나고 있는 것과 관련된, 다음과 같은 몇 가지 핵심 가치를 발견했다.

- 우리는 하나님과 친밀한 관계를 맺지 못한 사람들과 함께 일한다.
- 우리는 단순히 복음을 전하는 것이 아니라 성경을 읽게 함으로써 그들을 제자 삼는다.
- 우리는 말씀에 대한 지식적인 앎보다 순종하는 삶에 더 집중한다.
- 우리는 모든 사람이 제자 삼는 제자가 될 수 있다고 믿는다.

하지만 이것은 불신자들이 찾아오게 만드는 방식이 아니었기 때문에, 우리는 이것이 미국에서도 가능할지 궁금했다. 우리가 하는 일을 중단하고 방향전환을 해야 했었을까? 창조적 혼란의 시기가 시작되었고, 하나님이 우리에게 새로운 말씀을 들려주실 기반이 세워졌다.

시험 운전

그 과정에서 단순한 시험 운전이 영적인 깨달음을 주는 불씨가 되었다. 당시 나의 80대 장인과 장모님은 두 분 모두 운전할 줄 모르는 데도 새 차를 갖고 싶어 했다! 나이가 80세 이상인 사람들과는 논쟁이 불가능하다. 그분들은 내 친구가 소유한 차에 관심을 가졌고, 그 차를 빌려 시운전해보기로 했다. 그때까지만 해도 나는 하이브리드 자동차를 운전해 본 적이 없었다.

실용적인 성향의 장모님은 시운전 중에 식료품 가게에 들러 몇 가지 물건을 사기 원하셨다. 우리는 장모님의 단골 시장 문밖에 차를 세워놓고 기다렸다. 장모님은 30분 후에 식료품 봉지 두 개를 들고 나타나 하이브리드 차의 조수석에 타셨다.

드라마가 시작된 것은 그때부터였다. 하이브리드 엔진이 작동하지 않는 것 같아서 시동을 끄지 않았기 때문에, 나는 장모님이 차로 돌아오셨을 때 다시 시동을 켤 필요가 없었다. 차가 앞으로 움직이기 시작했다. 엔진의 진동이 들리지 않는데도 차가 움직이는 경험은 매우 낯설었다. 움직이는 차 바로 앞을 걸어가던 여인도 그랬을 것이다. 다행히도 브레이크는 익숙한 방식으로 작동했다. 브레이크를 밟자마자 무시무시한 소리가 났지만, 차는 아주 잘 멈췄다.

소리 없이 움직이는 자동차가 식료품 가게에서 나오던 여성의 생명을 위협할 수 있었지만, 나는 그런 일이 일어나지 않은 것에 감사했다. 그녀는 자동차들이 소음을 내며 달리는 세상에서 성장했다. 엔진이 작동할 때, 특히 정지 상태에서 움직이기 시작할 때 엔진 소음이 들리는 것은 당연한 일이었다.

하지만 그녀의 세계는 이제 완전히 바뀌었다. 그녀의 오래된 패러다임은 그녀를 위험에 빠뜨렸고, 그녀의 생존은 생각과 행동을 변화시키는 데 달려 있었다. 소리 없는 전기 엔진과 소리 내며 회전하는 가스 엔진을 동시에 갖춘 하이브리드 자동차는, 그녀의 세계에 존재하지 않았었다. 하지만 이제 그녀는 자동차 소음을 들을 수 없다. 이제 그녀는 자동차가 전기 엔진 덕분에 소리 없이 움직일 수 있다는 것을 알아야 했다.

이 순간은 어떤 목회를 할 것인지에 대해 새로운 방식으로 사고하게 해주었다. 앞에서 설명했듯이, 나는 1994년에 윌로우크릭 같은 교회를 세우는 여정을 시작했다. 그로부터 11년 후에 숄크릭에는 800명의 성도가 출석하고 있었다. 우리의 시설이 더는 사람들을 수용할 수 없다는 사실을 깨닫는 데 아인슈타인 같은 천재 수학자는 필요하지 않았다.

내가 처음 거실에서 여섯 사람과 함께 교회를 시작했을 때, 나는 하나의 교회만 개척하겠다고 굳게 다짐했다. 그런 교회를 키우려는 나의 노력은 스트레스와 피로, 급격한 노화를 가져왔다. 교회를 세우기 위해 작은 불을 피우려고 했던 노력 때문에, 내가 가진 모든 성냥이 불타버린 것을 알게 되었다. 이러한 좌절은 건물에 대한 의존도를 줄이고 확장된 전략을 찾기 위한 여정을 촉진했으며, 잃어버린 것을 발견하기 위한 우리의 적극적이고 지속적인 노력을 가능하게 했다.

하이브리드 자동차에 대한 경험과 그것으로부터 깨달은 원리는, 나를 다시 성경으로 이끌어 주었다. 성경을 다시 읽는 작업은 믿을 수 없을 만큼 힘들었다. 성경을 읽으면서 자신이 가진 문화적 편견을 발견하는 것은 쉬운 일이 아니었다. 수 세기에 걸쳐 발전된 형태가 성경이 제시하는 것 앞에 무릎을 꿇었다. 예수님이 시작하신 제자 삼기 운동은 내가 갖고 있던 전통적 패러다임을 포기하게 했다.

마침내 거룩한 충돌이 일어났다. 전통적 훈련을 받은 지도자와 적절한 시설을 의지하는 제자 삼기는, 아직 하늘 아버지와 연결되지 않은 사람들에게 다가갈 수 있는 보다 공격적인 방식으로 바뀌어야 했다.

하이브리드 제자 삼기 전략

보즈푸리 이야기에 빠져들면서 나는 어려운 질문을 자신에게 하기 시작했고, 마태복음 28장 같은 익숙한 성경 구절을 새롭게 읽게 되었다. 물론 새롭게 읽으면서 새로운 통찰도 얻었다. 내게는 제자 삼아야 할 책임이 있지만, 나의 제자들 역시 제자 삼아야 할 책임을 감당해야 함을 발견했다. 미묘하지만 심오한 결론이었다. 사실상, 대위임령은 제자 삼는 제자를 길러내는 것이어야 한다.

냉혹한 현실적 문제들이 내게 주어졌다. 방법이 중요하다는 것이다. 제자 삼는 제자를 세우려면, 즉 대위임령에 순종하려면 각기 다른 성격과 재능을 가진 사람들이 똑같이 실행할 수 있는 간단하고 반복적인 방법을 고안해야 했다. 내게는 나의 제자들이 그들의 제자들에게도 세례를 베풀고, 말씀에 순종하도록 가르치게 해야 할 책임이 있었다.

그래서 숄크릭커뮤니티 교회에서는 성공을 판단하는 기준을 바꾸었다. 우리는 더는 단순히 제자 삼는 것에 만족하지 않기로 했다. 이제 우리의 모든 활동과 에너지는 대위임령에 대한 새로운 이해를 바탕으로 측정해야 한다. 우리의 제자들이 또 다른 제자들을 길러낼 때, 비로소 우리는 결승선에 도달했다고 말할 수 있다!

보즈푸리 이야기를 통한 이 같은 깨달음은 커다란 충격을 야기했다. 사람들을 끌어들이고 만족을 주도록 설계된 교회가 어떻게 제자화 전략과 함께 갈 수 있겠는가? 독특하고 다소 경쟁적인 두 가지 요소가 공존하는 전략은, 바로 하이브리드를 통해 가능해질 것이다!

그렇다. 나는 운전하다가 무고한 식료품 가게 고객을 칠뻔한 경험을 통해, 두 가지 전략을 결합하는 것에 대한 영감을 얻었다. 자동차에는 가스와 전기라는 두 가지의 고유 동력원이 있다. 가스 엔진은 누구나 잘 알고 일반적으로 사용하고 있는 오래된 기술이다. 전기 엔진은 새로운 것은 아니지만 최근 자동차에 적용하고 있으며, 특히 자동차에서는 가스 엔진과 함께 설치할 수 있다.

우리는 가스 엔진을 잘 알기 때문에 신뢰하지만, 최근에 환경 위험에 대해 더 많은 사실을 알게 되었다. 따라서 전기 기술은 효율을 높이기 위해 배치되었다. 두 가지 기술은 모든 면에서 서로 다르다. 기술의 기본 원리, 전력 생산의 역학, 유지 보수의 부분 및 원리에서 말이다. 그러나 그들은 공통의 임무인 자동차에 추진력을 제공할 때 서로 협력하며 작동한다.

하이브리드 자동차는 숄크릭의 대표적인 비유가 되었다. 한편에서는 주일마다 사람들이 원했던 삶을 발견하도록 초대하는 매혹적인 사역 모델이, 가스 엔진처럼 오래된 방식으로 작동한다. 다른 한편에서는 사람들에게 삶을 변화시키는 예수님의 진리를 가지고 이웃과 직장 및 관계망을 활용하게 하는 전기 엔진 방식이 작동한다.

한편에서는 사람들에게 친구를 적극적으로 초대하도록 요청한다. 다른 한편에서는 우리가 요청하지 않는 한, 숄크릭을 먼저 언급하지 않도록 훈련한다. 한편에서는 가상의 낯선 사람들을 작고 성경적으로 기능하는 공동체로 조직하는 구조를 갖추고 있다. 다른 한편에서는 순종에 중점을 둔 복음적인 그룹을 만들기 위해 자연적인 관계 연결망을 이용한다.

왜 우리는 이렇게 하이브리드를 적용하는가? 우리는 3만 명의 이웃들이 예수님을 따르려고 교회에 나오는 것을 보게 해달라고 몇 년 동안 하나님께 기도했다. 하지만 그런 꿈이 악몽이 되어버린 경험 덕분에, 그 기도에 대한 응답이 어떤 모습이 될 수 있는지 미리 깨닫는 특권을 얻었다! 우리는 그 기도에 대한 응답을 감당할 수 없었다. 그래서 우리는 거룩한 충돌을 경험해야 했고, 하이브리드 세계를 받아들여야 했다. 우리는 그것을 어떻게 감당했을까? 처음에는 매우 어색했다. 서구인들의 마음은 긴장 관계를 잘 견디지 못하지만, 우리의 세상에서 그런 긴장은 아주 작은 규모의 관계를 통해 감당할 수 있다. 그래서 우리는 사람들이 이야기를 시작하는 데 충분한 시간을 갖길 바란다.

S 커브

우리는 다른 새로운 아이디어와 마찬가지로 이것을 전개하지 않기로 했다. 제자 삼기 운동의 반 직관적 성향은 광고와 홍보를 통해 전할 수 없는 것이었다. 그것은 학습할 수 없고, 사로잡혀야 가능한 것이다. 그래서 우리는 혁명가의 역할을 맡아야 했고, 테러 집단이 어떻게 사람들을 모집하고 자신들이 추구하는 바를 선전하는지 알아보기로 했다.

의심할 여지없이 '테러리스트'라는 단어는 정치적이며, 이 이름표가 붙은 사람들은 거의 매일 폭력을 일삼는다. 공포를 조장하는 테러리스트들은 세계 곳곳에 존재하며, 그들은 소외된 사람들을 적극적으로 참여하게 하고, 불만이 많은 사람이 기꺼이 폭탄을 끌어안도록 만드는데 효과적인 전술을 사용하고 있다.

그들은 불만이 많고 심약한 사람들을 찾아내서 새롭고 다른 방식으로 그들에 접근하는 능력을 갖추고 있다. 작고 성취 가능한 단계에서, 그들은 자신들의 끔찍한 이데올로기를 추종하는 제자들을 길러낸다. 테러리스트들이 실행 가능한 단계를 구축하는 방식은, 그들이 모집한 사람들이 조직의 정신과 가치에 '순종'하게 하는 것이다. 그러나 예수님은 '뱀처럼 지혜롭고 비둘기처럼 순결하라'고 말씀하셨다마 10:16. 우리는 그들의 전술이 아니라 신병 모집 전략에 주의를 기울이는 것이 좋다.

학계에서는 이런 접근 방식을 오래전부터 알고 있었다. 프랭크 헤어그로브(Frank Hairgrove)는 2011년 위스콘신 대학에서 박사 학위 논문을 발표했다. 그의 논문 제목은 「이슬람 급진주의로의 전환에 사용된 미디어 전략: 왜 이 사람은 되고 다른 사람은 안 되는가? 왜 지금, 여기에서?*Media Use in Conversion into Islamic Radicalism: Why This Person and Not That Person, Why Here, Why Now?*」였는데, 여기에서 저자는 과학자의 관점에서 이 현상을 설명했다. 이 같은 전환은 관찰 가능하고 측정 가능하며, 그래서 반복 가능하다. 우리는 그것을 모델로 삼았다.

대위임령에 순종할 준비가 된 사람들을 찾으려고 노력하다가, 우리는 거룩한 불만을 가진 이들을 발견했다. 그들은 '교회'가 할 수 있고, 더 많은 일을 할 수 있다는 것을 알고 있었지만, 뒤로 빼면서 위험을 감수하지 않고 창의적으로 접근하려 하지 않는 것에 좌절하고 있었다. 좋은 '기독교인'인 그들은 '교회'가 무인가 하기를 수동석으로 기다리고만 있었다. 우리는 가치가 높은 목표에 집중했다. 잃어버린 영혼들에 대한 사랑과 관심을 보여준 남성과 여성에 초점을 맞췄다. 이런 사람들은 관계형 네트워크에 반복적으로 초대해서 복음을 전하는 기존 방식에 지쳐있었다. 시간이 지나면서 이런 반복적 초청은 짜증을 유발했고, 결과적으로 새롭고 다른 방식으로 다가가기 위해 충분히 준비하게 하는 요인이 되었다. 실제로 우리는 그들이 대략 7년의 'S자 곡선'을 갖는다는 공통점을 발견했다.

S자 곡선은 대부분의 성장과 조직적 특징을 설명한다. 그 핵심에는 아래쪽에서 위쪽으로의 뚜렷한 변화가 있으며, 새로운 삶과 가파른 성장을 포함한다. 이런 성장은 정점에서 둔화될 때까지 일정 시간 계속된다. 별다른 일이 없으면, 정점에서부터 하향 곡선을 그리며 침체기로 들어갈 것이다. 정상에서 침체로 하향하는 것을 피하기 위해서는, 다시 상승세를 만들어줄 새로운 무언가가 필요하다.

나는 열기구를 타면서 이런 현상을 직접 경험했다. 가스가 연소되면서 풍선이 빠르게 상승하면, 그와 동시에 주변의 공기가 빠르게 냉각된다. 그리고 풍선이 운동량을 잃고 떨어지기 직전에 조종사는 더 많은 가스를 태워 열에너지를 공급한다. 열기구를 타면 보게 되는 이 현상이 바로 일련의 'S자 곡선'이다. 적절한 시기에 에너지를 공급하면, 풍선은 계속 위로 올라간다.

이런 패턴은 하나님의 명령에 순종했지만 힘에 부쳐 주저앉은 빌라델비아 교회를 향해 예수님이 내리신 평가와 비슷하다.

> "볼지어다 내가 네 앞에 열린 문을 두었으되 능히 닫을 사람이 없으리라 내가 네 행위를 아노니 네가 작은 능력을 가지고서도 내 말을 지키며 내 이름을 배반하지 아니하였도다" 계 3:8.

이 과정은 많은 사람들로부터 확인된 바 있다. 그들은 공통적으로 대략 7년의 성장기를 경험했다. 우리가 적절한 시기에만 붙잡았다면, 그들은 새로운 무언가를 시작할 준비가 되어 있었을 것이다. 왜냐하면 관계형 네트워크가 그들의 '초청 능력'만큼 빠르게 확장되지 않았기 때문이다.

제자 삼기 운동

데이비드 왓슨(David Watson)에게 배운 전략을 적용해보자. 데이비드 왓슨은 빅터 존(Victor John)과 함께 인도의 보즈푸리에서 강력한 운동을 촉진하는 일을 감당했다. TAN(Transform a Nation) 재단과 Accelerate Teams를 이끌고 있는 그의 제자 데이비드 브루드릭(David Broodryk)은 내가 참석한 최초의 라이브 교육을 제공했다.[2]

제자 삼기 운동은 다음과 같은 여섯 가지 특징을 갖고 있다.

1. 하나님이 임명하신다.

2. 성령님을 의지한다.

3. 성경 중심적이다.

4. 순종에 기초한다.

5. 발견하는 것을 기반으로 한다.

6. 제자화를 위해 존재한다.

요약하면, DMM은 그리스도를 따르는 평범한 사람들을 예수님을 판매하는 영업자가 아니라 행사 기획자로 변화시키는 것이다. 그것은 성경 읽기를 통해 하나님의 말씀을 듣고, 그분의 말씀에 순종하고, 그것을 자신의 소셜 네트워크에 나누도록 고안된 소그룹에 자신의 친구와 이웃, 직장 동료들을 초대하는 것이다.

하이브리드 창조하기: 오고 가기

숄크릭은 교회의 매력적인 요소들로 사람들을 끌어들이는 방식인 '가스 엔진' 전략을 구사하고 있었지만, 우리는 그 가운데 복음을 들고 우리 지역에 살고 있는 30만 명 이상의 사람들에게 나아갈 확장성이 없다는 사실을 발견했다. 하지만 새로운 DMM을 바탕으로 '가게 하는' 하는 전략(전기 엔진)은 30만 명 이상에게 도달할 수 있는 가능성을 제공했다. 이 두 가지를 통합하는 것은 쉬운 일이 아니었다. 때때로 그들은 서로 상반되거나 모순되는 것처럼 보인다. 하이브리드 자동차의 비유는 우리의 비전을 전달하는 데 도움이 된다. 하이브리드 자동차처럼 숄크릭도 하나의 임무를 수행한다. 자동차의 임무는 안전하고 빠른 운송이며, 두 가지 동력원이 그 임무를 수행한다. 이 같은 설계는 각 동력원이 서로 다른 기술인데도 가장 효과적으로 작동하게 한다. 숄크릭의 사명은 영적으로 갈급한 영혼들을 온전히 헌신된 그리스도를 따르는 제자로 세우는 것이다. 오고 가기(Come & Go)라는 두 가지 측면이 각각 가장 효과적으로 기능할 때, 우리는 그 임무를 달성할 수 있다.

첫 번째 가치: 하나님으로부터 멀리 있는 사람들을 사랑하기

단편적인 연구를 통해 우리는 전도 대상자의 약 50%가 기존의 신앙 공동체에서 신앙생활을 시작한다는 사실을 발견했다. 그들은 교인들에 대해 부정적인 태도를 갖고 있더라도, 기존의 교회가 제공하는 안전과 안정에 매력을 느낀다. 따라서 신앙적인 사고방식을 경험하기에 안전한 장소인 대규모 집회에 참여할 가능성이 높다.

나머지 50%의 사람들은 자신이 기존 교회의 방식에 의존하는 삶을 살아야 한다면, 교회에 오려 하지 않을 것이다. 교회에 대한 나쁜 경험은 없지만, 교회에 대한 생각 자체가 없기 때문이다. 영적인 생활을 고려할 때, 그들은 교회는 그다지 매력적인 집단이 아니다.

따라서 교회의 전략은 어떤 사람들을 대상으로 삼느냐에 달려 있음을 명심해야 한다. 무엇보다 하나님과 멀리 떨어져 있는 절반의 사람들에 대한 사랑이 우선 되어야 한다. 그 열정이 우리를 하이브리드 모델로 이끌었다. 우리는 잃어버린 자들에 대한 열정 덕분에 하나님으로부터 멀리 떨어진 사람들에게 초점을 맞춰 교회를 성장시키고, 하나님 나라를 하늘에서 땅으로 가져오고 싶은 소망을 품게 되었다.

두 번째 가치: 하나님 나라를 이 땅에 세우기

간단하게 들리겠지만, '오고 가는' 전략과 관련된 두 번째 결정적 이유가 있다. 기존의 교회를 성장시키고 이 땅 가운데 하나님 나라를 배가하는 것이 늘 좋은 것만은 아니다. 제자 삼기 운동(DMM)의 사고방식을 선택하고 나서, 우리는 두 번째로 중요한 가치를 살아내야 했다. 주일 예배 참석률을 높이는 방식이 아니라 해도 기꺼이 이 땅 가운데 하나님 나라를 세워가야 했다.

당신이 기존 교회나 개척 교회의 지도자라면, 이 아이디어를 너무 빨리 진행하지 않기를 바란다. 우리는 우리나 우리 교회 모임에서 사람들을 멀어지게 하는 다른 교회 지도자들에게 신경 쓰지 않는다. 우리는 우리의 가치에 매력을 느끼는 사람들의 숫자에 관심이 있다. 하나님 나라를 건설하고 우리가 섬기는 교회를 키우겠다는 생각으로 행동하게 되면, 심각한 결과를 초래할 가능성이 크다.

전략의 각 측면을 다른 교회에 스며들게 하고, 숄크릭의 출석률을 높이기 위해 가정 소그룹을 이용하게 하는 것이 쉬웠을 수도 있다. 하지만 우리의 가정이 맞는다면, 가는(Go) 전략의 일환으로 숄크릭 모임에 초대하는 것은 비생산적일지도 모른다. 우리가 기도했던 50%의 영혼들이 하나님과 연결되는 데 도움이 되지 않을 수 있기 때문이다.

어느 날, 나는 이 문제에 대해 토론하는 목회자들 사이에 앉아 있었다. 그 중 한 사람이 "주의를 기울이지 않으면 직장에서 쫓겨날 것 같다"라고 내게 말했다. 그가 분명하게 본 것이다. 촐크릭 같은 개 교회가 복음에서 멀어지면, 우리가 전통적으로 교회라고 부르는 것의 생존이 위협받게 될 것이다.

내 버킷 리스트에 스타벅스 근무가 있다고 했었지만, 아마도 그런 일은 일어나지 않을 것 같다. 그가 염려하는 일이 벌어질 가능성은 있지만, 나는 실제로 그렇게 될 거라고 생각하지 않는다. 하지만 그것이 내 인생에서 대위임령의 성취를 위한 전진을 의미한다면, 그렇게 되더라도 상관없다.

하이브리드 전략 이론을 실행하기는 쉽지 않다. '두 개'의 사고 능력을 필요로 하기 때문이다. 동시에 두 가지 방식으로 사고하려면, 경쟁 아이디어 간의 긴장을 유지해야 한다. 두 가지 사고방식을 가진 사람은 논리적인 동시에 직관적이어야 하며, 큰 그림과 세부사항을 동시에 지향하고, 가까운 곳과 먼 곳을 동시에 바라볼 줄 알아야 한다. 이런 경쟁적인 긴장 상태를 유지하는 것은 훗날 소중한 자산이 될 것이다. 하이브리드 전략에 대한 명확하고 객관적인 그림이 있기는 하지만, 언제나 그렇게 실행되는 것은 아니다.

서구의 문화적 환경은 '교회화' 된 문화다. 포스트모더니즘에 대한 그 모든 경고에도, 밀레니얼 세대(1982~2000년 사이에 미국에서 태어난 신세대를 가리키는 용어. 이전 세대보다 개인적 성향이 강하며 SNS를 능숙하게 사용할 수 있다 - 역자 주)의 (교회에서의) 실종과 '아예 종교를 갖지 않는' 사람들의 발흥, 그리고 그들 마음속에 존재하는 무언가는—적어도 미국에서만큼은—길모퉁이에 거대한 상자처럼 서 있는 교회를 하나님을 추구할 수 있는 장소로 만들어줄 것이다. 그 집단의 생사는, 아주 위험한 메시지에 안전한 연결고리를 걸 수 있는—그 집단의—능력에 달려있다.

일반적인 커뮤니케이션과 마케팅을 이용한 소통은, '오는(Come)' 전략을 시작하는 데 가장 적합할 수 있다. 하지만 '오는' 전략은 특히 '교회화 된 유전자'를 가진 사람들에게 반 직관적이어서, 단순히 유명한 사람을 통해 밀어붙이면 오히려 실망스러운 결과를 얻을 수 있다.

'교회 유전자'라는 문구가 꼭 교회에서 성장한 사람들만을 의미하지는 않는다. 숄크릭은 전형적인 '교회 유전자를 갖고 있지 않은 자들을 위한 교회'를 모토로 시작했다. 미국에 교회화 되지 않은 사람이 거의 없다는 사실을 발견하는 데 그리 많은 시간이 필요하지는 않았다. 분명 그 숫자는 증가하고 있지만, 우리 문화는 그에 대해 '교회화 된' 특성을 갖고 있다. 어린 시절 이후로 교회에 출석하지 않았거나 교회에 발을 디딘 적이 없는 성인들에게 다가갈 때조차, 건물과 예산 없이도 영적 공동체가 존재할 수 있음을 받아들이게 하는 것은 쉽지 않은 일이다.

세 번째 가치: 우리 내부의 혁명적인 부분 건드리기

엉뚱한 소리로 들릴 수 있겠지만, 우리가 우연히 발견한 세 번째 가치는 우리 내면의 혁명적 부분과 접촉하는 것이었다. 다시 한 번 나는 인간의 삶을 파괴하는 테러 전술이 아니라, 사람들을 대의로 끌어들이는 능력에 관해 이야기하고 있다. 우리는 "여기 새로운 것이 있습니다!"라고 외치는 대신, 소외되고 불만스러워하는 사람들을 돌아보는 것이 더 효과적이라는 사실을 알게 되었다. 내가 언급했듯이, 모든 교회에는 '거룩하나 내면에는 불만스러운' 사람들이 있다. 그들은 말썽꾸러기가 아니다. 그들은 단지 하나님이 지역 교회에서 보여주는 것보다 훨씬 더 크신 분이라는 것을 알고 있을 뿐이다.

그들에게는 다음과 같은 세 가지 특징이 있다.

- 교회가 그 잠재력을 충분히 끌어내지 못하더라도, 멋진 무언가가 더 있을 거라는 희망
- 이미 제도권 교회 밖에서 구체적으로 봉사하고 있음.
- 교회 밖의 불신자들과도 풍성한 관계를 맺고 있음.

그들은 광고 홍보에 반응하지 않지만, 주변에서 벌어지는 일에 관해 대화하기 원하며 "여기에서 그런 일이 일어날 수 있을까?"라는 질문을 품고 있다. 평범한 프로그램은 그들의 흥미를 끌지 못하지만, DMM 전략의 단순성은 그들이 용기와 신념을 갖도록 이끌 수 있다.

이런 대화는 발견 그룹을 이끌 방법에 관한 여러 소규모 세션으로 이어졌고, 그중에서 제자 삼기 운동을 지속할 반 직관적 원리들이 발견되었다. 또한 이런 소규모 훈련 세션은 더 많은 훈련 세션의 필요를 이해하는 데 도움이 되었다. 전 세계의 운동 지도자들을 조사하는 동안, 우리는 운동의 DNA가 '효과적인 제자를 세우는' 제자훈련에 필요한 6개의 훈련이 필요하다는 사실을 발견했다. 하지만 이런 훈련을 구현하기 시작하자, 충격적인 결과가 나타났다. 그들 중 절반 이상이 실패한 것이다!

네 번째 가치: 실패를 성공을 향한 길로 받아들이기

그리고 우리는 곧 네 번째 가치에 도달했다. 그것은 바로 '실패는 성공의 길'이라는 것이다. 이렇게 말하는 것이 어떤 연설에서는 훌륭한 멘트일지 모르지만, 미국에서는 실제로 유쾌하게 받아들여지지 않는다. 실패를 좋아하는 사람은 없다! 세상 어디에서도 실패에 주목하는 콘퍼런스는 찾을 수 없다. 오직 성공만 강조한다. 우리의 성공 전략을 물을 때, 사람들은 그것을 통해 얼마나 많은 집단과 세대에서 성공을 거두었는지에 관심을 둔다.

실패를 통해 성공할 수 있다는 통찰은 직접 실패를 경험한 후에야 깨닫게 되는 것이다. 우리의 관심을 끄는, 즉 우리가 지향하는 방향의 운동에 관한 이야기에는 겉으로 보이는 이야기와 내면을 다루는 이야기가 섞여 있다. 사람들 대부분은 겉에 보이는 것만 이야기하곤 한다.

건축에 비유하자면, 겉으로는 보이지 않지만 좋은 기초 위에 세우고 여러 가지 시험을 견디도록 충분히 작업한 구조가 필요한 것과 같다. 다시 말하지만, 대부분의 기독교 운동은 지상의 구조물처럼 보이는 것들에 관한 이야기들로 구성된다. 하지만 땅속에 묻혀있는 기초에 관한 이야기를 얻으려면, 보이지 않는 내면의 이야기를 발굴해야 한다.

나는 윌로우크릭 교회와의 관계를 통해 귀중한 교훈을 얻었다. 초창기에는 기술 담당 직원 중 한 명이 조명 세미나를 인도하고 있었다. 그 방에는 매우 값비싼 조명 장비가 많이 있었다. 그는 워크숍을 시작하면서 이렇게 말했다.

"우리가 처음 시작할 때는 이렇게 값비싼 조명 장비가 전혀 없었습니다. 우리는 구멍을 뚫어 전구를 고정해놓은 커피 깡통과 그 사이를 위험하게 묶어놓은 연장 코드로 시작했습니다."

그는 진정한 '윌로우(Willow)' 이야기를 들으려면, 반드시 현재의 장비를 보유하기 전에 사역했던 사람들에 관해 이야기해야 한다고 말했다. 그들은 자신이 가진 것을 사용하게 된 이유를 이야기할 것이기 때문이다. 그가 말한 '윌로우'를 만드는 것은 장난감이 아니라, 바로 가치다.

우리는 데이비드 왓슨과 빅터 존도 눈에 보이는 결과를 얻기 위해 6년 이상 보이지 않는 노력을 해왔다는 사실을 발견했다. 시티팀은 사람들의 관심을 얻기까지 9년 동안이나 광야 같은 곳에서 방황해야 했다.[3] 실제로 시티팀의 데이브 헌트(Dave Hunt)는 자신들이 일하고 있는 미국의 모든 도시에서 최소 두 번의 재시작이 있었다고 말했다.

모임을 시작한 이후에 사람들이 빠져나가거나 참석하지 않으려고 변명하는 것과 같은 실패는 친숙한 현실이 되었다. 그룹의 인도자들이 DNA의 중요성을 이해하지 못하는 경우도 많았다. 자신의 디자이너 전략을 마음대로 사용하는 사람들도 항상 존재했다. 이것은 또 하나의 핵심 학습으로 이어졌는데, 그것은 10년 동안의 "저런!(DUH!, '흥, 저런'처럼 바보 같은 행동이나 말을 탓할 때 사용하는 표현 – 역자 주)"처럼 보이지만, 여전히 중요한 것을 시사한다. 우리는 더 빨리 실패해야 한다는 것을 배웠을 뿐 아니라, 더 똑똑하게 실패해야 한다는 것도 배웠다.

이런 깨달음은 실패의 고통을 줄여 주었다. 우리는 서로의 실패를 통해 학습할 기회를 만들었다. 지도자들을 서로 연결하고, 실패를 통해 학습한 내용을 공유하는 도구를 제공해서, 지속해서 '베타 테스트 모드(새로운 하드웨어나 소프트웨어를 공식 발표하기 전에, 미리 선정한 사용자 집단의 테스트를 통해 혹시 나타날지 모를 오류를 찾아내는 것으로, 원래는 컴퓨터 관련 용어이다. –역자 주)'라는 문화를 구축할 수 있었다. 우리의 첫 학습 경험 중 하나는 소그룹을 통해 얻게 되었다. 전 세계의 많은 동역자가 '발견 성경 연구(Discovery Bible Study, DBS)'을 통해 저마다의 모임을 설명한다. 아직 모임을 시작하지 못하고 있었을 때, 우리의 지도자 중 한 명이 DBS를 통해 우리가 문제를 분별하도록 도움을 주었다.

DBS 모임에 참여해서 함께 성경을 읽으며 하나님이 우리 인생에 어떤 말씀을 하시는지 살펴보자고 요청할 때마다 그들은 반대와 저항에 부딪혔다. 실수를 통해서도 배우고 싶었던 우리는, 그들이 느낀 거부감이 어디에서 비롯되었는지 탐구하게 되었다. 그리고 이 문제의 답이, 바로 최대한 적게 말하는 것임을 깨달았다. 불신자들은 '성경공부'가 그리스도인들이 성경에 관한 지식을 발표하는 시간이라고 느끼고 있었다. 그들은 성경에 대해 아무것도 몰랐기 때문에, 자신이 무지하게 보일 수 있는 상황에 들어가고 싶지 않았던 것이다. 그때부터 우리는 발견 성경 연구가 아니라, 발견자 모임(Discovery Group)이라는 이름을 사용하기 시작했다.

다섯 번째 가치: 훈련하고, 훈련하고, 다시 훈련하기

고유한 문화를 목표로 하기 때문에 모든 순간마다 고유한 학습이 있다. '모든 경우에 적합한 하나의 전략'이라는 아이디어는 잘못된 것이다. 구현과 실행에는 학습에 기반을 둔 수많은 수정 사항이 포함되어야 한다. 이 모든 학습이 '가는(Go)' 측면의 문화를 바탕으로 움직이기 위해, 우리는 다섯 번째 가치인 '훈련하고, 훈련하고, 다시 훈련하기'를 성실하게 추구해야 한다.

스탠 팍스(Stan Parks)는 제자 삼기 운동 샌드박스(Sandbox, 소프트웨어를 개발하기 위한 테스트 환경을 의미하는 컴퓨터 관련 용어 – 역자 주)에 관한 인터뷰에서, 북미에서 제자 삼기 운동을 시작하기 전에 먼저 훈련 활동을 살펴봐야 한다고 말했다. 우리는 그의 말에 전적으로 동의한다.

이런 학습 환경을 관리하고 만들기 위해, 우리는 일상적 수준에서의 학습에 관한 교류가 도움이 되지만, 그것만으로는 충분하지 않다는 사실을 알게 되었다. 학습 방법을 정리하고 분류해야 할 필요가 전에도 있었고 지금도 있다. 우리는 보다 정형화된 방법으로 의사소통을 하는 훈련 방식을 개발해야 했다. 우리는 질문을 받고 소통하는 방식이 제자들을 DMM의 DNA로 더 효과적으로 훈련할 수 있다는 사실을 발견했다. 다양한 많은 교육 기회가 필요하다. 우리는 모임의 인도자들이 1년 내내 이용할 수 있는 온라인 교육을 제공한다. 우리는 그들의 기술 개발을 장려하기 위해 4시간 분량의 정기 세션도 제공한다.

또한 우리는 '제자 삼는 제자 운동 발견하기(Discover DMM)'라는 7시간 분량의 세션을 통해, 참가자들에게 개념을 배우고 기술을 익힐 기회를 제공한다. 우리는 이 세션에 8주간의 후속활동을 추가해서, 참가자들이 지속적으로 제자 삼는 제자 운동의 사고방식을 경험하게 한다. 학습에 관한 이야기를 나누기 위해 매달 촉진자들의 모임도 갖고 있다. '훈련하고, 훈련하고, 다시 훈련하기(TTR)'는 우리에게 슬로건이 되었다.

우리는 '플러시 – 앤 – 드립(flush – and – drip)'이라는 전략도 사용한다. 우리는 인도자들을 위해 4시간 분량의 몰입 훈련으로 시작한다. 그리고 그들의 기술과 사고방식을 연마할 기회를 다양하게 제공한다.

훈련에 대한 이 같은 헌신은 우리의 현장 사역자뿐 아니라 지도자들로부터도 시작되었다. 우리는 제자 삼기 운동의 안팎을 모두 배우고 있었다. 우리는 우리의 지시와 안내사항을 더 효과적으로 표현하고 전달하는 법을 배웠다. 또한 우리의 사역을 설명하기 위한 새로운 은유와, 의사전달을 돕는 새로운 훈련, 그리고 다른 사람들로부터 더 잘 훈련하는 법도 배웠다.

여섯 번째 가치: 더닝 크루거 질병에 도전하기

교외에 사는 미국인들은 코칭과 멘토링을 원하거나 그에 대해 감사해하지 않기 때문에, 그들과의 사역(코칭과 멘토링을)을 진행하기가 어렵다. 교외 거주자들의 사고방식 가운데 민주주의 의식이나 심지어 불안감에서 나온 경쟁의식이 있는데, 이것은 조언을 구하고 다른 사람의 평가를 받아들이는 것을 거부하게 한다. 나는 현대 기독교인들이 제자훈련에 대해 이런 반감을 표현한다고 생각한다.

제자 삼기 운동 전략을 '판매하는' 사람들은 종종 '간단하다'는 단어를 남용한다. 이것은 제자 삼기 운동이 단순하다는 결론으로 이어지는데, 여기에는 최소한 두 가지의 잘못된 이유가 있다.

제자 삼기 운동은 급진적 변화를 환영하지 않는, 이미 정형화된 기독교 문화를 다루기 때문에 단순하지 않다. 방법론은 너무나 자주 신학과 밀접한 관련을 맺고 있다. 현대 기독교인들은 신학을 불변하는 것으로 간주한다. 방법론과 신학이 밀접하게 연결되어 있다면, 한쪽에 대한 위협은 다른 쪽도 위협하게 되어 있다. 방법론의 변화는 정통신앙을 지키기 위한 싸움으로 이어진다.

두 번째, 배가하는 제자 삼기 원칙을 사용하는 것이 간단한 일이라고 해도, 그 원리를 사용하는 것은 간단하지 않다. 평범한 사람이 효과적으로 그 원리들을 실천하기 위해서는 몇 가지 중대한 '재고찰(rethinking)'이나 '재프로그래밍'이 필요하다. 기존 훈련을 많이 받은 사람일수록 더 많은 재프로그래밍을 받아야 한다.

데이비드 더닝(David Dunning) 연구원과 저스틴 크루거(Justin Kruger) 연구원은 '더닝 크루거'효과(Dunning-Kruger Effect, 잘못된 결론을 얻더라도 무능하기 때문에 문제를 깨닫지 못하는 현상－역자 주)를 확립하는 과정에서 이것을 증명했다.[4] 그들은 우리의 가장 강력한 적이 우리가 아는 것이 아니라, 우리가 모른다는 사실을 모르는 거라고 설명했다. 사실상 그들은 우리가 능력이 부족할수록 이런 실수를 할 가능성이 높다는 것을 보여주었다. 그들은 단지 "사람은 자신이 이미 알고 있다고 생각하는 것을 배울 수 없다"는, 그리스 철학자 에픽테투스의 말을 증명한 것에 불과하다.

"난 이미 그것을 알고 있어"라는 식의 태도를 주의하라. 실제로는 그것을 모르고 있을 가능성이 높기 때문이다. 치밀하게 관찰하고 코치하고 훈련하라. 그렇게 하면 코칭을 통해 코치들이 성장하고, 거리에서 이루어지는 제자 삼는 사역이 더욱 향상될 것이다. 궁극적으로 그것은 대위임령의 완성을 가능하게 한다.

실제적인 수준에서 우리는 일과가 끝나는 시간에 짧게 모이는 해피아워 코칭(Happy Hour Coaching)을 진행하는데, 이때 사람들은 귀갓길에 들러 다른 사람과 교제할 수 있다. 우리는 처음 6~8주 동안에는 매주 새로운 모임 인도자들을 부르기로 약속했다. 우리는 그들이 성장한 모임에서 코칭을 진행하기를 기대했지만, 또한 우리와 함께 하는 '성숙한 코치들(super coaches)' 중 일부가 그들과 함께 새로운 인도자들을 도울 방법을 찾도록 했다.

최첨단이 아니라 최전선의 일이기에, 이것은 훈련과 코칭, 멘토링을 통해 제자 삼기 운동을 촉진하는 것의 핵심을 다루는 매우 중요한 일이다. 제자 삼기 운동의 사활은 훌륭한 멘토링과 코칭에 달려 있다. 그래서 우리는 코칭의 기회를 최대한 많이 제공하려고 노력했다. 우리는 사람들이 자신이 모르고 있다는 사실을 모르기 때문에 하나님 나라의 일꾼이 되지 못하는 상황을 방지하고 싶다!

우리는 악몽으로 바뀐 내 꿈이 전략으로 변화되는 도전에 차분하게 응하려는 계획을 갖고 있다. 마침내, 대위임령에 대한 전혀 새로운 사고방식으로의 재조정이 드러나기 시작한 것이다.

6장____ 제자 삼는 여정 발견하기

제자 삼는 제자 세우기

2005년 테드(TED) 강연에서 테리 무어(Terry Moore)는 교양 수준이 높고 최신 유행의 문화를 추구하는 청중에게 익살스러우면서도 겸손한 태도로 이렇게 말했다.

"여러분은 신발 끈 묶는 법을 잘못 배웠습니다."

그 자리에 모인 똑똑한 청중이 뻔뻔스럽고 터무니없게 느낄 만한 소리였다. 하지만 여러분이 그의 강의를 귀 기울여 듣고 배웠다면, 그의 말이 맞다는 것을 발견했을 것이다.

나는 '카미노 데 산티아고 순례(Camino de Santiago Pilgrimage, 프랑스와 스페인 접경에 있는 약 800Km의 기독교 순례길로, 1993년 유네스코 세계문화유산으로 지정되었다 – 역자 주)'를 2014년 5월에 다녀왔다. 여러분이 하루에

15마일(약 24km)씩 걷는다면, 신발 끈을 올바로 묶는 일은 중요한 문제가 된다. 만약 전에 배운 대로 묶었다면, 나는 하루에도 몇 번씩 신발 끈을 고쳐 매야 했을 것이다. 그러나 나는 듣고 배우고, 계발했다. 31일 동안 매일 테리가 가르쳐 준 방법대로 신발 끈을 묶었다. 덕분에 신발 끈이 묶인 상태를 유지할 수 있었다.

나는 이 책에서 내가 테리처럼 말하고 있는 것 같다. 나는 천 년이 넘는 교회사를 마주하며, 우리가 이 긴 시간 동안 잘못된 일을 했다고 말하고 있다. 좀 더 정확하게 말해보겠다. 테리가 말하려고 했던 것은 우리 대부분이 배운 신발 끈 묶는 방법이 잘못되었다는 것이 아니라, 그 방법이 효율적이지 않다는 것이다. 특별히 세계 인구가 100억을 향해 나아가는 이 시점에, 복음을 전하기 위해 우리가 지금까지 사용해온 방법이 가장 효율적인 것이 아닐 수 있다는 것이다. 우리의 새로운 패러다임들은 다음과 같다.

- 예수님께 순종하기 원하는 사람은 누구나 그분의 제자이다.
- 사람들이 스스로 학습하게 하는 것이 가르침의 목적이다.
- 순종에 초점을 맞춘 기반을 세운다.
- 사람에 대한 의존성을 철저히 배제한다.

이런 패러다임은 해외에서 벌어지고 있는—우리가 지켜보고 있는—사건들의 본질에 참여하고, 우리 가운데 나타날 수 있는 자기 민족 중심적인 자아들을 극복하게 한다.

숄크릭에서는 더는 사람들에게 그들의 믿음을 나누라고 가르치지 않는다. 내가 사는 문화권의 사람들은 당신이 무엇을 믿으며, 왜 그것을 믿는지 알고 싶어 하지 않는다. 사람들은 광고에 넘어가고 싶어 하지 않는다. 그들은 당신의 삶 자체에 관심이 있다. 당신이 믿는 일련의 사실들보다 삶을 나누는 법을 배운다면, 그들은 당신에게 관심을 보일 것이다.

아주 오랫동안, 나는 사람들을 예수님의 판매원으로 준비시키는 일을 위해 훈련받았다. 진공청소기를 판매할 때와 예수님을 전할 때 사용하는 기술은 별반 다르지 않았다. 정확하게 말하자면 기술이 아니라 동기부여다. 최초의 광고판에서부터 가정용품 판매업체의 영업사원에 이르기까지, 화장품 방문 판매원에서부터 TV 광고, 그리고 이제는 우리가 가진 모든 화면에 등장하는 유비쿼터스(언제 어디서나 이용자가 자유롭게 네트워크에 접속 가능한 정보통신 환경 – 역자 주) 광고에 이르기까지, 우리는 과잉 판매의 문화 속에 살고 있다.

우리가 사는 세상에는 과잉 판매의 영혼이 신뢰할 만한 권위에 대한 상실감이 뒤섞여 있고, 우리는 각자 안에 존재하는 무속 신앙을 강화하기 위해 자신의 권위 구조를 만들어내는 고립된 회의론자의 섬들이 되어 버렸다. 내게 무엇을 믿어야 할지 이야기하는 당신은 누구인가? 누가 당신에게 내게 변화가 필요하다고 단정할 권리를 부여했는가?

이런 문화 속에서 다른 사람들이 예수님을 발견하도록 돕는 일은, 교회의 역사를 통해 우리가 물려받은 기술들에 도전하게 한다. 제단으로의 부름과 죄인의 기도, 그리고 개인적으로 복음을 전하는 방법들도 나온 지 300년이 채 되지 않았다.

우리는 이 시대 사람들도 여전히 예수님과 하나님, 성경에 관해 관심이 있다는 사실을 알게 되었다. 그들은 교회에 관심이 없는 것뿐이다. 교회에 다니지 않는 사람들도 자신들이 올바른 것을 믿지 않고 있다고 이야기한다. 우리는 어떻게 전혀 주일 아침 예배에 참석하지 않는 이들을 예수님께 인도할 수 있을까?

이것을 통해 우리는 사람들을 제자 삼을 수 있는 관계로 이끌고, 성경 읽기와 순종, 나눔을 통해 하나님과 연결되게 하는 단순하고 반복적인 방법을 터득했다. 이 과정은 그들이 살고, 배우고, 일하고, 활동하는 곳에서 반복할 수 있을 정도로 간단하다. 자가 복제의 속성은 복음이 교회와 선교 단체, 제자훈련 프로그램의 형식에 구애받지 않게 하며, SNS를 통해 자유롭게 복음을 전하게 해준다. 이 과정은 어떻게 진행될까? 7개의 기본 질문은 발견자 과정의 중추 역할을 감당한다.

1. 당신은 '결심 선언'과 '나눔'을 어떻게 실천했습니까?(이것은 첫 번째 모임을 한 뒤에 하는 질문이다)
2. 당신은 무엇에 대해 감사하십니까?
3. 오늘 당신은 어떤 이유로 스트레스를 받았습니까?
4. 도움이 필요하십니까? 혹은 우리 모임의 도움이 필요한 누군가를 알고 계십니까?
5. 당신은 오늘 하나님이 무엇에 대해 말씀해주시기를 기대하십니까?(성경 구절이 여기에 들어간다)
6. 만약 이것이 하나님이 말씀하신 것이라면, 당신은 그에 대해 어떻게 하시

겠습니까? (보통 "나는 ~하겠습니다"라고 대답한다)

7. 이번 주에 당신은 '하나님이 당신의 삶 가운데 어떤 일을 행하고 계시는지'를 누구와 나눌 수 있습니까?

성경 외에 다른 것은 읽지도 않고 토론하지도 않는다. 매주 참가자들은 제시된 성경 구절 목록을 따라간다. 우리는 이 과정을 7개의 영성 훈련(7가지 여정)을 따라 계발했다. 이것은 예수님에게 순종하는 삶을 사는 열쇠이다. 이처럼 느리고 규칙적인 과정은 영적 성장을 위한 기회를 제공한다. 대부분의 사람은 자신이 길을 잃었다고 생각하지 않는다. 그들에게 이것은 모욕적인 말이다. 그들이 성경을 읽고 하나님으로부터 말씀을 듣는 데에는 시간이 걸린다. 성경을 공부하며 그들은 스스로 인류가 반역했음을 발견하게 된다. 그들은 하나님이 이 세상 가운데 행하시는 일을 직접 보게 된다. 하나님은 그분이 어떤 존재인지 그들에게 말씀하신다. 하나님은 그분이 중요하게 여기시는 것이 무엇인지 말씀하신다. 인도자는 증인으로서 그들의 여정에 함께 할 뿐이다. 내가 하는 것은 내 안에서 하나님이 행하시는 일에 대한 증인이 되어, 하나님이 친히 선생이 되시도록 돕고 사람들을 그분에게 이끄는 것이다요 6:44-46 참고.

발견자 대 여행자

우리가 사람들에게 참여하라고 요청한 모임들은, 우리의 하이브리드 구조에서 두 가지 이름을 갖고 있다. 모임에 오는 사람(Come-side)은 '여행자 모임(Journey Groups)'이라고 부르고, 모임에 가는 사람(Go-side)은 '발견자 모임'이라고 부른다. 여행자 모임은 학기를 기준으로 운영된다. 그들은 1년에 3번씩 참가자들과 인도자들을 공식적으로 모집할 때, 모임을 시작한다. 우리가 두 가지 이름을 사용하는 이유는 진행 과정의 차이가 아니라, 실제적인 유익 때문이다.

주일 예배의 특성 때문에(우리는 음악을 듣기는 하지만, 음악이 중심이 되는 예배는 하지 않는다) 많은 그리스도인이 우리 교회에 관심을 두지 않는다. 우리가 『전염성 있는 제자 만들기*Contagious Disciple-Making*』의 공동저자 데이비드 왓슨에게 배운 것은, '평화의 사람들'에 대한 우리의 호소였다. 예수님이 제자들을 가르치신 누가복음 10장에서 이 개념을 찾아보자. 예수님은 제자들에게 복음을 영접하는 집을 찾아 거기 머물라고 말씀하셨다. 이 집은 '평화의 사람' 혹은 '평화의 집'을 대표하게 될 것이다.

매달 약 40가정이 우리 교회의 예배에 방문한다. 그들 중 50%가 자신이 비그리스도인이라고 밝힌다. 이들이 잠재적 '평화의 사람들'이다. 우리의 여행자 그룹은 그들의 아버지가 되기를 갈망하시는 창조주와 그들의 관계를 이어주기 위한 훈련 과정으로 고안되었다.

사람들이 "여행자 모임에서는 무엇을 합니까?"라고 물으면, 우리는 친구들을 사귀고, 성경 읽는 것을 배우고, 하나님이 삶에 대해 말씀하시는 것을 듣는다고 대답한다. 꽤 오랫동안 우리는 무엇을 생각하고 믿어야 하는지 배워왔다. 이제 하나님이 말씀하실 차례다. 이것이 우리 여행자 모임에서 벌어지는 일이다.

여행자 모임과 발견자 모임의 차이를 간략하게 설명하겠다. 여러분이 그 모임에 속해 있을 때는, 아무런 차이도 없다. 우리는 똑같이 7개의 질문을 던지고, 똑같은 성경 구절 목록을 사용한다. 차이점은 그들이 어떻게 시작하느냐다.

여행자 모임의 시작은 훨씬 더 인위적이다. 우리는 1년에 3번 새로운 모임의 시작을 계획한다. 발견자 모임은 훨씬 더 유기적이다. 그들은 자신들이 살고, 배우고, 일하고, 활동하는 곳에서 시작한다. 그들은 여행자 모임에서부터 시작할 수 있지만, 발견자 모임의 시작은 따로 정해놓은 것이 없다.

예를 들어, 여행자 모임의 어떤 사람이 지금까지 그의 삶에서 하나님이 어떤 일을 행하셨는지에 대해 친구와 나누면, 그 친구는 이 모든 영적인 것을 어디에서 배웠는지 물어볼 수 있다. 우리는 모임 인도자들에게 한 소그룹의 성장보다 여러 모임의 배가를 생각하라고 지도한다. 이 새로운 모임은 우리의 목적에 따라 발견자 모임이라고 불린다. 하지만 새로운 모임 인도자들과 참가자들이 모임의 이름을 정하지 않을 수도 있다.

우리는 소그룹이 다른 소그룹을 낳고 제자들이 또 다른 제자를 세우는 지난 세대의 노력과 성장 과정을 되짚어 보면서 두 가지 이름을 고안하게 되었다. 이 두 가지 이름은 우리가 우리 공동체 안에서 복음이 유기적이고 제도적으로 움직이도록 촉진하는 데 도움이 된다. 각 모임 유형에 대한 훈련과 촉진은 정확하게 동일하다.

여행자 모임에 대한 초청은 친구나 숄크릭의 홍보 메시지를 통해 받을 수 있다. 여행자 모임의 인원은 전적으로 개인적인 초대로 정해진다. 발견자 그룹에 참여하는 모든 사람은 보통 이미 친구 관계에 있었던 사람들이다. 그들은 직장 동료나 이웃일 수도 있지만, 모든 참석자는 이미 관계가 형성되어 있던 사람들이다.

이 모임에 대한 초청은 간단하다. 모임의 영적 조력자가 이렇게 질문한다.

"성경을 함께 읽으며 하나님이 우리의 삶에 대해 말씀하시는 것을 발견하는 모임을 시작하려고 합니다. 당신은 우리와 함께하시겠습니까?"

초청받은 사람들에게 이 모임에 전문적으로 훈련받은 인도자가 없다는 것을 알려주는 것이 중요하다. 대신에 모임의 사람들이 그 일을 함께하게 된다. 그들은 자신들이 선호하는 영적 스타일이나 어린 시절에 배운 것을 나누지 않도록 인도받는다. 다만 그들은 함께 성경을 읽게 될 것이고, 하나님이 직접 그들의 삶에 대해 말씀하시도록 기다리며 귀 기울일 것이다.

그들이 이런 일들을 함께하게 될 것이라는 사실은, 영적 조력자가 모임을 주도하지 않는다는 것을 의미한다. 그리고 그는 계속해서 모임 구성원들의 의존도를 축소해간다. 이것은 또한 모임에서 스스로 할 수 있는 잠재력을 불러일으킨다. 이것은 곧 이 모임이 재생산을 경험할 수 있는 잠재력을 촉발한다.

이 모임의 비전은 공동체를 세우고, 관계가 성장하고, 삶을 함께하는 것이 아니다. 발견자 모임과 여행자 모임의 모든 인도자는 대를 잇는 성장에 대해 고민하도록 훈련받는다. 그렇게 함으로써 혹시라도 발생할 수 있는 불필요하거나 보이지 않는 의존성을 제거할 수 있다.

촉진에 대해 다르게 생각하기

매년 1월과 5월, 9월이 되면, 우리는 모임을 섬길 인도자를 모집한다. 우리는 인도자들에게 다음의 네 가지를 요구한다.

1. 발견자 과정의 사용법에 대한 4시간 분량의 교육에 참석하기
2. 모임을 할 때마다 7개의 질문 전부를 사용해서 규정된 과정 따르기
3. 우리가 제공하는 성경 구절 목록 사용하기
4. 그들을 돕는 코치의 전화에 응답하기

우리는 의심하는 사람들과 예배자들 모두를 이 모임들의 인도자로 임명한다. 우리가 이것에 대해 염려하지 않는 이유는 두 가지다. 첫 번째, 예수님은 두 부류의 사람들에게 사명을 위탁하시면서 전혀 걱정하지 않으셨다. 그리고 두 번째, 우리는 모임에서 최종적인 권위를 성경에 두도록 가르친다. 그래서 이 두 모임은 지도자들에게 의존하지 않는다.

인도자 교육에서 우리는 모임에 대한 비전을 제공한다. 이 모임들은 성경을 읽으면서 하나님이 삶에 대해 말씀하시는 바를 그분에게서 직접 듣도록 고안되었다. 우리의 모임은 다른 사람들의 의견을 듣거나 최근 새롭게 주목받는 유명 인사와 영적 지도자의 주장을 듣기 위해 존재하

는 것이 아니다. 읽고, 순종하고, 하나님이 성경에 기록하신 것을 나누는 시간을 통해 우리는 하나님이 모임 구성원들에게 직접 말씀하시도록 기회를 드린다.

또한 인도자들은 "이 구절 어디에 그런 이야기가 있습니까?'라고 질문하도록 훈련받는다. 이것은 오프라 윈프리(미국의 유명 방송인으로 자신의 이름을 딴 토크쇼의 진행자로 전 세계에 널리 알려져 있다-역자 주), 닥터 필(Phil McGraw, 미국의 임상심리학자이자 인기 프로그램 '닥터 필 쇼'의 진행자. 인간관계 및 인생 상담 분야의 세계 최고 전문가로 미국에서는 본명보다 닥터 필로 더 많이 불린다-역자 주), 조엘 오스틴, 또는 릭 워렌의 최신간 도서를 참고하기 좋아하는 사람들뿐 아니라, 하나의 성경 구절에 머물지 않고 성경의 여러 본문을 찾아 연구하는 교회 출신의 사람들에게도 동일하게 적용된다.

우리는 모임에서 하나의 성경 구절에 관해서만 이야기를 나눌 때, 성경에 익숙하지 않은 사람들이 자신을 지식이 부족한 사람으로 느끼지 않으며 모임에서의 첫 경험이 편안해진다는 사실을 발견했다. 여러 개의 성경 구절이 빗발치듯 이리저리 날아다니면, 그들은 자기 생각을 자유롭게 나누지 못하고 위축되어 숨을 곳을 찾는다. 비극은 그들이 두 번 다시 모임에 나타나지 않을 거라는 데 있다. 그래서 "성경 구절 어디에서 그런 이야기를 하고 있습니까?"라고 질문하는 것이 중요한 훈련 포인트가 된다. 중심 구절에 머물고 싶어 하지 않는 사람들을 다루기 위해, 인도자들은 이렇게 말한다.

"오늘 우리는 하나님이 이 구절에서 무엇을 말씀하시는지 알아보려고 합니다. 다른 구절에 대해서는 모임을 마친 뒤에 대화하도록 하겠습니다."

또한 우리는 인도자들이 이런 상황을 '발견해가는 과정'으로 이해하기 원한다. 사람들은 다른 사람을 통해 얻은 결론보다 자신이 내린 결론에 더 큰 믿음을 부여하고, 그에 따라 행동한다. 우리의 모임은 참석자들이 하나님의 음성을 직접 들을 수 있도록 고안되었다. 그래서 가르치는 것이나 성경 구절에서 무엇을 믿어야 하는지 사람들에게 이야기하는 것은, 여행자(또는 발견자) 모임에서 금지되어 있다.

사람은 누구나 스스로 새로운 사실을 알아가기를 더 좋아한다. 이것을 증명하기 위해 박사 논문을 찾을 필요는 없다. 내 큰 딸은 "이 진리가 나를 꿰뚫게 하라"는 문장을 좋아한다. 이 문장을 완성한 뒤부터, 그 아이는 내가 무엇이든 도움을 주려고 할 때마다 이렇게 말했다.

"내가 할 거야! 그냥 내버려 둬!"

머릿속에서 여러 가지가 뒤섞이고 우여곡절을 거쳐 자신만의 결론에 도달하면, 우리는 우리의 정신 활동으로 얻은 결론을 진정으로 확신하게 된다.

인도자들의 성공은 그들이 '얼마나 많이'가 아니라 '얼마나 적게' 말하고 설득하느냐에 달려있다. 답을 주기보다 더 많은 질문을 하는 데 초점을 맞춰 훈련하면, 인도자들은 하나님의 진리를 발견하도록 돕는 데 중요한 역할을 감당하게 된다. 진정한 배움은 사람들에게 무엇을 믿어야 할지 알려주는 것을 멈추고, 그들이 믿음을 갖는 것에 대해 스스로 생각하게 할 때 비로소 시작된다.

인도자 중 많은 사람이 자신의 집에 사람들을 초대해서 접대하는 사랑의 은사를 갖고 있다. 하지만 그들은 의도치 않게 이 은사로 복음의 대를 잇는 성장의 흐름을 방해했을지도 모른다. 모임에 소속된 모든 사람을 '미래의 제자 삼는 자'로 여긴다면, 인도자는 그들이 할 수 없다고 생각하는 어떤 일도 해서는 안 된다.

인도자가 좋은 집에서 살 수도 있고, 참석자 중 어떤 사람은 자신의 집에 모임을 초대할 수 없을 수도 있다. 먼지 하나 없이 깨끗한 집에서 모일 수도 있고, 안주인이 믿을 수 없을 정도로 모임을 잘 대접할 수도 있다. 이런 이유로 인도자들은 여행자 모임을 차례대로 돌아가면서 하도록 훈련받는다. 발견자 모임은 영적으로 관심 있는 영역이나, 최소한 중립적인 영역에서 시작하도록 권면 받는다.

또 다른 중요한 변화는 순서를 정해서 한 사람씩 모임을 인도하는 것이다. 세 번째 만남 이후에도 여전히 모임의 유일한 촉진자로 기능하고 있다면, 그는 자신의 역할 수행에 실패한 인도자일 것이다. 매우 단순하고 반복적인 과정이기 때문에, 여행자 · 발견자 모임에 몇 번 참석하고 나면, 7개의 기본 질문을 하고, 모임을 이끄는 책임의 일부를 맡게 된다. 요컨대 우리의 인도자들은 모임의 인도자인 동시에 인도자들의 코치가 된다.

이 같은 기대는 여행자 모임의 첫 번째 시간을 통해 소개할 수 있다. 발견자 그룹에서는 약간의 전략이 필요할 수 있다. 모임을 잘 이끄는 인도자는 촉진자가 되기 쉽다는 것과 그 역할을 다른 사람에게 쉽게 넘겨줄 수 있다는 것을 보여주는 모델이 될 수 있다.

의존성은 미묘하고 불쾌한 이슈다. 냉혹한 진실은 우리 중 많은 사람이 영적 지도자로 인해 발생한 의존성 때문에 영적 지도자를 사랑한다는 것이다. 종종 누군가가 우리를 의존한다는 사실이 우리에게 목적과 의미를 주기도 한다. 그리고 다른 사람이 자신의 문제를 다룰 때 도움을 주면, 우리도 우리 자신의 고통으로부터 한숨 돌릴 수 있다. 우리는 예수님을 따르기 원한다는 미명 아래, 실제로는 다른 사람에게 우리를 의존하라고 가르쳐서 그들의 성장을 방해한다. 또한 이런 행동은 우리 자신에게 불필요한 스트레스를 유발한다.

이것은 내게 벤 프랭클린의 확고한 신념을 떠올려준다.

> 나는 가난한 자들을 위해 선을 행하는 것에 찬성한다. 그러나 그 방법에 대해서는 생각이 좀 다르다. 내가 생각하는 '가난한 자들에게 선을 베푸는 가장 좋은' 방법은, 가난한 삶에 안주하지 않고 벗어나도록 그들을 인도하는 것이다. 젊었을 때 나는 여행자를 자주 다녔다. 여러 다른 나라들을 관찰했다. 정부의 식량 지원이 많을수록, 가난한 사람들의 자립도는 낮았다. 더 가난해졌다는 뜻이다. 하지만 반대로 도움이 적은 곳에서는 가난한 사람들의 자립도가 훨씬 더 높았다. 더 윤택해진 것이다.[1]

이것은 영적 세계에서도 동일하다. 우리가 사람들을 위해 더 많은 일을 할수록, 그들의 상태는 더 나빠질 것이다. 서구의 교회들이 무기력해진 것은 당연한 일이다. 사역이라는 이름 아래 포함된 많은 것이 지도자와 그를 따르는 사람들 간의 미묘한 상호의존적 관계에 놓여 있다. 필요로 하는 사람이 되어야 하는 지도자와 그들 곁에 누군가가 있기를 바라는 사람들 모두 자신의 영적 여정에 대한 책임을 져야 한다.

인도자들은 모든 일이 자신의 손을 떠나는 것을 지켜보는 것이 가장 큰 기쁨이 되도록 촉매제의 역할을 하는 훈련을 받는다. 대를 잇는 성장은 어떤 다른 영적 감정보다 깊은 만족감을 준다. 앞으로도 계속 늘어나겠지만, 8명의 손주를 둔 할아버지로서 나에게 내 자녀들이 자신의 자녀들을 양육하는 것을 보는 것보다 더 큰 기쁨은 없다. 우리는 사람들이 제자 삼는 제자가 되도록 훈련해서 대위임령의 핵심에 도달할 수 있다.

모임을 인도하는 과정

여행자/발견자 모임을 인도하는 과정은 매우 단순하다(부록 A의 인도자를 위한 안내 참고).

발견자 모임의 구성원들은 이미 관계가 형성되어 있기 때문에, 곧바로 질문을 시작할 수 있다. 7개의 질문은 성경적 DNA와 예수님이 남겨주신 영적인 삶의 유전 암호를 나타낸다. 그 질문들은 성령님이 유전적 암호를 풀어 제자의 길을 걷는 사람의 삶 가운데 옮겨주시는 방법이다.

"무엇에 대해 감사하십니까?"라는 질문은 쉽게 모임을 시작할 수 있게 해주며, 모든 사람—심지어 내성적인 사람들까지—은 자신이 대답할 내용을 생각할 수 있다. 여러분은 우리가 기도로 모임을 시작하지 않는다는 사실을 알아차렸을 것이다. 그리스도인들은 모임을 기도로 시작하지만, 하나님으로부터 멀리 떨어져 있는 사람들은 그렇게 하지 않는다.

아직 예수님을 믿지 않는 사람들의 모임을 진행할 때, 누군가 이렇게 말할 수 있다.

"시작하기 전에 기도해야 하는 것 아닌가요?"

그러면 인도자가 모임 전체에 묻는다.

"기도하시겠습니까?"

그럴 때 흔히 돌아오는 대답은 "저는 어떻게 기도하는지 모릅니다" 일 것이다.

이것은 완벽한 배움의 순간이 된다. "기도는 하나님께 감사하다고 말하는 것처럼 간단하게 할 수 있습니다"라고 인도자가 말할 수 있다. 인도자는 구성원들에게 감사의 내용을 나누는 것이 바로 하나님께 기도하는 것이라고 말할 수 있다. 인도자는 모임을 계속 진행하면서, "하나님께 감사한 것을 나눠봅시다"라고 말할 수 있다.

인도자는 그때 고개를 숙여 구성원들이 하나님께 말하는 것을 들을 수 있다. 하지만 성경 어느 곳에도 그렇게 하라고 기록되어 있지 않다. 고개를 숙이고 눈을 감는 것을 통해, 인도자는 구성원들에게 이렇게 기도하면 된다고 가르치는 것이다. 제자들은 당신의 말이 아니라 행동을 따라 한다! 모임의 구성원들은 처음 두 질문에 대답하면서 아주 자연스럽고 유기적인 방법으로 기도를 배우게 된다.

인도자인 당신도 모임의 구성원임을 반드시 기억해야 한다. 질문에 대한 당신의 답변이 그 모임에서 본보기가 될 것이다. 그러므로 당신이 인도자라면 어떻게 대답할지 신중하게 고민해야 한다. 당신의 답변에 진실성과 투명성을 담아, 무엇이 감사한 일인지 다른 구성원에게 보여주라. 한 주는 특정 영역에서 당신을 돕는 당신의 배우자에 관해 이야기할 수 있다. 그다음 주에는 생업이 잘 안 풀려도 하늘 아버지의 은혜로 당신이 살고 있음을 깨달았다는 이야기를 나눌 수 있다.

또 다른 중요한 점은, 항상 먼저 하거나 맨 나중에 하지 말아야 한다는 것이다. 부주의로 모임 구성원들에게 인도자가 대답하는 올바른, 또는 잘못된 방법이 있다고 가르치지 않도록, 질문에 답하는 시점과 방식에 변화를 주라.

순서가 중요한가?

첫 번째와 두 번째 질문을 통해 시작할 때의 서먹한 분위기를 손쉽게 바꿀 수 있다고 해도, 반드시 목록에 있는 순서대로 질문할 필요는 없다. 예를 들어, 책임에 관한 질문으로부터 시작해도 된다. 결심선언문(나는 ~하겠습니다)을 어떻게 만들지 물어보거나, 지난주 모임에서 나눴던 내용에서 시작할 수도 있다. 모임 구성원들이 하나님이 말씀하신 것에 순종할 수 있는 단계로 성장하기까지 인내해야 한다. 이것을 파악하려면 시간이 필요하다. 일관성 있게 본을 보인다면, 당신은 그들에게 횃불 같은 길잡이가 될 수 있을 것이다.

세 번째 질문—"오늘 당신은 어떤 이유로 스트레스를 받았습니까?"—은 시한폭탄이 될 수 있다. 북미 사람들은 이 질문에 30분이 넘게 대답할 수도 있다. 이 모임은 치유와 회복을 위한 지원그룹(support group)이 아니다. 그러므로 지루하게 느낄 정도로 길게 대답해서는 안 된다.

당신이 첫 번째로 대답해서, 이 질문에 어떻게 답변해야 하는지 본을 보이는 것이 도움이 될 수 있다. 발견자 모임은 이미 관계가 형성되어 있는 사람들로 구성되어 있다는 사실을 기억하자. 이런 연결고리 덕분에 그들은 모임 바깥에서도 오랫동안 삶에 관해 이야기를 나눌 수 있다.

때로는 구성원 중에 인도자가 성경 구절을 제쳐두어야 할 만큼 심각한 문제를 가진 사람이 있을 수 있다. 이런 순간에는, 그날 모임에서 성경 본문에 관한 나눔을 하지 않는 것에 대한 중압감을 솔직하게 드러내는 것이 합당하다. 이런 경우가 자주 발생한다면, 모임 구성원 중에 하나님의 말씀을 듣는 것보다 자신의 문제에 관해 대화하기 원하는 사람이 있는 것이다. 지혜롭게 다루지 않으면, 이 문제 때문에 모임이 사라질 수도 있다. 매주 모임을 마무리하는 데 어려움을 겪을 수 있기 때문에, 질문에 대한 대답은 2분이 넘지 않도록 제한하는 것이 좋다. 심각해지지 않고 재미있게 이것을 다루고 싶다면, 딱 하나의 문장으로 대답하자고 제안해보라.

한 사람이 계속해서 시간을 너무 많이 사용한다면, 그와 따로 대화해서 모임을 원활하게 진행할 수 있게 협조를 구해야 한다. 그런데도 계속 시간을 많이 사용한다면, 아예 그에게 모임 인도를 맡기는 것도 해결책이 될 수 있다. 인도자 지침서에는 모임 시간에 관한 몇 가지 가이드가 제시되어 있다. 시간 관리를 강조하면서, 새로운 인도자들에게 이 내용을 제시하라.

모임 인원이 문제가 될 수도 있다. 이렇게 생각해 보자. 7개의 질문이 있고, 하나의 질문에 대답하는데 1인당 평균 2분 정도가 필요하다. 단순하게 계산하면, 한 번 모일 때 1인당 14분이 필요하다고 볼 수 있다. 이제 구성원 수에 14를 곱해 보라. 여러분이 얼마나 심각한 도전 앞에 서 있는지 볼 수 있을 것이다. 만약 6명이 모인다면, 한 시간 반에서 두 시간 정도가 필요할 것이다. 그러므로 최소한 미국에서 모임을 하는 경우에는, 인원을 5명 이하로 제한해야 한다. 언젠가 아프리카 친구 하나가 내게 이런 말을 했다.

"미국 사람들은 하나님을 자신들의 손목에 채워 둡니다."

사람들이 얼굴과 얼굴을 맞대고 하나님을 만나도록 돕는 데 가장 큰 장애물은 시간이다.

"도움이 필요하십니까?" 또는 "우리 모임의 도움이 필요한 누군가를 알고 계십니까?"라는 네 번째 질문은, 가장 준비하기 어려운 DNA 조각이다. 이 질문은 '다른 사람을 사랑하라'는 대위임령의 후반부 명령에 구성원들이 참여하게 함으로써, 제자 되는 과정을 시작하게 하는 기능을 담당한다.

미국에서 필요는 종종 돈과 결부되기 때문에, 사람들은 이것을 개인의 경제적 필요에 관한 질문으로 오해한다. 사람들이 각자의 당면한 현실 속에서 다른 사람들에게 관심을 두도록 돕는 데는 시간이 필요하다. 종종 인도자는 이웃이나 직장에서 만나게 되는 필요를 발견할 수 있다. 항암치료를 받는 사람이 있다면, 그에게 식사와 집안일, 자녀들의 등교를 도와줄 사람이 필요할 수 있다.

우리 주변의 세상을 변화시키며 함께 섬기는 것은, 하나님이 행하고 계신 모든 것의 흐름 속으로 모임을 인도해 가는 것이다. 이것은 하나님과의 관계가 관념적인 것이 아니라, 실제로 살아내는 것이라고 구성원들에게 각인시키는 것이다. 모임에서 이렇게 현실에 대한 질문과 씨름하는 것이 중요하다. 여섯 번째 질문과—모든 사람이 '결심선언문—나는 ~하겠습니다'를 쏟아내는—네 번째 질문은, 여행자/발견자 모임에서 순종 중심적인 문화의 지지대가 되어준다.

함께 성경 읽기

다섯 번째 질문은 구성원들에게 성경을 펼쳐볼 기회와 하나님의 말씀을 직접 들을 기회를 제공한다. 구성원들은 종종 성경을 가져오지 않거나 이해하기 어려운 성경 번역본을 가져온다. 모임 초기에는 성경 본문을 복사해서 준비하는 것이 좋다. 그런 과정에서 자신이 성경 판매 컨설턴트가 된 것처럼 느낄 수도 있지만, 그것은 좋은 일이다. 모임의 과정 초기에는 구성원들이 자기 소유의, 자신이 읽을 수 있는 성경을 갖는 것이 중요한 목표가 될 것이다.

우리는 인도자들에게 2개의 서로 다른 현대어 성경 번역본을 가져오거나 복사해놓으라고 권면한다. 이것은 성경을 가져오지 않은 구성원을 위한 배려인 동시에, 성경이 어떻게 구성되어 있는지 설명하기 위한 조치다. 이 사실을 깨닫기 전까지, 우리는 구성원들이 성경에 대해 어느 정도 알고 있을 거로 생각했지만, 그것은 모임에 아주 치명적인 실수였다.

구성원 중 한 사람이 요한일서 5장 13절을 읽어달라는 요청을 받았다. 그가 읽기 시작하자, 다른 구성원들은 얼굴을 찡그리며 어떤 번역본을 읽고 있는지 궁금해했다. 인도자는 일단 낭독을 멈추게 한 뒤, 그가

요한'일서'를 찾은 것이 맞는지 확인했다. 그 사람은 자랑스럽게 자신의 성경을 들어 올리며 이렇게 말했다.

"저는 성경에서 제일 먼저 나오는 요한의 책을 찾아서 5장 13절을 읽었습니다."

우리 중에서 성경에 익숙한 사람은, 그가 요한의 첫 번째 서신이 아니라 그가 쓴 복음서를 찾았다는 사실을 이해했을 것이다. 대부분의 사람은 성경의 구조에 익숙하지 않기 때문에, 성경에서 본문을 바로 찾으면 과도한 불안감을 조성할 수 있다. 해당 성경 구절을 종이에 기록해서 준비해두면, 성경이 어떻게 구성되어 있는지 설명할 기회를 가질 수 있다. 구성원들이 자신의 성경을 갖게 되면, 요한복음 3장 16절 같은 익숙한 구절을 찾는 연습을 하면서 성경 곳곳을 둘러보게 되어 훨씬 더 편안해질 것이다.

성경 맨 앞에 있는 차례를 구성원들에게 보여 주면, 그들은 시작할 도구를 손에 쥐게 된다. 책과 장과 절의 차이를 설명하면, 그들 스스로 성경 곳곳을 뒤져서 해당 성구를 찾을 준비가 된 것이다. 요한복음 3장 16절이나 시편 23편 같이 그들도 들어 보았을 만한 구절을 찾는 연습을 하면 그들에게 자신감을 주고, 그들이 성경 구절을 찾다가 자신을 멍청하다고 느끼게 될 상황을 사전에 방지할 수 있다.

구성원들에게 성경 구절을 두 번씩 읽겠다고 말하라. 10절이 넘는 긴 본문은—본문을 기록한—종이를 돌려가며 5절씩 나눠 읽으면 된다. 그렇게 할 때, 구성원들이 읽기 쉽도록 미리 여러 색깔의 형광펜으로 5절씩 본문을 구분해서 표시해두면 좋다.

진행 방법을 설명할 때 큰 소리로 읽는 것을 불편해하는 사람이 있다면, 읽지 않고 종이를 그대로 옆 사람에게 전달해도 된다고 반드시 설명해주어야 한다. 읽고 쓰는 능력 때문에 구성원들이 하나님과 연결되는 것을 방해할 필요는 없다.

복사본을 준비하거나 성경을 가져올 때는 2개의 서로 다른 성경 번역본으로 준비하는 것이 좋다. 본문을 두 번 읽기 때문에, 구성원들은 약간씩 다른 표현으로 본문을 들을 수 있는 두 번의 기회를 얻게 된다. 다만 유진 피터슨의 메시지 성경(The Message)은 성경에 익숙하지 않은 사람에게는 좋을 수 있지만, 성경을 함께 읽는 용도로는 적합하지 않다. 본문을 두 번 읽은 다음에는, 참석한 사람들에게 자신의 말로 본문을 다시 말해보게 하는 시간이 있다. 불행하게도 메시지 성경으로 본문을 접한 사람들은—너무나 수려한 유진 피터슨의 번역 때문에—다시 서술할 만한 부분을 거의 찾아내지 못한다. 메시지 성경을 사용하면, 유진 피터슨이 기록한 것에 다른 내용을 덧붙일 수 있는 사람이 없기 때문에 나눔의 시간이 빨리 끝나버린다.

번역본 성경을 선택할 때는, 반드시 현대적 번역본이어야 한다는 점을 기억해두자. 킹 제임스 성경도 최신 번역으로 개정되었다. 뉴 킹제임스(New King James, NKJV)나 뉴 인터내셔날 리더스 역본(New International Readers Version, NIRV)도 사용 가능한 훌륭한 역본들이다. 더 보이스(The Voice)나 뉴 잉글리시 바이블(New English Bible, NET)도 훌륭한 선택지가 될 수 있는 새로운 성경 역본들이다. 당신은 많은 사람이 자신의 성경을 소유하기 전에 유버전(YouVersion, 2008년 미국의 라이프닷처치가 출시한 성경 읽기 앱 – 역자 주)이나 바이블게이트웨이닷컴(Biblegateway.com, 미국의 유명 기독교 출판사인 존더반에서 운영하는 성경 사이트 – 역자 주) 같은 곳을 찾는다는 사실을 알게 될 것이다. 그들이 자신의 스마트폰이나 태블릿 기기로 성경을 읽는 것은 전혀 이상한 일이 아니다.

주의를 주라!

성경을 읽기 전에, 구성원 중 한 명에게 본문을 주의 깊게 듣고 그것을 자신의 말로 재구성하도록 부탁해 보라. 이것은 성경을 읽고 난 뒤에 해야 할 과제를 주어 놀라게 하려는 것이 아니라, 본문을 자세히 들을 기회를 주려는 것이다(여기에서 인도자가 진지하게 돌아봐야 할 것이 있다. 여태까지 구성원들이 보낸 불만의 메시지를 한 번도 받아본 적이 없다면, 당신은 사람들에게 조금이라도 부정적인 평가를 받고 싶지 않아서 모임과 관련된 모든 것을 혼자서 감당하고 있을 것이다).

본문을 자신의 말로 재구성하라는 과제를 받은 사람이 힘들어하거나 끝낸 것처럼 보인다면, 모임 전체에 도움을 요청하라. 이것은 그 본문과 관련된 활기찬 토론을 촉진할 수 있다. 당신은 구성원들이 해당 본문의 핵심이나 중심 진리를 얻기 원한다. 예를 들어 창세기 1장에서 나눠야 할 요점은 '창조 대 진화'가 아니라, '여기 있는 모든 것의 창조자는 하나님이시다'가 되어야 한다. 비본질적인 문제 때문에 옆길로 벗어나서는 안 된다.

모임 진행에 익숙해지면, 핵심 주제와 관련된 토론을 활발하게 만들기 위해 다음과 같은 일련의 질문들을 발견하게 될 것이다. 만약 당신이 섬기는 모임이 본문과 연결되어 있고 본문의 핵심을 다루고 있다면, 꼭 이 질문들을 다뤄야 할 필요는 없다. 다음 세 가지 질문의 목표는, 본문에 대한 개인적인 응답을 얻는 것이다.

- 당신의 관심을 끈 것은 무엇입니까?
- 본문에서 당신의 마음에 든 부분은 어느 곳입니까?
- 본문에서 당신의 마음을 불편하게 한 부분은 어느 곳입니까?

이 세 가지 질문은 우리와 소통하기 원하시는 하나님의 의도에 초점을 맞추고 있다.

- 본문은 하나님에 대해 어떻게 말하고 있습니까?
- 본문은 인간에 대해 어떻게 말하고 있습니까?
- 본문은 하나님이 우리에게 원하시는 삶이 어떤 것이라고 말하고 있습니까?

신학대학원에서 공부할 때, 나는 머리글자를 사용해서 수많은 신학적 내용을 외우는 법을 배웠다. '부다킹(Budak-ing)'이라는 정겨운 이름의 이 기술은, 당신이 앞에 제시한 두 묶음의 질문을 기억하는 데 도움이 될 것이다. 각 단어의 첫 번째 알파벳 글자를 취해서, 그것으로 문장을 만드는 것이다. 예를 들면, "A Lemon Bite Gathers Many Looks"로 만들어 보자. 그리고 이 문장에서 A와 L, B와 G, M과 L을 주목해보라. 이 글자들은 각각 'Attention(주의), Like(좋아함), Bother(불편하게 함),

God(하나님), Mankind(인류), 그리고 Life(인생)'을 가리킨다. 이 구절은 내 큰아들이 만들었는데, 그는 식당에서 아이스티에 들어있는 레몬을 어린 조카에게 주면서 기니피그(실험 재료)로 이용했다. 큰아들이 레몬을 줄 때마다 아이는 그것을 한 입 깨물고 나서, 몸을 바르르 떨곤 했다. 그럴 때마다 식당에 있던 사람 모두가 아이의 모습을 보고 웃었을 것이다. '레몬 한 입이 많은 시선을 끈다(A Lemon Bite Gathers Many Looks).'

만약 활기 있게 토론해야 한다면, 'A(attention, 주의) Lemon(like, 좋아함) Bite(bothers, 불편하게 함) Gather(God, 하나님) Many(mankind, 인류) Looks(life, 인생)'라는 문장을 기억하라. 진부하게 들릴지 모르지만, 나는 이 기술 덕분에 신학 석사학위를 받았다. 불행하게도 그것은 내가 전적으로 쓸모없는 존재가 되기 위해 고등교육을 받았다는 것을 의미할 수도 있다.

"나는 ~할 것이다(결심선언문)"에 이르기

"이 본문은 하나님과 사람, 그리고 하나님이 우리에게 원하시는 삶에 대해 뭐라고 말하고 있습니까?"

우리는 이 마지막 질문 묶음으로 DNA의 여섯 번째 조각을 아주 쉽게 세울 수 있다. 이 질문은 매우 자연스럽게 "나는 ~하겠습니다"라는 선언문으로 전환된다.

여섯 번째 질문은 다음과 같다.

"만약 이것이 하나님이 말씀하신 것이라면, 당신은 그에 대해 어떻게 하시겠습니까?"

이 질문에 대해 사람들은 "나는 ~하겠습니다"라고 자연스럽게 말할 수 있다. 시간이 지나면서, 모임의 구성원들은 이 질문에 대해 자기만의 "나는 ~하겠습니다"를 말하기 시작할 것이다.

처음에는 사람들이 실제적이고 실행 가능한 활동을 떠올리는 데 어려움을 겪는다. 머리글자 'SMART'가 기업 문화에서 매우 광범위하게 사용되기 때문에, 그들의 "나는 ~하겠습니다"가 'Specific(구체적), Measurable(측정할 수 있는), Achievable(성취할 수 있는), Realistic(현실적인), 그리고 Time-bound(시간이 정해져 있는)'라고 이야기하는 것은 자연스러운 일이다. 이 질문을 달리 말하면, 다음과 같다.

"다음 24시간부터 48시간 사이에, 당신은 하나님이 이곳에서 말씀하신 것에 대한 반응으로 무엇을 할 수 있습니까?"

실천에 옮겨야 하는 "나는 ~하겠습니다" 결심선언문은 구체적이어야 한다. 그것을 확인하는 한 가지 방법은 이렇게 질문해보는 것이다.

"다음 주에 다시 모일 때, 당신이 결심선언문을 행동으로 옮겼는지 아닌지를 우리가 어떻게 알 수 있을까요?"

이 질문 덕분에 당신의 모임 구성원들은 자신이 어떻게 하나님께 응답할 수 있는지 분명히 알게 된다.

인내하며 넉넉한 마음을 품고, 당신의 모임이 성경에서 발견한 진리를 따라 행동하는 것에 익숙해지도록 좋은 모델을 보여줘라! 창세기 1장을 연구하는 동안, 하나님께 자신들이 그분의 창조물을 돌보고 있다는 것을 보여드리기 위해 재활용을 시작하기 원하는 사람들을 보게 되는 것은 특별한 일이 아니다. 이것인 진리에 반응하는 실제적인 방법이다. 우리의 목표는 하나님의 말씀에 대한 반응으로 사람들이 간단한 일들을 실천하게 하는 것이다.

자신의 '나는 ~하겠습니다—결심선언문'을 만들지 않는 것 같은 모임 내부의 흐름을 살펴보라. 이것이 아마도 그들의 영적 온도를 나타내는 신호가 될 것이다. 지금까지 수고한 것이 헛되지 않기를 바란다면, 3~4주 뒤 구성원들에게 결심선언문을 실천에 옮기도록 당신이 어떻게 도우면 좋겠는지 물을 준비를 해야 한다. 보통 이런 종류의 관심은 누군가의 영적 관심을 불러일으키거나, 반대로 그에게 영적인 관심이 없음을 드러나게 한다.

인도자가 주목해야 할 또 다른 흐름은, 매주 똑같은 "나는 ~하겠습니다" 선언문을 만드는 것이다. 오랫동안 몇 가지에 모든 초점을 맞출 때, 그것을 통해 성장할 수 있다는 것은 자명한 사실이다. 하지만 단 하나의 "나는 ~하겠습니다"를 반복하는 것은, 영적 게으름을 드러내고 메마른 땅에 좋은 씨앗을 심으려는 우리의 시도를 무한 반복하게 만들 수 있다. "저런, 당신은 지난주에도 이것과 똑같은 결심선언문을 작성했습니다. 이번 주에는 다른 것을 찾아보시기 바랍니다"나 "이것은 다른 본문입니다. 제 생각에는 우리가 다른 결심선언문을 작성해야 할 것 같습니다"라고 단순하게 말해줘야 한다. 이것은 하나님이 무엇을 말씀하시는지 듣는 부분에서 더욱 창조적으로 행동할 필요가 있음을 구성원들에게 알려주는 것이다. 필요하다면, 모임 전체가 다른 사람의 "나는 ~

하겠습니다"를 개선하는 데 도움을 줄 수도 있다. 이것이 그전부터 알고 지내던 사람들의 모임이며, 구성원들은 서로의 삶에 대해 많은 것을 알고 있다는 사실을 기억하라. 무엇보다 끊임없이, 조급해하지 말고 사람들이 하나님이 말씀하시는 것에 순종하도록 돕는 책임을 다하는 데 주저하지 말아야 한다. 이것은 예수님의 명령이었다.

"내가 네게 명한 모든 것을 가르쳐 지키게 하라."

응답

"이번 주에 당신은 '하나님이 당신의 삶 가운데 어떤 일을 행하고 계시는지'를 누구와 나눌 수 있습니까?"라는 일곱 번째 질문은, 이 과정에 복제 DNA를 가져온다.

각 구성원은 다음 주에 나눌 사람을 추천하도록 요청받는다. 나눌 내용은 그들이 성경에서 읽고 순종한 것에 관한 이야기일 수도 있고, 일반적으로 하나님이 자신의 삶에서 행하고 계신 것과 관련된 이야기일 수도 있다.

제자훈련 과정에서는 훈련자들에게 가능한 한 빨리 자신을 예수님과 동일시 하라고 가르친다. 이것은 친구나 친척들과 담을 쌓는 것 같은 불쾌한 방법이 아니라, 간단하고 명백한 방법으로 이루어진다. 나눔이 설득으로 변질되어서는 안 된다. 설득의 압력은 사람들이 관계에 벽을 쌓거나 경계를 치게 하지만, 경험이나 이야기는 그들을 나눔 속으로 들어오게 한다. 누군가가 자신의 삶 가운데 벌어지고 있는 일들을 나눌 때, 우리는 듣고, 가까이 다가가고, 다른 사람의 내면으로의 초대에 응하게 된다.

최근, 전혀 성경을 읽어 본 적이 없는 남자가 성경 읽기가 밤에 잠자는 데 도움이 되었다는 이야기를 나누었다. 그는 파탄 직전인 관계 문제로 몇 달 동안 잠을 이룰 수 없었다. 그는 성경을 읽기 시작했고 잠자기 시작했다. 그래서 그는 친구들에게 성경 덕분에 밤에 잠을 잘 수 있게 되었다고 나눴다. 이것은 실제적이고, 삶에 연관되어 있고, 매우 자극적인 이야기다!

경험 많은 그리스도인들은 불확실성에 가치를 두는 세상에서 삶을 나누는 능력을 길렀기 때문에, 이것을 가장 힘들어한다. 우리는 기독교 세계에서 단추를 잠그고 함께 행동하는 것이 중요하다고 배워 왔다. 교회에서 성장한 사람에게 자연스럽게 자신의 이야기를 나누는 법을 훈련하는 것은, 고양이에게 악수하고 뒹구는 것을 훈련하는 것과 다소 비슷하다. 불가능한 일은 아니지만, 만약 그 일을 성취한다면 당신은 '미다스의 손'을 가진 것이다.

종종 구성원들은 성경을 읽다가 무언가를 배웠다고 친구들에게 이야기하면서 나눔을 시작한다. 이 모임의 구성원들은 그리스도인이 되기 이전부터 관계가 형성되어 있었기 때문에, 이런 언급을 통해 대화를 시작할 수 있고 또 다른 대화로 이어질 수도 있다. 모임에 있는 누군가가 성경을 읽고 있다는 것을 알게 될 때, 아무도 그들에게 억지로 종교를 강요하지 않지만, 그들은 관심을 두게 된다. 어쩌면 누군가 그 모임에 참여하고 싶어 할지도 모른다. 이것이 바로 복제 DNA가 시작되는 곳이다. 모임의 수가 배가하는 것이 중요하지, 규모가 커져야 할 필요는 없다.

발견의 과정에서는 성경만 권위를 갖는다. 그래서 각 주제에 대해 훈련받은 인도자가 사람들에게 설명하기 위해 있어야 할 필요가 없다. 하나님의 말씀은 학습이 아니라, 읽고 순종할 대상이다. 하나님은 사람들을 예수님에게 이끄시는 선생님이다요 6:44-46. 간단하고 반복적인 발견의 과정은 그 모임을 배가시킨다. 첫 번째 모임에 있는 사람들 모두가 간단한 일곱 개의 질문이 제시되는 것을 보았다. 그리고 어쩌면 그들이 질문에 대답할 차례가 되었을지도 모른다.

인도자는 새로운 사람이 모임에 참여하면 좋겠다는 요청을 받을 때, 묻고 대답하는 시간이 길어질 수 있는 모임보다 새로운 모임을 하나 더 시작하자고 제안할 수 있다. 이 과정이 누구나 할 수 있는 쉬운 것이기 때문에, 이것은 실현 가능한 주장이다. 최초의 모임에서 했던 대로, 그냥 하면 된다. 그 모임의 구성원이 새로운 모임을 시작할 때, 최초의 모임 인도자가 정기적으로 그를 지도해 줄 수 있다. 정기적인 전화 통화나 개인적인 만남을 통해 개선의 여지가 있는 실수나 문제들을 공유하면, 새로운 인도자가 자신감을 가질 수 있다. 지도력 개발은 추가된 것이라기보다 고유한 것이기 때문에, 모든 모임 구성원은 새로운 모임을 시작할 준비가 되어 있다.

시간에 대한 질문들

마지막으로, 어떤 필요를 채워야 하는지 토의한 후, 결정한 사항들을 재검토하면서 모임을 마무리할 수 있다. 특별히 다른 집이나 아파트로 모임 장소를 옮길 경우, 다음 모임을 언제 어디서 가질 것인지 모든 사람에게 명확하게 여러 번 숙지하게 하고 마쳐야 한다. 이 시점에서 모임은 끝난다. 비공식적으로 토의가 계속되는 것은 자연스러운 일이다. 구성원들은 자신들이 편한 시간에 자리를 뜨면 된다.

위에서 설명한 과정들은 인위적인 제약을 당연하게 여기지 않는다. 만약 발견자 모임이 직장에서 점심시간에 모인다면, 서너 명이 넘는 인원으로 이 과정을 의미 있게 진행하는 것이 어렵다.

여기에 시간의 압박을 덜어줄 몇 가지 전략을 소개한다.

전자 통신

처음의 세 가지 질문은 모임 시작 초반에 이메일이나 휴대폰 문자, 또는 채팅을 통해 묻고 답할 수 있다. 이렇게 하면 그들이 모였을 때, 성경 읽는 것으로 시작하거나 바로 본문으로 들어갈 수 있다.

세 칸 연구법

종이를 넓은 방향에서 세 칸으로 나누는 활동에서 유래된 이름을 가진 이 방법은, 필수적인 것은 아니지만 도움이 될 수 있다. 각각의 칸은 이 과정에서 세 개의 분리된 단계들을 말한다(부록 B의 예시 참고). 구성원들은 지난주의 성경 본문으로 다음 모임을 하기 전에 '세 칸' 연구를끝내야 한다.

첫 번째 칸에는, 성경 본문을 그대로 옮겨 적는다. 디지털 시대를 살아가는 많은 사람이 이 지시에 움찔해 할 것이다. 모바일 기기나 컴퓨터로 복사해서 붙이면 안 될까? 성경을 직접 필사하는 것은 눈으로 읽는 것보다 더 천천히 읽는 방법이다. 성경 말씀을 그대로 성경책에서부터 노트나 일기장으로 옮기는 것이다.

본문을 손으로 적어서 옮기는 이 더딘 과정은, 뇌가 성경 본문을 자세히 보게 하고 다른 방법으로는 경험할 수 없는 방식으로 본문을 느끼게 한다. 사람들에게 필기도구를 꺼내어 필사하게 하는 것이 어려울 수도 있다. 그러나 한 번 이렇게 해보면, 다들 그 경험의 깊이에 놀라게 될 것이다.

두 번째 단계에서는 성경 본문을 필사한 뒤에, 두 번째 칸에 본문을 자신의 말로 바꿔 쓰게 한다. 이것은 본문이 무엇을 말하고 있는지 판단하는 과정이다. 시간이 허락된다면, 몇몇 구성원들이 두 번째 칸에 쓴 것을 낭독할 수 있다. 이것은 발견의 과정에서 다섯 번째 질문을 완성하게 한다. 구성원들이 모임 전에 본문을 개인적으로 살펴보는 시간을 가졌기 때문에, 이것을 서둘러 끝낼 필요는 없다.

두 번째 칸은 글을 쓰거나 글로 자신을 표현하는 것을 좋아하지 않는 사람에게 도전이 될 수 있다. 인내는 귀한 열매를 거둔다고 격려해 주기 바란다. 본문을 필사하고 자신의 언어로 다시 쓰는 이 더딘 과정은, 이 세상에서 우리가 하나님의 마음에 최대한 가까이 가는 방법이다.

세 번째 칸 혹은 세 번째 단계는 두 개의 분리된 활동이다. 노트나 일기장을 넓은 방향으로 돌려서, 세 번째 칸을 위쪽 절반과 아래쪽 절반으로 나눈다. 그리고 위쪽 절반에는 "나는 ~하겠습니다" 결심선언문을, 아래쪽 절반에는 '나눔' 질문의 대답을 적는다.

이 과정은 구성원들이 도착하기 전에 마칠 수 있다. 처음 세 질문을 다루고 나면 모임에서 해야 할 성경 토의가 짧아질 수 있다.

세 칸 연구는 다음의 두 가지 중요한 과제를 달성할 수 있다. 사람들이 성경을 가까이하도록 할 수 있고, 모임 시간에 제한이 있을 때 효과적으로 시간을 사용할 수 있다.

모임의 형태로, 또는 세 칸 연구법을 사용해서 성취된 발견의 과정은, 사람들을 성경에 빠져들게 한다. 성경에 손때를 묻히지 않고, 사람들을 영적인 여정으로 이끌 수 없다. 이 두 가지 도구를 통해 사람들은 하나님과 개인적으로 관계 맺는 방법을 발견할 수 있다. 또한 친구들과 친척들, 직장 동료들에게 이것을 쉽게 전할 수 있기 때문에, 그들은 제자 삼는 참된 제자가 될 채비를 갖추게 된다.

7장___7가지 여정

아날로그에서 디지털 영성으로

우리는 『전염성 있는 제자 만들기』의 공동저자 데이비드 왓슨이 다양한 상황에서의 제자훈련에 대해 강의하는 것을 몇 시간 동안 듣고 나서, 그가 '발견에 기초'하고 '순종에 초점'을 맞춘 관계망에 기반을 둔 숄크릭의 제자훈련 DNA와, 영적인 삶에 대한 패러다임에 초점을 맞춘 7가지 여정에 관해 말하고 있다는 것을 깨달았다.

1. 종에서 상속자로 – 신뢰
2. 자기중심성에서 온유한 마음으로 – 순종
3. 받는 자에서 주는 자로 – 나눔
4. 고립에서 공동체로 – 관계

5. 소비자에서 생산자로 – 섬김

6. 동정심에서 풍성한 나눔으로 – 베풂

7. 여행자에서 안내자로 – 제자

우리는 사람들에게 전통적인 복음 전도 방식 대신, 성경을 읽고 하나님이 그들의 삶에 대해 말씀하시는 것을 발견하는 모임에 친구들과 이웃들, 직장 동료들을 초청할 방법을 제시하면서 시작한다. 실제로, 그들은 그리스도인이 되기 이전에 알고 지낸 사람들을 제자 삼는 제자를 세우기 시작한다. 이런 식의 사고방식은 사람들이 생각하는 것처럼 전혀 새로운 것이 아니다. 그로 인해 이미 동양에서 수백만 명의 그리스도인이 생겨났고, 현재까지 적어도 4만 개의 교회가 탄생했기 때문이다(5장 보즈푸리 이야기 참고).

| 전통적인 복음 전도 |

전통적인 복음 전도는 믿는 자들이 자신의 신앙을 불신자들과 나누거나 교회 모임에 초대하는 것이다. 이런 1차원적 방식을 통해, 어떤 사람들은 예수 그리스도를 구주로 영접하고 교회에 정기적으로 출석하기 시작한다. 그런 다음, 그들도 자신의 신앙을 다른 사람에게 나누도록 교육받는다. 누군가에게 예수님을 믿도록 설득할 때, 우리는 먼저 기독교에 관한 모든 일반적인 질문에 대답할 수 있을 만큼 충분한 정보를 습득해야 한다.

이 방법은 널리 장려되지만, 실천하는 사람은 거의 없다. 많은 그리스도인이 자신들의 신앙을 나눠야 한다고 믿지만, 실제로 그렇게 하는 사람은 절반도 채 되지 않는다. 그런 의미에서 전도 폭발의 창시자 제임스 케네디 (James Kennedy)의 말이 자주 인용된다.

"오늘날의 그리스도인 중에서 95%가 단 한 명도 그리스도께 인도하지 않는다."

조지 바나가 그의 통계를 지지하는는지는 알 수 없지만, 우리는 거의 모든 교회에서 이것을 쉽게 확인할 수 있다.[1]

우리는 믿음을 전하는 데 실패한 시스템을 계속 유지하는 대신, 인도 보즈푸리에서 시작되어 다른 많은 나라에서 시행되고 있는 새로운 방식을 숄크릭에서 적용하고 있다. 이것은 사람들이 말씀을 읽고, 순종하고, 하나님이 그들에게 가르쳐 주신 것을 나눌 기회를 만들게 하는 전략이다. 간단하고 반복 가능한 이 과정은 개개인의 특성과 재능에 관계없이 누구나 제자 삼는 제자를 세울 수 있게 한다. 우리 공동체 사람들은 친구들을 교회로 초청해서 예수님을 소개하는 대신, 친구들을 모임으로 초대해서 함께 성경을 읽고, 하나님이 그들의 인생에 대해 말씀하시는 것을 발견하도록 돕는다. 각 모임은 성경의 권위 아래 모이고, 하나님의 말씀에 순종하기 위해 힘쓰고, 그것을 자신의 친구들과 나눈다. 친구와 이웃, 직장 동료들은 순종에 초점을 맞춘 모임이라는 맥락 안에서, 각 주제에 관해 전문적 훈련을 받은 인도자 없이 함께 발견해 나간다.

"선지자의 글에 그들이 다 하나님의 가르치심을 받으리라 기록되었은즉 아버지께 듣고 배운 사람마다 내게로 오느니라" 요 6:45.

이 말씀은 하나님이 선생이 되셔서 사람들을 그분의 아들에게 이끄실 때 현실이 된다. 개인이나 단체보다 하나님을 의존하는 영적 여정을 시작하는 사람들의 놀라운 힘은 복제 가능한 문화적 플랫폼을 제공한다.

7가지 여정은 실제적인 개인의 경험과 하나님이 주신 모든 진리를 설명하는 영적 순례라는 패러다임을 제공한다. 그것은 7가지 여정을 단계 혹은 수준에 따라 나눠 진행하기보다 하나님의 모든 진리에 대한 평생의 경험을 제공함으로써, 현재의 영적 삶에 대한 가르침으로부터 떠나게 한다. 어떻게 예수님을 따르기 시작했는지, 그리고 어떻게 자신의 삶 속에서 예수님을 따라왔는지 나누다 보면 시너지 효과가 일어난다.

쇼크릭 교회에서 우리는 이것이 하나님과 예수님, 성경에 대해 더 알기 원하는 사람들과 함께 하는 데 엄청난 도움이 된다는 것을 깨달았다. 숄크릭은 성장을 숫자로 평가하지 않고, 7가지 여정의 운동에 초점을 맞춘다. 이 여정은 한 영역에 숙달하기보다, 성숙을 추구하면서도—여정을 포기하는 것은 아니지만—후퇴를 용납하며 진행된다.

또한 운동이라는 개념은 현실에 참여하게 한다. 예를 들어, 종에서 상속자로 나아가는 첫 번째 여정을 선택해 보자. 하나님의 가족에 포함되는 사람을 어떤 방식으로 정의하든 간에, 모든 사람은 종의 습성이 자신의 육체 가운데 깊이 뿌리 박혀 있음을 깨닫는 평생의 여정을 보내게 된다. 회심의 순간으로부터 얼마나 멀어졌는지, 얼마만큼의 지식을 가졌는지에 관계없이 종의 습성을 뿌리 뽑기 위해서는 평생이 걸린다.

아직 그리스도를 믿지 않는 사람들에게는 여정의 방향을 잡아주는 도움이 필요하다. 각자의 지도 위에서 자신이 어디에 있는지 발견하기 위해서는, 그 여정의 윤곽이 그려진 지도와 올바른 방향을 알려줄 나침반을 공유하는 것이 중요하다.

하나님과의 관계를 경험하도록 사람들을 초청하는 인기 있는 복음 전도 접근법과 반대로, 모든 사람은 하나님과의 관계를 맺고 있다. 우리는 종종 모든 사람이 이미 피조물로서 하나님과 관계를 맺고 있음을 이해하지 못한다. 그들은 하나님이 만드신 창조 세계를 향유하며, 종종 그들의 창조주께서 주시는 축복을 인식함으로 감사드린다. 우리의 언어는 이것을 인식해야 하며, 우리가 믿는 신학—하나님이 모든 것과 모든 사람을 창조하셨다는 사실—을 부인해서는 안 된다.

우리가 하나님과의 관계를 계발하도록 사람들을 도울 때, 그로 인해 출발점으로부터의 분리가 일어난다. 그들은 이미 하나님과 관계를 맺고 있는 것처럼 생각하며, 성경도 그렇다고 선언한다. 하나님은 그들의 창조주이시다.

우리는 꽤 자주 하나님과의 '개인적인 관계'를 언급하지만, 사실 그것은 사람들이 하늘 아버지와 친밀한 관계를 형성하는 데 도움이 되지 않는 일련의 사실들에 대한 동의나 틀에 박힌 지식에 관한 것일 때가 많다.

우리의 사역은 사람들과 하나님의 관계를 깊어지게 하는 것이다. 그들 스스로 성경을 읽기 시작했다는 것은, 그들이 창조주 · 피조물의 관계에서 아버지 · 아들의 관계로 나아가고 있다는 의미다. 우리는 창조주께서 그들의 아버지가 되기 원하시고 그분의 가족으로 영원히 함께 살기를 원하신다는 사실을 그들이 알 수 있도록 돕기 원한다.

7가지 여정의 특성

7가지 여정의 특성인 비선형적 개념은 해마다 방문하는 디즈니월드에서 했던 경험에서 착안했다. 내 처가는 플로리다주 디즈니월드에서 약 80마일 떨어진 곳에 있었다. 처가를 방문할 때마다 장인은 반드시 우리를 디즈니월드에 데려가야 한다고 생각하셨고, 우리는 미키 마우스의 세상을 방문하기 위해 베니스(Venice, 플로리다주의 도시 이름 – 역자 주)에서부터 올랜도까지 의무여행을 해야 했다.

서너 번 방문한 뒤에 나는 테마파크의 지도에 마음을 빼앗겼는데, 거기에 너무나 매료된 나머지, 지도를 통째로 외워버렸고 지도 없이 꽤 효율적인 결정들을 내릴 수 있었다.

투모로우 랜드를 떠날 때, 우리는 프론티어 랜드로 가기 위해 반드시 판타지랜드를 통과해야 할 필요가 없었다. 우리는 투모로우 랜드에서 프론티어 랜드로 바로 갈 수 있었다. 각각의 '랜드'가 서로 다른 곳과 직접 연결되어 있다는 것은, 우리가 마음대로 순서를 정해서 이동할 수 있다는 것을 의미하며(디지털 지도를 따라), 정해진 순서에 따라(아날로그 지도를 따라) 공원을 돌아다닐 필요가 없다.

당시 나는 영적인 삶의 구상도를 다시 생각하고 있었다. 여기에서 나는 또다시 '디지털 대 아날로그,' '연속성 대 무작위', '선형 대 원형' 구도를 놓고 이리저리 생각하고 있었다. 오래된 패러다임들이나 도식들 – 네비게이토 선교회의 수레바퀴(그리스도인의 삶의 필수요소를 쉽게 이해하고 기억하도록 고안된 예화–역자 주), 빌 브라이트(학생 선교단체 CCC 설립자–역자 주)의 10가지 기본 단계들(영적 성장에 필요한 성경의 기본적이고 핵심적인 내용을 10단계로 정리한 모델–역자 주), 윌로우크릭의 5G(윌로우크릭 교회의 빌 하이벨스 목사가 제자의 모습을 은혜(grace)와 성장(growth), 소그룹(group)과 은사(gifts), 그리고 나눔(giving)으로 정리한 양육과 교회 성장 모델이다–역자 주), 심지어 릭 워렌의 야구장 모델(새들백 교회에서 사용하는 야구장 형태(다이아몬드)의 양육과 훈련 시스템–역자 주)—은 내게 심각한 문제를 안겨줬다. 그것들은 오히려 선형에 가까운 모델이었다. 배지나 증명서로 영적 성숙을 보상하는 단계식 과정은, 또 다른 영역이 남아있다는 암시를 준다. 이런 패러다임들은 경쟁적으로 단계별 성취를 유도하는 교육 모델에 기초한 것처럼 보인다.

나는 정기적으로 근본적인 특정 진리들을 재검토하기 좋아한다. 그 진리들은 이 패러다임들의 첫 단계에 포함되어 있다. 내가 갖고 성장한 정신적 모델들은, 내가 '십자가 중심의' 삶을 탐구하는 여정에서 퇴보하고 있다는 것을 보여주고 있었다.

전체의 일부분인 그 영역들과 관련된 또 하나의 불편함은, 서로 맞물려 있는 조각들이 아직 흩어져 있다는 사실이다. 서로 다른 영역 간에 나타나는 시너지와 상호작용은, 이렇게 촘촘하게 구분된 도식에서는 명확하게 나타나지 않는다. 하나님의 가족 안에서 나의 역할에 대한 이해는, '하나님이 내게 주신 자원으로 어떻게 그분을 섬길 것인가'의 문제와 직접적인 연관이 있다. 나는 영적 여정의 핵심 영역 간에 경계는 감소하고 시너지는 증가하기를 바란다.

또한 다른 도식들은 헬라적 사고방식—창조주 하나님과의 친밀한 감정적 관계로 나아가기보다 습득한 지식에 더 의존하는—속에서 표현된 것으로 보인다. 나는 내 생각을 표현할 뿐 아니라, 영적인 삶에 대한 더 감정적이고 덜 이성적인 접근법을 보여줄 무언가가 필요했다.

실제 삶의 영역에 찾아오는 일련의 시험을 통해, 7가지 여정이 만들어졌다. 각각의 여정은 한 극단에서 다른 극단으로의 움직임으로 정의된다. 이것은 우리가 결코 이 땅에서의 여정을 끝마칠 수 없다는 것을 나타낸다. 또한 각각의 여정은 동사로 정의된다. 하나님과 우리의 관계 안에서 종에서 상속자로 이동하는 것은, 자기 자신을 신뢰하는 것과 하나님을 기쁘게 해드리려는 수고를 멈추게 하고, 대신에 하나님의 성품과 그분이 행하신 일이 하나님의 가족 안에서 우리의 위치를 보장한다는 것을 신뢰하게 한다.

이 여정들은 디즈니월드의 지도를 쏙 빼닮았다. 당신은 한 곳에서 다른 곳으로 바로 움직일 수 있다. 당신의 삶 가운데 성령님이 가르치고 역사하실 때, 한 곳에서 다른 곳으로 흘러갈 수 있다. 그 여정들은 아날로그 방식(카세트테이프)이 아니라 디지털 방식(CD)이다. 원하는 노래를 찾기 위해 모든 노래를 들을 필요는 없다. 그 노래가 있는 트랙을 바로 선택하면 된다. 그래서 우리와 교제하시는 성령과 함께, 한 곳에서 다른 곳으로 자유롭게 나아갈 수 있다.

세 가지 핵심적 이해

그들이 참여하도록 돕는 여정과 관련된 세 가지 핵심적 이해가 있다. 첫 번째, 우리 생각에 좋거나 옳은 것이 실제로는 우리의 영적 성장에 방해가 될 수 있다. 우리 인생을 향한 하나님의 계획은 종종 우리의 생각이나 느낌과 달리 반 직관적이다. 머지않아 우리가 자기 자신에게 가장 좋은 것이 무엇인지조차 모른다는 것을 깨닫고 하나님이 행하시는 일을 신뢰할 때, 하나님을 따르는 것은 흥미로운 동시에 혼란스러운 일이 된다. 앞에서 언급했던 '젖어 있는 상태를 느끼지 못하는 물고기' 비유를 떠올려보면 좋겠다. 인생에서 우리의 대인관계 방식이 우리에게 잘 맞는 것은 당연한 일이지만, 곧 보게 되다시피 인생을 위한 하나님의 지혜를 상대로 늘 속임수를 쓸 수는 없다.

두 번째로—이것을 이보다 더 쉽게 설명할 방법은 없다—우리는 우리가 생각하는 것보다 더 상태가 나쁘지만, 우리가 상상할 수 있는 것 이상으로 더 사랑받고 있다. 성경은 우리가 모두 하나님으로부터 분리된 삶의 긴 역사를 갖고 있다고 선언한다. 하지만 성경은 또한 하나님이 우리를 너무나 사랑하셔서, 그분의 독생자를 이 땅에 보내어 우리 대신 죽게 하셨다고 가르쳐 준다. 미친 소리처럼 들린다. 그렇지 않은가?

나는 이것을 은혜의 화학작용으로 생각하기 좋아하는데, 그것은 하나님의 형상—우리의 존엄성—으로 만들어진 우리 존재와, 하나님이 우리의 삶을 이끌어가시도록 허락해드리기를 거부하는—우리의 타락—것 사이의 연관성이다. 그 둘이 충돌하면서, 우리를 향한 하나님의 상상할 수 없는 사랑의 촉매작용이 상처, 회개, 유기, 확신, 그리고 해방을 통해 삶을 변화시키는 움직임이 되게 한다.

세 번째, 우리는 우리가 원하는 만큼 빨리 성장하지 않을 것이다. 영적인 여정에서 즉석으로 되는 것은 없다. 갑작스러운 도약도 있겠지만 일반적인 것은 아니다. 하나님께 순종하는 일상의 습관은 안에서 밖으로 변화가 이루어질 것이다. 그 결과가 나타나는 데 몇 년이 걸릴지도 모르지만, 보통은 그것이 나타나기 전에 느끼게 될 것이다.

그러나 우리는 하나님의 동역자로 성장하며, 그분의 말씀을 규칙적으로 읽고 순종함으로써 우리의 믿음을 행하게 될 것이다. 바울처럼 우리의 연약함은 자주 하나님의 강하심을 선포하는 기회가 되고, 다시 한번 우리는 이 여정의 비직관적 특성을 경험한다고후 12:9. 당신도 알게 되겠지만, 온전히 그리스도를 따르는 헌신자가 되기 위해서는 시간이 필요하다. 정말 평생이 걸린다!

우리는 모두 신학자이다

모든 인간은 신학자이다. 대부분의 사람은 이 사실을 부인하겠지만, 신학자가 되는 길은 그저 현실에서 실천할 방법들을 떠올리는 것이다. 보통 모든 것이 집중되는 신적 존재가 있다. 그것은 인생을 이끌어가는 원리를 제공한다. 이 같은 신 또는 인생의 원리는 부도덕하거나 불법적일 수도 있고, 도덕적이고 사회에서 환영받을 수도 있다. 우리는 종종 성적 접촉, 불법적인 약품 복용, 알코올 남용, 또는 끝없는 물질의 소유

욕처럼 하나님의 자리를 대신하는 중요 요소들을 떠올리게 된다. 그러나 가족, 섬김, 쇼핑, 이미지 관리, 그리고 다른 활동을 주관하는 것도 하나님의 자리를 대신할 수 있다.

세상에 태어난 우리 인간은, 하나님의 형상으로 창조되었고, 인생이 무엇인지 탐구하려고 한다. 그러면서 우리는 주변 사람들과 관계를 맺는 개인적인 방법을 계발한다. 만약 당신의 부모가 행동과 교육, 일에 대해 높은 기준을 갖고 있다면, 당신은 아마도 주변의 사람들을 기쁘게 하려는 경향을 보이게 될 것이다. 만약 어렸을 때 아버지나 어머니에게 버림받았다면, 당신은 아마도 낮은 자존감을 느끼게 되었을 것이며 자신이 사랑받을 가치가 없다고 여기며 깊은 관계를 피하려고 할 것이다.

삶의 단편 조각들을 맞추는 것이 우리를 신학자로 만든다. 불행하게도 이런 식의 관계 맺는 개인적 방식은 늘 인생의 창조자로부터 주목받지 못한다. 대개 우리 삶의 권위는 가능한 한 고통스럽지 않은 길로 나아가려고 흘러가는 내부의 안내 체계가 차지한다. 개인의 역사를 통해 우리는 관계 맺는 개인적 방식을 계발한다. 무슨 일이 일어날지 우리 내면에서 우리에게 말해줄 창조자가 있다는 생각을 떠올리는 사람은 많지 않다. 기독교 가정에서 성장했다 하더라도, 자신의 내면세계에 대해 어떤 대답을 할지 계획하는 과정에 창조자의 개입을 요청하는 경우는 드물다. 어쨌든 이 같은 내적 과정은 평생 성공적인 여정으로 인도해 주는 신학이나 세계관을 발달시키고 성숙하게 한다.

달라스 윌라드는 우리가 영적 존재이기 때문에, 모든 사람이 영적인 여정 위에 있음을 우리에게 주지시킨다. 문제는 그 여정이 우리를 어떤 사람으로 형성하는가이다. 우리는 하나님과 예수님, 성경의 지혜를 따라 빚어지고 있는가? 그렇지 않으면, 고통 없이 사는 법을 알아내려는 우리의 시도나 지혜에 의해 빚어지고 있는가? 예수님은 관계를 맺는 우리의 개인적 방식을 성경의 방식으로 바꾸라고 명령하신다. 이것은 우리 개인의 신학을 성경의 신학 앞에 드러내고 맞바꾸는 것이다. 그것은 종종 고통스럽고 비직관적이다.

| 남아프리카에서 운전하기 |

남아프리카에서 운전을 배우는 것은 어려운 일이었다. 남아프리카에서는 미국에서와 달리 반대편에 앉아, 반대편 방향으로 운전해야 한다. 자동차라는 운송 수단은 같지만, 그것을 운전하는 것은 전혀 다른 경험이었다. 우회전할 때는 왼쪽 차선에 머물러 있어야 한다는 것을 의식적으로 기억해야 했다. 나도 모르게 오른쪽 차선으로 돌아가려고 하는 바람에, 마주 달려오는 차들을 보며 핸들을 꺾은 적이 한두 번이 아니었다. 반대 방식으로 운전하느라 계속해서 주의를 기울이던 나는, 왼쪽 주행이 조금씩 익숙해지자 긴장을 늦추기 시작했다. 몸에 밴 운전 방식이 있었기 때문에, 늘 경각심을 갖고 운전해야 했지만, 의식적인 노력을 점점 덜 하게 되었다.

무엇을 배우거나 변화되어 가는 교육과 변화의 주기는 항상 동일하다.

- 무의식적 무능력
- 의식적 무능력

• 의식적 능력

• 무의식적 능력

첫 번째, 우리는 무의식적 무능력의 상태에 있다. 우리는 자신에 대해 무지하고 알지 못했다. 변화를 위한 최초의 움직임은 자신의 무지를 인식하는 것이다. 이것은 의식적 무능력에 이르는 두 번째 단계로 우리를 이끈다. 이제 우리는 자신의 무능함을 인식한다. 유일하게 바뀐 점은 단순히 자기를 인지하게 되었다는 것뿐이다. 이 단계는 대부분의 사람이 생각하기보다 훨씬 더 어렵다. 에픽테토스가 말한 것을 기억하라.

"자신이 이미 알고 있다고 생각하는 것을 배우는 것은 불가능하다."[2]

연구원인 데이비드 더닝과 저스틴 크루거는 더닝 크루거 효과라는 가설을 확립하면서 이 생각을 수치화했다. 대학생들과의 실험에서, 그들은 우리의 가장 큰 적은 알고 있는 것이 아니라, 모르고 있다는 것을 모르는 것임을 처음으로 증명했다.[3] 설상가상으로, 더닝과 크루거는 역량이 적은 사람일수록 훨씬 더 이런 실수를 하기 쉽다는 것을 증명했다. 다르게 말하자면, 자신이 무능력하다는 것을 인식하지 못하면 못할수록 자신의 능력을 과대평가하게 된다는 것이다. 아메리칸 아이돌(뛰어난 가수가 될 인재를 선발하는 미국의 유명 오디션 프로그램 – 역자 주)의 오디션에서 우리가 질색하곤 하는 재능 없는 가수들이 그것을 증명하고 있다.

세 번째 단계는 당신의 새로운 인식 위에 습관을 세우기로 선택하는 어려운 작업이다. 새롭고 다른 미래를 향한 부단한 의지적 행동은 4단계로 우리를 이끈다. 무의식적 능력은 예전처럼 많은 에너지를 쏟지 않고도 자연스럽게 새로운 행동을 하게 되는 단계이다. 이것은 생각하거나 행동하는 일상의 자연스러운 방식이 된다.

어떻게 이런 것들이 영적 여정과 관계가 있을까? 관계를 맺는 개인적인 방식은 우리 각자가 직접 만들어온 것이다. 개인의 역사가 펼쳐지는 가운데 각자가 형성한 것이기 때문에, 이것들은 우리에게 큰 도움을 주곤 했다. 익사 직전의 희생자가 구명 튜브에 달라붙어 있는 것처럼, 우리는 이 방식에 종속되어 왔다. 관계를 맺는 개인적인 방식들이 구명 장치처럼 느껴진다.

이 구명 장치가 관계를 맺는 성경적 방법과 만나면 문제가 생길 수 있다. 갈등을 건설적이지 않은 것으로 취급하는 집안에서 성장한 사람에게는, 갈등 회피가 관계를 맺는 개인적 방식이 된다. 그는 무슨 수를 써서라도 갈등을 피할 방법을 터득한다. 예수님을 따르기 시작할 때, 그는 예수님이 말씀하신 것을 배운다.

> "네 형제가 죄를 범하거든 가서 너와 그 사람과만 상대하여 권고하라 만일 들으면 네가 네 형제를 얻은 것이요" 마 18:15.

자신의 관계 맺는 방식과 성경의 방식이 충돌한다. 이제 그는 지금까지 자신의 삶을 유지하게 해준 자신을 믿을지, 자신의 관계 맺는 방식에 대해 너무나 비직관적인 것을 요구하는 예수님을 믿을지 선택의 갈림길에 서게 된다. 예수님을 믿는 것이 자기 파멸처럼 보일 수도 있다. 이것이 바로 영적 여정 가운데 나타나는 움직임(movement)의 핵심이다.

다른 방향으로 운전하는 것처럼, 우리는 무의식적 무능력에서 의식적 무능력으로 나아가야 하며, 이때 성경의 진리가 경험하게 하는 내부적 동요를 끌어안아야 한다. 우리는 아직 예수님을 믿지 않고 있을지도 모른다. 그러나 적어도 지금 우리는 우리 자신이 그분을 믿지 않고 있다는 사실은 알게 되었다. 감정이나 행동에 아무 변화가 없지만, 우리는 이미 더닝-크루거 효과를 극복하기 위해 큰 도약을 했다. 이제는 우리 자신이 무능력하다는 사실을 알고 있기 때문이다.

이것은 영적 여정의 특징이며, 우리가 이 여정이 얼마나 어려운 길인지 명심해야 하는 이유이기도 하다. 많은 사람이 안정감과 마음의 평화를 얻거나 죄책감과 수치심을 극복하기 위해 영적 여정을 시작한다. 이 여정이 혼돈과, 심지어 고통으로 점철되어 있음을 사람들이 발견할 때, 우리는 그들이 정말로 하나님과 연결되고 싶은 것인지, 아니면 그저 개인적인 고통에서 벗어나고 싶은 것인지 보게 된다. 우리와 함께 작업하는 대부분의 사람은 그들이 발견되기 전에 먼저 잃어버린 바 되었다는 결론과 맞닥뜨려야 했다. 공의와 정의의 하나님의 큰 그림을 보고, 어떻게 개인의 선택이 하나님과 가족이 되는 관계를 방해하는지 이해하려면 시간이 필요하다.

7가지 여정 탐험하기

사람들이 쇼크릭의 비전과 가치를 소개하는 프로그램 대신 예배에 참석할 경우, 우리는 그들을 하나님과 연결하기 위해 노력한다. 종교 개혁 이전 시대의 낡은 사역 방식은, 의존성을 높이고 복제(재생산)를 어렵게 만든다. 제자 삼는 과정에 유동적인 요소들을 추가할수록, 이 과정은 복잡해진다. 복잡한 것은 복제가 불가능하다.

그래서 우리는 사람들에게 영적 여정이 읽기와 순종, 말씀 나눔으로 구성된다고 말해준다. 우리는 모임의 기회와 성경을 통한 길—7가지 여정—을 제공하는데, 이 여정들은 그들을 영적 여정의 중요한 7가지 훈련을 거치게 한다. 그들은 (친구나 이웃, 직장 동료와 함께 시작하는) 발견자 모임이나 (학사 일정에 따라 솔크릭에서 시작하는) 여행자 모임에서 읽고, 순종하고, 말씀 나누는 법을 배운다. 각각의 모임에서 그들은 발견 과정의 촉진자가 될 기회를 얻고 심지어 자신의 집이나 사무실에서 모임을 열 수도 있다(6장 참고).

우리는 여행자 모임과 발견자 모임, 양쪽 모두에게 성장이 아니라 복제와 배가를 장려한다. 모임 인원이 5명 이상이 되면, 90분 내에 발견 과정을 끝내기가 어려워지므로 구성원이 많아지는 것은 문제가 된다. 해결책은 새로운 그룹을 시작하는 것이다. 복제하고 분립하려는 의지는 구성원들이 하나님을 향해 자라가도록 동기부여를 받고 있는지를 분명하게 확인하는 데 도움이 된다. 모임의 운영체계인 발견자 과정은 모든 구성원이 그 과정을 반복할 준비를 하도록 설계되었다. 복제의 비전—사람들이 살고, 배우고, 일하고, 활동하는 곳이면 어디든지, 영적 관심을 가진 사람들을 찾아내고, 그들을 초청해서 함께 성경을 읽고 하나님이 그들의 인생에 대해 말씀하시는 것을 발견하는—은 구성원들이 자신의 모임을 시작할 때 실제가 된다.

우리가 배운 것의 비범함은 단순함 가운데 존재한다. 다른 책이나 커리큘럼이 아니라 바로 성경이다. 다른 훈련 받은 인도자가 아니라 바로 성경이다. 순종에 초점을 맞추는 것이 성경을 들여다보는 목적이다. 처음부터 사람들에게 자신의 믿음 체계와 행동 체계를 바꾸도록 격려하는 2단계 복음 전도법은 없다. 다만 그들이 하나님이 말씀하시는 것에 순종하기 시작하고, 그 진리가 그들의 7가지 영적 여정들의 주요 영역들을 관통하게 할 뿐이다. 종에서 상속자로, 자기 중심성에서 온유한 마음으로, 받는 자에서 주는 자로, 고립에서 공동체로, 소비자에서 생산자로, 동정심에서 풍성히 나누어 주는 것으로, 여행자에서 안내자로 매끄럽게 그리고 단순하게 나아가는 것은, 제자 삼는 제자가 되어가는 과정이다. 이것이 바로 제자 삼는 제자를 세우는 일이다.

제자 삼는 제자를 세우는 과정은, 비록 인간이 개입하기는 하지만 인간의 활동이 아니다. 그것은 이 관계를 발전시키기 위해 예비하신 인격적인 하나님과 함께 시작된다. 하나님은 우리를 그분의 형상대로 지으시고, 그분과 소통할 수 있게 하셨다. 우리가 성경이라고 부르는 책 속에 그분의 지혜 일부를 담아 두셨다. 하나님과 동행하는 것을 배울 때, 성령 하나님이 우리 마음과 몸을 강하게 하시기 위해 우리를 찾아오신다.

이 여정은 한 사람이 다른 사람을 알고 신뢰하게 되는 과정이다. 성숙한 관계가 되기 위해서는 지속적인 의미 교환이 필요하다. 서구인들의 사고방식은 의미 교환을 '기도'라는 상자 안에 가둬두기 원한다. 하나님과 우리의 소통을 울타리 안으로 제한시키는 것은 불행한 일이다. 히브리적 사고방식에서는 사람들이 구획화된 상자 안에서가 아니라 매 순간 자신의 하늘 아버지와 관계를 맺는다. 이 여정을 드나들 때, 우리는 하나님으로부터 듣고, 그분에게 묻고, 애원하고, 울부짖고, 나누고, 불평하고, 그리고 감사한다. 이것은 하나님과 우리의 의미 교환을 묘사하는 몇 가지 감정적 단어들이다. 우리는 항상 우리를 돌보시는 그분의 소리가 들리는 곳 너머로 절대 벗어나지 않는다. 하지만 우리는 종종 그분이 멀리 계신 것처럼 느낀다. 하나님과 맺은 깊은 관계는, 그분에게 규칙적으로 주의를 기울이며, 하나님이 항상 우리에게 기울이시는 관심을 수용하는 데에서 발견된다.

7가지 여정은 성장하고, 신뢰하고, 순종하고, 공유하고, 관계하고, 봉사하고, 나눠주고, 훈련하며 하나님과의 소통을 구체화하고, 우리 삶 속에서 그분의 일하심을 어느 정도 맛보게 한다. 예수님을 통해 하나님께 나아가는 진짜 여정에 참여하기 위해, 당신은 익숙한 일상을 뒤로한 채 떠나야 한다.

성경 구절 목록은 하나님의 창조, 인간의 반역, 그 반역에 대한 하나님의 준비, 그리고 우리가 이 세상과 장차 다가올 세상에서 어떻게 하나님의 사명에 참여할 수 있는지에 대한 이야기들을 자신의 것으로 받아들이도록 고안되었다. 사람들이 읽고 살아가는 작은 부분, 이해할 수 있는 영역에서 하나님의 지혜에 순종함으로 반응할 때, 순종의 작은 걸음은 그들을 하나님의 가족으로 변화시킨다.

여기 주어진 목록은 영적 여정을 시민 종교나 기독교 문화와 구분하지 못하는 서양의 물질주의적 세계에서 자란 사람들을 위해 만들어졌다. 다른 곳에서 목록을 가져와 시작할 수도 있지만, 모든 문화에는 특별히 고안된 자신들만의 읽기 목록이 필요하다. 각각의 문화에는 하나님과 관계 맺는 것을 방해하는 독특한 그들만의 방해물이 있다. 예를 들어, 물질주의가 특히 미국의 도심 외곽 지역에 만연하기 때문에, 숄크릭의 성경 읽기 목록에 부자와 젊은 지도자의 이야기가 포함된다. 돈은 하나님의 가장 큰 대적 중 하나이며, 예수님의 제자가 되기 위해서는 이 사실을 알아야 한다. 각 여정과 관련된 성경 구절 목록은 평생 하나님의 지혜를 추구하면서 시작된다. 각각의 여정에는 하나님을 깊고 넓게 경험할 수많은 성경 구절과 개념들이 채워져 있다. 일단 읽기 목록을 사용하는 데 익숙해지면, 당신은 자신만의 목록을 만드는 방법을 거의 배운 셈이다.

이번 장의 나머지 부분에서 우리는 7가지 여정의 과정을 면밀히 살펴볼 것이다. 더 나아가기 전에, 이 여정의 준비를 돕기 위해 이 짧은 목록의 성경 구절을 다시 검토해 보자.

- 로마서 12:1–2
- 시편 8편
- 디모데후서 3:16–17
- 시편 23편
- 베드로후서 1:3–11
- 시편 139:23–24
- 마태복음 5:3–10

여정 1 : 종에서 상속자로-신뢰

하나님의 형상을 닮아 존귀하게 되고 삶의 중심을 그분에게 두도록 지음 받았지만, 하나님께 불순종하려는 반항적 죄성은 우리를 그분과 갈라놓았다. 하나님으로부터 멀리 떨어진 삶을 추구하는 행태는, 우리 스스로 삶을 조종하기 위해 사용하는 모든 종류의 초점과 에너지를 포함한다. 이것들을 추구하는 것 자체가 우리의 타락한 본성을 드러낸다. 타락의 맥락에서 중독이나 부도덕을 생각하는 것은 이례적인 것이 아니다. 이것들은 분명 그 그림의 한 부분이지만, 종종 타락으로 생각하지 않는 가족, 섬김, 편안함의 추구, 그리고 많은 다른 목적과 에너지도 하나님의 자리를 차지하고 있다.

아담과 하와, 그리고 그들의 모든 후손은 단순히 법을 어긴 것이 아니다. 본성적으로 우리는 모두 하나님의 마음을 아프게 하는 사람들이다. 우리는 하나님을 신뢰하는 대신, 우리의 인생을 추구하기 위해 자신의 신뢰하기로 선택함으로써 그분의 마음을 아프게 했다. 하나님은 그들이 상상할 수 있는 것보다 더 멋진 삶을 아담과 하와에게 주시기 위해, 모든 환경을 조성하셨다. 하지만 그들은 더 많은 것을 원했고 다른 것을 선택함으로써, 하나님의 마음을 아프게 했고 그분과의 관계를 깨뜨렸다.

우리를 향한 표현할 수 없는 사랑으로 말미암아 하나님은 기꺼이, 하지만 고통스러운 마음으로 예수님을 우리에게 내어주셨다. 우리가 그분의 마음을 아프게 했지만, 하나님은 우리와의 관계를 회복하시기 위해 하나뿐인 아들을 내어주셨다. 예수님의 삶과 죽음, 부활은 우리가 다시 하나님의 가족이 되기 위해 치러야 하는 값을 대신 지불했고, 죽음 이후가 아니라 죽음 이전에 하나님과 함께 하는 삶을 가능하게 해 주었다.

단순히 법을 어겼을 뿐 아니라 하나님의 마음을 아프게 했기 때문에—그리고 그분의 마음을 아프지 않게 할 수 없기 때문에—우리가 그분의 은총을 얻기 위해 우리 힘으로 할 수 있는 것은 전혀 없다. 대신에 하나님은 우리가 그분의 가족에 들어갈 수 있게 은총을 베풀어 주셨다. 우리의 여정은 신뢰의 대상이 우리의 노력과 시작에서 예수님으로 바뀔 때 시작한다. 하나님의 은총을 얻기 위해 수고하지 않아도, 우리는 그분의 유업의 상속자로 살아갈 수 있다.

핵심 성경 구절: 디도서 3:5-6

"우리를 구원하시되 우리가 행한 바 의로운 행위로 말미암지 아니하고 오직 그의 긍휼하심을 따라 중생의 씻음과 성령의 새롭게 하심으로 하셨나니 우리 구주 예수 그리스도로 말미암아 우리에게 그 성령을 풍성히 부어 주사"

구호

당신은 당신이 생각하는 것보다 더 부족하지만, 당신이 알고 있는 것보다 훨씬 더 많이 사랑받고 있다.

성경 읽기 목록

- 창세기 1장

ㄴ 하나님은 살아계시고, 세상을 창조하시고, 그분의 형상대로 인간을 창

조하셨다.

• 창세기 3:1-19

└→ 최초의 인간들은 하나님께 불순종했고 그분에게서 멀어졌다.

• 창세기 6:9-22

└→ 하나님은 인간의 불순종을 슬퍼하셨지만, 희망의 길을 제시하셨다.

• 출애굽기 20:1-21

└→ 하나님은 그분의 백성들에게 계명을 주신다.

• 레위기 4:1-7

└→ 하나님은 그분의 백성의 불순종에 대한 제물을 요구하신다.

• 이사야 53장

└→ 하나님은 언약의 구세주가 받을 미래의 고통을 말씀하신다.

• 호세아 3장

└→ 계속되는 불성실에도 하나님은 그분에게 돌아갈 길을 준비해 주신다.

• 누가복음 2:1-20

└→ 성경 전반부(구약)의 예언에 따라 예수님이 태어나셨다.

• 누가복음 5:17-26

└→ 예수님은 우리의 불순종을 용서하고 치유할 권위를 갖고 계신다.

• 요한복음 3:1-18

└→ 예수님은 하나님의 유일한 아들이며, 하나님과의 삶으로 우리를 회복 시키시기 위해 보냄 받으셨다.

• 누가복음 15:11-32

└→ 하나님은 우리가 그분 가족의 품으로 돌아오기를 기대하신다.

• 누가복음 18:18-25

└→ 예수님은 우리가 하나님을 믿는 것의 가치를 이해하기 원하신다.

• 요한복음 11:38-44

└→ 예수님은 죽음을 이길 권세를 갖고 계신다.

• 누가복음 24:36-49

└→예수님은 죽으셨고 우리의 용서를 보증하기 위해 다시 살아나셨다.

• 로마서 5:1-11

└→ 예수님의 죽음과 부활은 하나님께 진 우리의 빚을 대신 갚아 주었고, 우리는 하나님 가족의 품으로 돌아갈 수 있다.

• 사도행전 1:1-11

└→ 예수님은 그분이 떠나신 것과 같은 방법으로 돌아오실 것이다.

• 사도행전 2:29-38

└→ 믿는 자들은 회개와 세례를 통해 그들의 개별적인 관계를 공적으로 선포함으로써 응답할 수 있다.

여정 2: 자기중심성에서 온유한 마음으로-순종

하나님은 우리가 성경을 읽고 그분이 말씀하시는 것에 순종하면서, 자기중심에서 벗어나 하나님 중심으로 성장하는, 그래서 그분과 직접 대면하는 관계를 맺기 원하신다. 우리 영혼의 자기중심적 경향을 탐구하며 우리의 이기적인 욕심을 인정하고 고백하는 것은, 우리에게 하나님의 용서를 경험하고 그분의 말씀을 가장 중요하게 여기는 온유한 삶을 살기 위한 문을 열어 준다.

관계 맺는 개인적인 방식과 그 작동 체계는 성경의 진리로 새롭게 되어야 한다. 이런 습관은 예수님에 대한 우리의 충성을 명확하게 하며, 이것은—우리가 그분의 명령에 순종하기 때문에—우리가 단순히 '구원받은' 것만이 아니라 순종함으로 그분을 따르기로 결단했다는 것을 보여준다. 이런 명령이 일상에서 마주하는 경험의 일부가 될 때, 관계 맺는 우리의 개인적인 방식은 성령 하나님의 새롭게 하시는 능력과 마주하게 되고, 우리는 그 힘으로 변화를 경험한다. 예수님은 제자들에게 그분을 따르는 것이 어떤 것인지 정의해 주셨다. 그분의 명령에 순종하는 것은, 다시 우리를 아버지께로 이끌기 위해 이 땅에 오신 예수님을 하나님으로 인정하는 사람들의 사랑과 신뢰를 보여준다. 이 영적 여정은 우리 내면의 비정한 영역을 찾아내고, 하늘 아버지를 향한 온유하고 순종적인 자세를 형성하는 신적 개입을 허락하는 평생의 과정이다.

핵심 성경 구절: 로마서 12:1-2

"그러므로 형제들아 내가 하나님의 모든 자비하심으로 너희를 권하노니 너희 몸을 하나님이 기뻐하시는 거룩한 산 제물로 드리라 이는 너희가 드릴 영적 예배니라 너희는 이 세대를 본받지 말고 오직 마음을 새롭게 함으로 변화를 받아 하나님의 선하시고 기뻐하시고 온전하신 뜻이 무엇인지 분별하도록 하라"

구호

하나님이 말씀하신 것을 가장 중요하게 여겨야 한다.

성경 읽기 목록

• 마가복음 7:17-23

↳ 하나님의 일은 우리의 중심에서 시작되어 밖을 향해 나아간다.

• 누가복음 9:23-25

↳ 예수님을 따르는 것은 순복하는 삶이다.

• 누가복음 18:9-14

↳ 자기 자신을 진정으로 이해하면 하나님 앞에서 겸손하게 된다.

• 에베소서 2:1-10

↳ 우리는 오래된 우리의 사고방식을 인식하고 무너뜨려야 한다.

• 요한일서 2:1-6

↳ 순종은 하나님의 사랑의 언어이다.

• 시편 119:24-33

↳ 하나님이 말씀하시는 것이 가장 중요하다.

• 로마서 12:1-2

↳ 순복은 하나님의 뜻을 행하는 것이다.

• 잠언 3:5-6

↳ 순종은 자기 자신보다 하나님을 신뢰하는 것이다.

• 고린도전서 6:12-20

↳ 내 몸은 이 땅에서 하나님이 거하시는 처소이다.

여정 3: 받는 자에서 주는 자로-나눔

하나님이 우리를 위해 행하신 일들에 깊이 감동받으면, 다른 사람들과 이 복음을 자연스럽게 나누게 된다. 자격 없는 우리가 은혜를 누리게 되면, 전염성 강한 관용의 정신이 형성된다. 우리가 하나님의 은혜를 얻을 자격이 없는 사람들이었기 때문에, 새로 얻은 창조주의 은총을 누릴 기회가 모든 사람에게 열려 있다. 예수님의 변화시키는 이야기를 인류에게 전하려는 그분의 사명이 이제 우리에게 주어졌다. 하나님께 순종하는 삶을 통해 자연스럽게 흘러넘치는 은혜는, 내면에서 일어나고 있는 변화를 공개적으로 드러낸다.

우리는 하나님이 우리 삶 가운데 이루신 변화를 주변 사람에게 전하면서, 제자의 '티를 내며' 살기 시작한다. 하나님의 사랑이 우리의 대인관계를 변화시키기 시작한다. 한 거지가 다른 거지에게 음식을 발견한 곳을 알려주는 것처럼, 우리는 친구와 이웃, 가족과 직장 동료에게 어떻게 우리의 삶이 변화되고 있는지 나눈다.

우리는 친구들에게 신앙 대신, 삶을 나누는 법을 배운다. 우리는 믿음을 강요하는 대신, 더 가까이에서 우리 여정의 좋은 점과 나쁜 점을 볼 수 있게 친구들을 초청한다. 이것은 그들이 성경을 읽고, 하나님이 인생에 대해 말씀하시는 것을 발견할 수 있는 플랫폼을 제공한다.

핵심 성경 구절: 고린도후서 5:11-21

"우리는 주의 두려우심을 알므로 사람들을 권면하거니와 우리가 하나님 앞에 알리어졌으니 또 너희의 양심에도 알리어지기를 바라노라 우리가 다시 너희에게 자천하는 것이 아니요 오직 우리로 말미암아 자랑할 기회를 너희에게 주어 마음으로 하지 않고 외모로 자랑하는 자들에게 대답하게 하려하는 것이라 우리가 만일 미쳤어도 하나님을 위한 것이요 정신이 온전하여도 너희를 위한 것이니 그리스도의 사랑이 우리를 강권하시는도다 우리가 생각하건대 한 사람이 모든 사람을 대신하여 죽었은즉 모든 사람이 죽은 것이라 그가 모든 사람을 대신하여 죽으심은 살아 있는 자들로 하여금 다시는 그들 자신을 위하여 살지 않고 오직 그들을 대신하여 죽었다가 다시 살아나신 이를 위하여 살게 하려 함이라 그러므로 우리가 이제부터는 어떤 사람도 육신을 따라 알지 아니하노라 비록 우리가 그리스도도 육신을 따라 알았으나 이제부터는 그같이 알지 아니하노라 그런즉 누구든지 그리스도 안에 있으면 새로운 피조물이라 이전 것은 지나갔으니 보라 새 것이 되었도다 모든 것이 하나님께로서 났으며 그가 그리스도로 말미암아 우리를 자기와 화목하게 하시고 또 우리에게 화목하게 하는 직분을 주셨으니 곧 하나님께서 그리스도 안에 계시사 세상을 자기와 화목하게 하시며 그들의 죄를 그들에게 돌리지 아니하시고 화목하게 하는 말씀을 우리에게 부탁하셨느니라 그러므로 우리가 그리스도를 대신하여 사신이 되어 하나님이 우리를 통하여 너희를 권면하시는 것 같이 그리스도를 대신하여 간청하노니 너희는 하나님과 화목하라 하나님이 죄를 알지도 못하신 이를 우리를 대신하여 죄로 삼으신 것은 우리로 하여금 그 안에서 하나님의 의가 되게 하려 하심이라"

구호

하나님이 잃어버린 자들을 중요하게 여기시므로, 나도 그들을 중요하게 여긴다.

성경 읽기 목록

- 마태복음 28:16-20

└→ 가서 온 세상에 예수님께 순종하라고 가르쳐라.

- 고린도후서 5:16-21

└→ 우리는 하나님과 함께 세상을 화해시키는 일을 감당한다.

- 마태복음 5:13-16

└→ 다른이를 섬기는 일은 우리 안의 변화를 세상 가운데 드러내는 것이다.

- 고린도전서 9:19-23

└→ 사명은 우리의 관계를 형성한다.

- 누가복음 10:1-11

└→ 예수님은 우리에게 영적인 관심을 가지라고 요청하신다.

- 사도행전 1:6-8

└→ 예수님을 따르는 모든 사람은 그분의 메시지를 나누도록 기름부음 받았다.

- 요한복음 4:27-35

└→ 사람들은 하늘 아버지와 다시 연결되는 것에 대해 들을 준비가 되어 있다.

- 누가복음 19:1-10

└→ 예수님은 사람들을 찾아 그들을 다시 하나님과 연결시키려고 이 땅에 오셨다.

- 마태복음 9:35-38

└→ 예수님은 사람들이 힘없이 괴로워하는 것을 보셨다.

여정4: 고립에서 공동체로–관계

삼위일체 하나님(성부와 성자, 그리고 성령)의 형상으로 창조된 우리는, 하나님의 형상을 가진 다른 이들과 함께 공동체로 살아가도록 지음 받았다. 오늘날 다양한 방식으로 서로 연결되어 있는데도 우리 사회에는 고독이 만연해 있다. 다른 사람들과 깊은 관계를 맺을 때, 우리는 더 성장하고, 더 많이 웃고, 더 많이 울고, 더 많이 사랑하게 된다. 우리 인생은 함께 살도록 지음 받았다.

사람들은 내 삶의 시시콜콜한 것까지 알고 싶어 하지 않겠지만, 나는 사람들이 나에 대해 많은 것을 알았으면 좋겠다! 야고보서 5장 16절은 우리에게 친구들과 자신의 실패에 대해 이야기할 것을 권하고 있다. 하나님이 주신 은총은 우리의 영적인 가족들과 함께 우리의 관계 맺는 방식들을 탐구하고, 우리의 타락한 죄성에 대해 나눌 자유를 준다. 갈라디아서 6장은 우리 삶에 하나님의 마음을 품는 비전과, 우리가 기대에 미치지 못하는 삶을 살게 될 때 그것을 다룰 능력을 제공하는 은혜의 공동체를 어떻게 만들어야 하는지 보여 준다. 영혼의 고립이 깨어질 때, 공동체로부터 나오는 힘이 자라게 된다.

외로움과 고립은 하나님이 의도하신 삶의 대적들이다. 하나님이 우리 안에 다른 사람들과 관계 맺고자 하는 영적 갈망을 두셨기 때문이다. 진정으로 다른 사람들을 알아가며 그들과 관계 맺는 것은 중요하다. 삶의 변화는 진정으로 책임감 있는 관계 속에서 가장 잘 나타난다.

핵심 성경 구절: 히브리서 10:24-25

"서로 돌아보아 사랑과 선행을 격려하며 모이기를 폐하는 어떤 사람들의 습관과 같이 하지 말고 오직 권하여 그 날이 가까움을 볼수록 더욱 그리하자"

구호

하나님의 형상으로 지어진 나는, 공동체 안에서 살도록 디자인되었다.

성경 읽기 목록

• 마가복음 2:1-12

↳ 희생과 헌신적 책임감은 예수님의 제자들이 맺는 관계 가운데 나타나는 표식이다.

• 히브리서 10:24-25

↳ 서로를 격려하는 관계를 세워가는 것은 영적 여정의 본질이다.

• 빌립보서 2:3-8

↳ 예수님의 희생은 우리들의 관계에 대한 기준을 세운다.

• 전도서 4:9-10

↳ 능력은 고립이 아니라, 관계 속에서 발견된다.

• 사도행전 2:41-47

↳ 성경에 초점을 맞춘 함께하는 삶이 건강한 공동체를 유지한다.

• 요한복음 13:34-35

↳ 우리의 관계가 사랑으로 정의될 때, 예수님을 우리의 지도자로 인식하게 된다.

• 베드로전서 1:13-23

↳ 다른 사람들과 맺는 관계의 질이 우리가 예수님을 따르는 자들이라는 것을 증명한다.

• 에베소서 4:20-29

↳ 하나님의 자녀로서 우리가 관계를 맺는 방식은, 우리와 관계 맺으시는 하나님의 방법을 반영해야 한다.

• 로마서 12:9-21

↳ 예수님에 대한 순종은 다른 사람들과의 사랑의 관계 가운데 드러난다.

여정 5: 소비자에서 생산자로-섬김

성경은 예수님이 섬김을 받기 위해서가 아니라, 도리어 섬기기 위해 오셨다고 말한다. 예수님은 하나님이 주신 모든 권리와 특권을 갖고 이 세상에 오시지 않았다. 빌립보서 2장은 겸손하신 예수님의 태도를 묘사한다. 예수님은 우리를 섬기기 위해 하나님과 동등하게 여김 받으실 권리를 기꺼이 내려 놓으셨다. 바울은 우리에게 예수님과 같은 동일한 섬김의 태도를 가지라고 강권한다빌 2:5. 하나님의 형상으로 창조되어 그분의 나라를 확장할 사명을 가진 하나님의 자녀인 우리는, 섬김을 위해서도 지음 받았다. 생명을 잃음으로써 생명을 얻게 될 것이라는 비직관적인 원리눅 17:33를 예수님이 제시하셨을 때, 그분은 우리에게 생명의 열쇠를 주신 것이었다. 생명은 편안함과 편리함, 또는 현금을 소유했다고 얻는 것이 아니라, 이 땅에서 하나님의 사명을 위해 섬기는 우리의 자리에서 찾을 수 있다.

하나님은 그분을 따르는 모든 사람에게 독특하고 특별한 자원을 주신다. 우리의 평생의 목표 중 하나는 섬김을 통해 하나님의 나라가 이 땅에 임하도록 자원들을 발견하고 사용하는 것이다. 다른 사람들을 돕기 위해 자신의 시간과 재능을 나눠주는 훈련은, 우리의 영적 생명력을 자라나게 한다. 다른 사람들을 섬길 자리를 발견하는 것이 중요하다. 그들이 아니라 우리에게 말이다.

핵심 성경 구절: 베드로전서 4:7-11

만물의 마지막이 가까이 왔으니 그러므로 너희는 정신을 차리고 근신하여 기도하라 무엇보다도 뜨겁게 서로 사랑할지니 사랑은 허다한 죄를 덮느니라 서로 대접하기를 원망 없이 하고 각각 은사를 받은 대로 하나님의 여러 가지 은혜를 맡은 선한 청지기 같이 서로 봉사하라 만일 누가 말하려면 하나님의 말씀을 하는 것 같이 하고 누가 봉사하려면 하나님이 공급하시는 힘으로 하는 것 같이 하라 이는 범사에 예수 그리스도로 말미암아 하나님이 영광을 받으시게 하려 함이니 그에게 영광과 권능이 세세에 무궁하도록 있느니라 아멘.

구호

생명은 나눔 가운데 나타난다.

성경 읽기 목록

• 누가복음 12:13-21

└→ 예수님이 약속하신 풍성한 삶은, 하나님에 대해 부요한 삶이다.

- 누가복음 8:4-15

└→ 인생의 열매는 순종의 성격에 따라 결정된다.

- 로마서 12:3-8

└→ 하나님이 주신 은사는 그분의 가족을 부요케 하는 일에 사용해야 한다.

- 누가복음 19:10-27

└→ 하나님은 그분의 청지기인 내게 이 세상과 은사들을 맡겨 주셨다.

- 베드로전서 4:7-11

└→ 하나님의 선물은 그분의 나라를 위한 목적으로 사용해야 한다.

- 갈라디아서 3:26-29

└→ 하나님의 가족 안에는 어떤 계급제도도 없다. 모든 사람이 상속자들이다.

- 베드로전서 2:1-9

└→ 하나님은 하나님의 가족들이 제사장이 되어 그분의 메시지를 전하도록 부르신다.

- 마태복음 28:16-20

└→ 우리는 제자 삼는 제자를 세우는 과정으로 부름을 받았다.

- 고린도전서 12 :1-12

└→ 우리는 하나님이 그분의 목적을 위해 주신 것들을 활용해야 한다.

여정 6: 동정심에서 풍성한 나눔으로-베풂

우리의 중심에는 늘 통제하고 조종하려는 싸움이 벌어진다. 예수님은 우리가 하나님과 물질 사이에서 선택해야 한다고 말씀하셨는데, 이것은 돈을 하나님과 경쟁하는 신처럼 떠받드는 개발도상국에서 신앙생활 하는 사람들에게는 매우 어려운 일이 될 수 있다. '돈이 있느냐 없느냐'는 사람들에게 신뢰의 문제를 야기한다. 재물이 있으면 편안하지만, 재물이 없으면 불안을 유발하는 신뢰의 문제가 생긴다.

우리를 향한 하나님의 무한한 사랑은 우리에게 넘치게 베풀 수 있는 힘을 준다. 베푸는 것은 각양 좋은 은사와 선물약 1:17을 주시는 분에 대한 믿음의 행동이다. 우리는 하나님의 사명을 위해 그분이 주신 선물을 다시 나눔으로써 그분에 대한 사랑과 신뢰를 표현한다. 이 땅에서 살아가는 동안 하나님은 그분의 것을 우리에게 주시고, 예수님의 복음이 확장되도록 우리가 가진 것을 아낌없이 나눔으로써 그분에 대한 우리의 신뢰를 표현할 기회를 주신다. 이 땅에서 하나님의 일을 위해 투자하는 것은, 그분의 파트너가 되는 놀라운 특권이다! 우리의 영적 여정은 '우리가 하나님이 맡기신 것을 어떻게 다루는가'의 문제와 중요한 연관이 있다.

핵심 성경 구절: 고린도후서 9:6-8

"이것이 곧 적게 심는 자는 적게 거두고 많이 심는 자는 많이 거둔다 하는 말이로다 각각 그 마음에 정한 대로 할 것이요 인색함으로나 억지로 하지 말지니 하나님은 즐겨 내는 자를 사랑하시느니라 하나님이 능히 모든 은혜를 너희에게 넘치게 하시나니 이는 너희로 모든 일에 항상 모든 것이 넉넉하여 모든 착한 일을 넘치게 하게 하려 하심이라"

구호

가진 것을 내어줄 수 없다면, 내가 그것을 소유하고 있는 것이 아니라, 그것이 나를 소유하고 있는 것이다.

성경 읽기 목록

- 로마서 8:31-32

└→ 하나님은 그분의 아들을 내어주심으로 아낌없는 사랑을 보여주셨다.

- 마태복음 6:19-24

└→ 하나님이 그분의 신실하심을 보여주셨기에, 우리는 우리가 가진 모든 것으로 그분을 신뢰할 수 있다.

- 누가복음 18:18-25

└→ 돈은 하나님의 가족으로부터 우리를 떨어뜨려 놓을 수 있는, 하나님의 경쟁자이다.

- 고린도후서 9:6-15

└→ 우리의 풍성한 마음은 하나님이 우리에게, 또 우리를 위해 행하신 것에 대한 자연스러운 반응이다.

- 전도서 2:1-11

└→ 하나님으로부터 떠난 삶의 목적은 헛되다.

- 잠언 6:6-11

└→ 준비와 절약은 하나님이 우리의 돈을 다스리신다는 표식이다.

- 디모데전서 6:6-10

└→ 돈을 바라는 것은 우리에게서 하나님과 함께 하는 삶을 빼앗아 간다.

- 마가복음 12:41-44

└→ 큰 희생은 우리의 가난함으로부터 나온다.

• 고린도후서 8:1-7

↳ 하나님의 일을 위해 재물을 드리는 것은 특권이며 책임이다.

여정 7: 여행자에서 안내자로-제자

하나님은 하나님을 따르는 자들을 통해 땅끝까지 그분의 메시지를 전하기 원하신다. 그들은 특별한 계층의, 특별히 훈련 받은 사람들이 아니라, 예수님을 따르는 모든 평범한 사람들이다. 그분은 평범한 사람들을 임명하신다! 예수님의 제자로서, 우리는 다른 사람들의 성장에 영향을 주는 특권과 책임을 갖고 있다. 우리는 늘 전문가나 성직자가 아니라 안내자로서, 예수님께 가는 길을 인도해야 한다.

육신의 불임이 아이를 갖기 원하는 부부에게 고통스러운 여정이 될 수 있지만, 영적인 불임은 예수님이 생각조차 하실 수 없는 일이다. 예수님을 따르는 자들은 모두 재생산을 통해 거듭남을 경험한다. 우리는 제자의 재생산을 위해 다시 태어났다! 하나님을 사랑하고 예수님께 순종하는 법을 배우면, 자연스럽게 이런 결과를 얻게 될 것이다. 다른 이들의 삶 속에서 하나님의 생명을 재생산하는 것보다 더 큰 하나님 사랑과 이웃 사랑은 없다.

이 여정을 계속 하면 할수록, 하나님의 일 가운데 당신의 역할은 당신이 아니라 다른 이들에 더 초점을 맞추는 것임을 깨닫게 될 것이다. 우리는 경험과 기술, 그리고 우리에게 맡겨주신 기회들을 다른 사람들에 넘겨줘야 할 책임을 지고 있다. 하나님은 복음이 땅끝까지 이르도록 제자 삼는 제자를 세우는 데 우리가 그분과 함께 하기 원하신다.

핵심 성경 구절: 마태복음 28:19-20

"그러므로 너희는 가서 모든 민족을 제자로 삼아 아버지와 아들과 성령의 이름으로 세례를 베풀고 내가 너희에게 분부한 모든 것을 가르쳐 지키게 하라 볼지어다 내가 세상 끝날까지 너희와 항상 함께 있으리라 하시니라"

구호

나는 재생산을 위해 창조 되었다.

성경 읽기 목록

• 마태복음 28:16-20

└→ 제자 삼는 사역은 그리스도를 따르는 자들에게 일반적인 것이다.

• 누가복음 14:25-33

└→ 하나님과 함께 하는 삶은, 날마다 죽을 것을 요구한다.

• 디모데후서 2:1-7

└→ 예수님을 따르는 것은 다른 사람의 삶에 영향을 주는 것을 의미한다.

• 요한복음 15:1-8

└→ 제자 삼는 사람들을 세우는 일에서 핵심은, 열매 맺는 근원적인 힘에 연결되는 법을 배우는 것이다.

• 마태복음 5:3-12

└→ 제자의 내면적 특성에 변화를 일으키는 것은, 제자 삼는 사람들을 세우는 데 결정적 요소이다.

• 고린도후서 5:16-20

└→ 하나님이 세상과 화해하셨기 때문에, 우리는 하나님과 함께하는 특권을 누리게 된다.

• 히브리서 5:11-14

└→ 온전한 헌신과 규칙적인 성장은 그리스도를 따르는 이들에게 일반적인 것이다.

• 마태복음 7:21-27

└→ 예수님이 말씀하신 바를 행하는 것이, 제자 삼는 제자의 '리트머스 시험지'가 된다.

그러므로 우리 인생은 의롭지 않다.
그러나 우리는 의로움을 향해 자라가고, 건강하지 않지만 회복되어 가고, 존재 상태 그대로가 아니라 만들어져 가고, 쉬고 있는 것이 아니라 실행하고 있다.
우리는 아직 우리가 되어야 할 존재 상태에 이르지 못했다.
그러나 우리는 그것을 향해 자라가고 있다.
이 과정은 아직 끝나지 않았고, 여전히 계속되고 있다.
이것은 끝이 아니라 그것을 향해 가는 과정이다.
모든 것이 아직 영광 가운데 빛나고 있지 않지만
모든 것이 순결하게 되어가고 있다.[4]

• 마틴 루터

8장____ 뜻밖의 지도자 수업

마케터에서 혁명가로

이 책이 '제자 배가'에 관한 생각들을 더 고민해 볼 수 있도록 당신의 마음을 움직였기를 바란다. 만약 마음에 감동이 있었다면, 이번 장을 읽은 뒤에 한 번 더 읽어 보기 바란다.

당신이 할 수 있는 가장 큰 실수 중 하나는, 낡은 방식으로 새로운 전략을 구현하는 것이다. 예수님은 이것을 낡은 부대에 새 포도주를 넣는 것에 비유하셨다막 2:22. 이것은 새롭고 멋진 아이폰 전용 앱을 찾아 안드로이드 스마트폰에 설치하는 것 같은 성공률을 보인다(둘은 서로 다른 두 언어로 제작된 서로 다른 두 플랫폼이다). 이들 사이에는 공통점이 있지만, 공유할 수 없고, 한쪽에서 작동하는 것이 다른 쪽에서는 작동하지 않도록 디자인되어 있다.

우리는 마케팅 담당자의 사고방식을 가진 조직을 통해 새로운 아이디어를 추진하는 법을 배웠다. 우리는 새로운 방향으로 나아가는 새로운 프로그램을 위해 소통 채널들, 핵심 인력 및 창의적 추진력을 활용할 수 있다. 우리는 주요 소통 채널에서 더 강력하게 발언하고, 다른 정보의 혼란을 줄여 명확성을 유지하고, 끊임없이 메시지를 주고받는다. 우리는 일상에서 이런 예를 볼 수 있다. 이것은 또한 학기 기반으로 하는 모임 구조, 캠페인 전략 및 자원봉사자 모집 등을 통해 교회에서도 활용되고 있다.

그러나 이 책에서 제시하려는 것은 구현할 수 있는 새로운 프로그램이 아니라, 제자 삼는 문화라는 오래된 아이디어에 대한 새로운 문화와 사고방식의 구축이다. 문화를 구축하는 데에는 시간이 걸린다. 새로운 언어를 계발하고, 마음의 변화가 일어나고, 새로운 기술을 습득해야 한다. 지지하는 사람들이라 해도 새로운 꼬리표의 이름만 보고 그것이 무엇인지 알 수 없다. 그들은 배우고 있는 단어의 의도를 이해해야 한다.

마케팅 담당자의 방법론을 사용해서, 기존 조직 안에서 '배가되는 제자 삼기 전략'을 구현할 수도 있다. 그러나 다른 프로그램들과 마찬가지로 그것에도 유통기한이 있다. 처음에는 에너지가 넘치고 흥미진진하겠지만, 신선함이 사라지면 흥미도 점차 사라진다. 결국 그것은 더 새롭고 더 흥미로운 것으로 대체 될 것이다. 이것이 마케팅 과정에서 벌어지는 일이다.

우리는 새로운 프로그램을 제공하지 않는다. 우리는 예수 그리스도 없이 영원한 죽음을 향해 가고 있는 세상을 위해 복음으로 생각하고 행동하는 새로운 방법을 모색하고 있다. 문화 구축은 새로운 건설 프로젝트가 아니라 재건축 프로젝트이기 때문에 특히 더 시간이 걸린다. 오래된 방법들을 지양하고, 새로운 방법들을 모색해야 하기 때문이다.

리모델링에 관한 이런 오래된 격언이 있다.

"두 배나 오래 걸리고 두 배나 비싸게 든다."

이 말은 우리의 과제에도 적용되며, 그렇게 하려면 인내와 끈기 및 새로운 비유가 필요할 것이다.

비유부터 시작하겠다. 우리는 고전적인 마케팅 사고방식 대신 테러 운동을 살펴봐야 한다. 처음에는 이 이야기가 이상하게 느껴지겠지만, 지난 15년 동안 누가 당신의 인생에 가장 큰 영향을 미쳤는지 잠시 생각해 보라. 여행을 다니는 사람이라면 잘 알 것이다. 그것은 바로 테러리스트들이다. 공항에 30분에서 1시간가량 일찍 도착해, 남은 시간을 여유 있게 보내던 시절이 있었다. 그런 날은 이제는 존재하지 않는다. 9/11을 저지른 테러리스트들 때문에 길게 줄을 서서, 신발을 벗고, 노트북을 꺼내고, 재킷을 벗고, 머리 위로 손을 들어 전신 검사를 받기 위해, 최대 2시간 전에 공항에 도착해야 한다.

뉴스를 켜면 30분도 안 되어서 전 세계의 테러 조직이 언급된다. 중동과 남아시아, 아프리카의 갈등은 특정 형태가 없는 조직에 의해 발생한다. 더 나은 단어를 찾을 수 없지만, 테러리스트는 오늘날 가장 성공적인 조직을 운영하고 있고, 그것은 그들이 모든 사람에게 영향을 미치는 방식과 연관되어 있다.

예수님은 하나님의 사랑의 힘, 그분의 삶의 모범, 성부 하나님과의 연합을 통해 우리 삶에 변화를 일으키셨다.

예수님은 혁명가였다. 그분의 전략은 너무나 독창적이어서 살아남았을 뿐 아니라 그분의 사후 첫 3세기 동안 번성했다. 그분의 사고방식을 다시 활용한다면, 문화를 바꿀 가장 좋은 기회를 포착할 수 있다.

혁명가처럼—예수님처럼—반 직관적으로 생각하는 것은, 최소 네 가지 요소로 구성된다.

1. 변화를 일으키기 위해 급진적으로 헌신해야 한다.
2. 정면이 아니라 가장자리에서 시작해야 한다.
3. 작게 시작해야 한다.
4. 더 빠르고 더 똑똑하게 실패하는 법을 배우며 인내해야 한다.

교회 개척자로서, 나는 늘 새로운 교회 성장 아이디어에 굶주려 있었다. 7년 전 우리의 목표가 30만 명에서 250만 명으로 바뀌었을 때, 교회와 교회 성장, 성공 측정 방법에 대한 우리의 생각도 바뀌었다. 우리는 한 지역 교회의 규모를 성장시킨다는 생각에 더는 만족할 수 없었다. 우리는 '교회(The Church)'의 성장에 전념하게 되었다. 잃어버린 사람들에게 나아가는 데 성공했다고 해서, 우리가 그렇게 하지 않은 모든 사람 앞에서 잘난 척할 권리는 없다. '교회(The Church)'인 우리는 한 팀이기에, 우리가 실패한다면 모두가 실패한 것이다.

테스트를 한 번 해보자. 내가 대위임령에 대한 새로운 사고방식과 행동을 갖추도록 당신을 도울 수 있다면, 하지만 그것이 당신의 교회에 단한 명의 자원봉사자, 단돈 1달러의 헌금, 단 한 명의 예배 참석자도 늘려줄 수 없다면, 그런데 그것을 통해 하나님의 나라가 확장된다면, 당신은 관심이 있는가? 이 질문에 대한 답변이 '배가되는 제자 삼기 전략'을 성공적으로 구현하는 데 매우 중요하기 때문에, 이와 관련해서 자기 자신을 속이지 않아야 한다.

목회자와 교회 사역자들은 하나님의 나라로부터 멀리 떨어지라고 사례비를 받는 것이 아니다. 그들은 하나님의 나라에 참여하라고 사례비를 받으며, 그래서 하나님의 나라와 관련해서 그들의 감당하고 있는 사역은 검증받고, 격려받고, 보상받을 수 있다.

따라서 위에 언급한 질문에 대한 긍정적인 대답은, 전반적인 문화적 흐름에 저항하는 것일 뿐 아니라, 지역 교회들의 일반적인 입장에 대항하는 것이 된다. 어떤 환경에서는 이 질문에 대한 긍정적인 대답이 실직으로 이어질 수도 있다.

급진적 변화에는 급진적 노력이 필요하다. 영적 여정에 다른 사람들을 데려오기 전에, 그들이 이 여정을 온전히 이해하고 있고, 이런 변화를 위해 뼛속 깊이 철저하게 헌신하고 있는지 확인하라. 호기심을 갖거나 현 상태에 좌절하는 것만으로는 충분하지 않다. 어느 시점에서는 "더는 참을 수 없어!"라고 외치는 '뽀빠이 순간(Popeye moment, 20세기 초에 등장한 미국의 신문 만화 주인공 뽀빠이가 시금치 캔을 입에 털어 넣고 악당과 싸우러 나서는 장면을 의미함 – 역자 주)'을 통해, 대위임령에 대한 새로운 사고방식이나 행동방식에 대한 열정적이고 사려 깊은 헌신으로 나아가야 한다.

포도주 부대 바꾸기

내 경우에는 그렇게 하는 데 3년이 걸렸다! 나는 『전염성 있는 제자 만들기』의 공동 저자인 데이비드 왓슨과 '배가되는 제자 삼기'에 대해 이야기하는 다른 사람들을 찾았다. 나는 내가 아프리카에 있는 동안, 왓슨의 제자인 데이비드 브루드릭(David Broodryk)이 나와 함께 사역하는 사람들과 워크숍을 진행했다는 것을 알게 되었다. 나는 복음서와 사도행전을 다시 읽었다. 나는 그들이 말한 것이 정말로 사실인지 알아보기 위해 바울의 전도 여행을 연구했다.

나는 그들과 직접 만나 대화하고 나의 질문으로 그들에게 도전할 수 있는 모임들을 찾아다녔다. 양파 껍질처럼 나를 둘러싸고 있던 것들이 서서히 벗겨지기 시작했고, 문화적 편견 없이 성경 읽는 법을 배우기 시작하면서 나의 비전은 더 명확해졌다. 앞에서 이미 정신적 변화에 관해 설명했지만, 속성으로 다시 한번 복습해보자.

- '복음화를 통한 회심'에서 '제자 삼기를 통한 회심'으로
- '지식 중심'에서 '순종 중심'의 제자 삼기로
- '제자 삼기'에서 '제자 삼는 제자 세우기'로
- '자격을 갖춘 사람들을 파송하는 것'에서 '기꺼이 순종하고자 하는 이들을 파송하기'로
- '번식(reproduction)'에서 '복제(replication)'로
- '내가 말하는 것에 대해 덜 신경 쓰는 것'에서 '그들이 생각하는 것에 더

신경 쓰는 것'으로

- '사람들에게 무엇을 생각해야 하는지 말해주는 것'에서 '그들이 무엇을 생각해야 하는지 제안하는 것'으로
- '입력량 측정'에서 '결과량 측정'으로
- '의사 소통자(가르치는 입장에 서는 것 – 역자 주)'에서 '학습 디자이너'로
- '더 급진적이 되는 것에 대해 걱정하는 것'에서 '단순해지기 위해 비합리적으로 헌신하는 것'으로

이 변화 중 일부는 서리 내린 겨울날의 태양처럼 환영받았지만, 다른 것들은 교대 근무를 위한 오랜 진통 끝에 이루어졌다. 내가 "다 이루었다"고 말하는 것은, 그 단어의 총체적 오용일 것이다. 나는 정말로 이런 흐름을 일으키기 시작했다. 나는 나의 모든 타고난 신학적 경향을 철저히 검증받는 불편한 세상에서 사는 법을 배웠다. 불편함까지도 즐길 줄 알아야 배우는 사람의 자세라고 할 수 있다.

나는 비이성적으로 최선을 다하고 있다. 생계를 유지하기 위해 스타벅스에서 일해야 한다면, 그렇게 해서라도 죽기 전에 '배가되는 제자 삼기' 운동을 촉진하고 싶다. 나는 이 제자 삼기 운동에 대한 생각을 지방에서 도시로 전환하는 일도 돕고 싶다. 당신은 새로운 '배가되는 제자 삼기' 문화를 탐구하고 발견하고 발전시키기 위해 시간을 들여야 한다. 이 여행은 망설이고 있는 사람들을 위한 것이 아니다!

혁신적인 사고를 발견하면, 우리가 어디에서부터 헌신의 여정을 시작해야 할지 알게 된다. 그들은 정면에서 외치지 않고 변두리에서 일한다.

그들의 작업은 오랫동안 보이지 않는다. 그들은 유명해지거나 시간을 들여 로고와 브로슈어, 슬로건을 만드는 것에 관심이 없다.

그들은 권리를 빼앗긴 사람들, 주변인들, 자기 소리를 내지 못하는 사람들을 찾는다. 모든 교회와 기독교 기관에 '거룩한 불만을 가진' 사람들이 있다. 나는 불평꾼들과 지역 교회의 어떤 활동에도 만족할 줄 모르는 사람들에 대해 말하는 것이 아니다. 흔히 거룩한 불만은 어떤 일이 일어날 수 있다는 비전을 갖고 있지만, 기존의 조직이 그것을 행하지 못하게 방해하거나 행하도록 허락해주지 않는다고 느끼는 사람들에게서 나타난다. 그들은 일반적으로 기존의 조직 밖에서 적극적으로 봉사하지만, 교회 지도자들이 자신들의 봉사를 인정하지 않거나 자신들에게 눈살을 찌푸린다고 느끼는 사람들이다. 이런 사람들이 자꾸 외부로 초점을 돌리는 관계로, 보통 거룩한 불만족은 평범한 교회 참석자들보다 불신자들의 세계에 더 많이 연관되어 있다.

권리를 빼앗긴 군중은 혁명가가 찾는 팀을 제공한다. 그들은 새로운 사고방식과 실천 방식을 받아들일 만큼 무르익는다. 가능성에 대한 작고 개인적인 대화가 그들의 눈에 불을 붙일 수 있다. 그들에게는 새로운 문화를 일궈낼 자질이 있고, 새 포도주는 새 부대를 기다리고 있다. 그들을 움직이려고 동기부여 하지 않아도 된다. 그들은 전통적인 교회의 구조를 뛰어 넘는 것에 흥분한다.

제자 삼기 문화를 구축하는 다음 단계로서, 이 새로운 문화에 대한 작고 개인적인 실천으로 그들을 초대하라. 교회는 새로운 일을 하기보다 그에 대해 이야기만 하는 경향이 있다. 사람들에게 자신의 삶에 발견 과정을 적용하도록 가르치고 기존 교회 바깥의 관계망에 복음을 알리기 시작하면, 수많은 흥미로운 운동이 시작된다. 제자의 삶으로 이끄는 것은 바로 이런 사람들이다.

성장하지 말고, 배가하라

친절한 얼굴로 발견 과정을 사용하는 것에는 아무런 문제가 없다. 그러나 요즘 그리스도인의 맥락에서 벗어나면 상상하기 어려운 에너지가 생길 것이다. 따라서 사람들과 만나 발견 과정을 사용하되, 지금 하나님과 가족이 되고 싶어 하지 않는 친구를 초대하는 것을 놓고 기도하며 전략을 세우라. 하나님이 우리 인생에 관해 뭐라고 말씀하시는지 배우기 위해 성경을 읽는 자리에 참석할 것을 요청하라.

몇 주 동안 내부의 촉진 모임으로 만나서 성경을 같이 읽은 뒤에는, 모든 나눔을 어떤 영적 여정을 추구하는지 확실하지 않은 사람들과 진행한다는 원칙을 세우라. 잃어버린 영혼을 향한 이 초점은 모임을 형성하거나 깨뜨릴 것이다. 3~4주가 지난 뒤에도 구성원들이 잃어버린 사람들을 찾지 못했다면, 당신이 이 모임에 맞지 않는 이들과 함께하고 있을 가능성이 크다. 하지만 낙심하지 말라. 그리스도인에게 비그리스도인 친구가 없는 것은 흔한 일이다. 또한 이것을 실천에 옮기려면 많은 시도가 필요하다. 무언가를 배울 때 그렇듯이, 성공하기 전에는 반드시 실패의 기간이 있다.

제자 삼기 운동 전략을 처음 접할 때, 대부분의 사람이 저지르는 실수는 다음과 같다. 그들은 발견 과정을 보고 사람들이 발견 과정에서 어떻게 성경을 직접 읽게 되는지 지켜보면서, 이것이 비법이라고 생각한다. 단순히 성경을 여는 것만이 비법은 아니다. 중요하지는 않지만—물론 하나님이 그렇게 하기로 하신다면 모르겠지만—성경을 읽는 자체로 제자 삼는 제자들의 사역에 불이 붙는 것은 아니다. '배가되는 제자 삼기' 문화를 만들기 위해서는 이전과 달리 생각해야 한다.

우리는 문화를 구축하는 것에 관해 이야기하고 있다. 그것은—우리가 따라야 하는—예수님이 남기신 원칙에 기초한 운영 체제이다. 하나님이 교사가 되시고 발견을 변화의 핵심 요소로 사용하는 것은, 운동을 떠받치고 있는 몇 가지 주요 문화적 기둥 중 하나일 뿐이다.

실제로 이것은 당신이 촉진 모임과 함께 성경과 관련된 발견 과정을 수행 할 수 있음을 의미하지만, 또한 그들의 생각을 새롭게 프로그래밍 할 시간도 필요하다.

"왜?"라는 질문을 다르게 사고하려면, 사람들이 납득하기 위한 시간과 반복적인 토론이 필요하다.

"우리 집에서 모임을 시작하면 왜 안 되나요? 나에겐 손 대접의 은사가 있습니다."

당신이 내 친구이기 때문에, 그 손 대접의 은사가 다른 누군가를 하늘에서 멀어지게 할 수 있다! 모든 사람에게 손 대접의 은사가 있는 것이 아니기 때문에, 여러분이 대접하는 음식, 집안의 청결, 집값, 그리고 심지어 집의 위치까지 친구나 친척, 또는 직장 동료에게 다가갈 모임을 시작하려는 사람에게는 방해물이 될 수 있다.

성장 대신 재생산에 힘쓰려고 하는 모임의 존재 이유는 반복해서 이야기되어야 한다. '관계'와 '공동체' 같은 개념은 이 운동의 적이 될 것이다. 실습 초기에 모임의 규모를 작게 유지하고 배가하도록 인도자들을 훈련했지만, 실패하고 말았다. 이웃의 불신자들과 함께 성경을 읽고 있던 어느 성공적인 모임의 인도자는, 인원이 배가되면 그 이웃이 소외감을 느낄지도 모른다는 두려움 속에서 모임을 성장시켰다. 그 모임은 인원이 두 배가 되면서부터, 성경 읽기와 순종 결심선언문에 관해 실제로 문제에 부딪히기 시작했다. 모임은 서서히 개인의 삶을 서로에게 드러내기 위한 자리로 와해되었다.

이웃이 배우자에 대해 불평할 수 있는 안전한 곳보다 하늘 아버지에 대한 믿음을 찾게 되기를 인도자가 바랐다는 것을 제외하면, 이 이야기에는 아무 문제가 없다. 그렇게 안전한 장소가 될만한 곳이 거의 없기 때문에, 모임이 공동체로 발전하는 것은 복음을 전하는 데 치명적인 변화가 될 수 있다. '배가되는 제자 삼기'에 관심 있는 모임은 세대를 잇는 성장(새로운 모임들로 배가되는 모임들)을 이루기 위해, 이런 문제를 반복해서 논의해야 한다.

뿌리에 주의를 기울이라

정면이 아닌 가장자리에서 시작하면 장기적으로 최고의 성공을 거

둘 수 있다. 동역자들에게 발견 과정을 훈련하고 운동-사고(movement-thinking)의 원리를 반복 학습하게 하라. 우리에게는 발견 과정에서 주일학교 전체 사역과 성인 성경 공부반, 또는 소그룹 사역—방의 앞쪽—에 참여하고 싶어 하는 경향이 있다. 방의 앞쪽은 권력에 대한 환상 때문에 아주 매력적으로 느껴진다. 우리는 즉시 대세를 바꿔놓을 수 있다고 생각한다. 그러나 500명이 출석하는 교회든, 설립한 지 50년이 넘는 교회든 간에, 모든 교회는 쌍동선(두 개의 선체를 연결한 쾌속 범선-역자 주)보다 항공기에 더 가깝다. 그것은 효과적으로 빠르게 방향을 바꾸지 못한다. 기존의 방법으로부터 너무 빨리 이륙하려고 하면, 사역에서 문제가 발생한다.

전형적인 교회나 조직의 방 앞쪽은 우리를 유혹해서 이 같은 최신, 최대의 사역 전략을 대대적으로 전개할 수 있다는 생각에 빠트린다. 설사 교인 수가 감소한다 해도, 여전히 우리에게는 계속해서 교회를 굴러가게 할 임계 질량(critical mass, 핵분열 연쇄 반응을 지속하기 위해 필요한 최소한의 질량-역자 주)이 있다. 당신의 전 존재를 다 해 이런 생각들과 맞서 싸워라. 이것은 새로운 제자훈련 방식을 연구하는 모임을 운영하고 있다고 공개적으로 밝히면 안 된다는 뜻이 아니다. 그러나 공식적 발표와 마케팅을 통해 당신이 원하는 곳으로 갈 수 있다는 점을 유념하라. 작게 시작하는 것이 더 좋다. 테스트 모임(test group)을 고려해보는 것도 좋다. 그렇게 하면 결과가 좋지 않아도 오래 기억되지 않을 것이다. 교계와 교회에서 실패보다 더 알레르기 반응을 일으키는 것은 없다. 우리에겐 실험할 장소와 시간이 필요하다. 내 경험상 당신은—당신이 자신에게 충분한 역량이 있다고 확신하는 것과 상관없이—자신이 무엇을 하고 있는지 모를 것이다. 당신에게 코치와 멘토가 필요할 것이다. 코치는 필요한 기술을 개발하도록 돕고, 멘토는 발생하게 될 내적 혼란을 다루는 데 도움을 줄 것이다.

숄크릭의 전략을 자신의 목회에 적용한 교회 지도자들은 정기적으로 다음과 같은 질문을 한다. 당신은 그것을 어떻게 적용하고 있는가? 궁극적으로 이 질문은 수치로 분석된다. 대부분의 경우, 질문한 사람들은 내 답변에 만족스러워하지 않았다. 그들은 결국에는 '배가되는 제자 삼기' 전략을 탐구하고 싶어질 만큼 눈이 휘둥그레질 수치를 듣고 싶어 한다. 작은 곳에서 시작하고, 주변에서 시작하고, 하나님의 인도하심을 따를 때, 성공할 수 있다.

내 개인적인 신념 때문에 수치 밝히기를 거부한다. 우리는 콘퍼런스에 가서 아무개가 이런 방식으로 모임을 많이 일으켰다는 이야기를 듣고 이 길로 접어든 것이 아니다. 우리는 다른 문화권에서 성공적으로 작동하는—우리가 그 사실을 발견했는데—원리들이 성경적이라는 사실을 확신하게 되었다. 성공은 우리의 성적표에서 나오지 않았고, 지금도 동일하다. 우리는 이것이 예수님이 가르치신 방식임을 확신한다.

내가 알고 있는 모든 제자 삼기 운동에는, 뿌리가 성장하는 시간에 관한 '땅속 이야기'가 있다. 누군가 수만 명에게 세례를 주고 수천 개의 교회를 세운 이야기를 당신에게 들려주기 이전에, 시작들(starts)과 재시작들(restarts)이 있었다. 하지만 이 각각의 시작들과 재시작들은 연대기에 절대 기록하지 않을 만큼 심각한 실패로 가득 차 있다. 성공한 이야기에는 합당하지 않은 사람들과의 동역, 의존성이라는 암에 대한 이해 부족, 부적절한 코칭 관리, 적절하지 않은 때 발생하는 숨겨진 의제—이런 목록은 끝도 없다—같은 실수들이 거의 들어있지 않다.

생각의 틀이 변화되기 시작하면서 내가 배운 것은, 기술(skill)이 과학보다는 더 예술적이라는 것이었다. 모집과 훈련, 코칭에 대해 배우는 것은 기계론적이 아니라 유기적이었다. 내가 진정으로 배우기 시작한 것은 시도한 뒤 실패하고 나서, 부분적인 성공을 거두고 나서부터였다. 회심하지 않은 사람—그는 나와 함께 모임에 참여한 첫 번째 불신자였다—이 발견 그룹을 인도하는 것을 지켜보는 것은, 나의 신학적 패러다임에 대한 도전이었고 정서적으로 고갈되는 일이었다. 하지만 일단 그것을 경험하고 난 후, 내 마음의 변화를 이해하게 되었다. 이 과정은 매우 간단하고 반복 가능하며, 성경이 최종적인 권위를 갖는 한에서는 아직 그리스도인이 아닌 사람도 모임을 인도할 수 있다.

당신이 그 이슈에 대해 말할 수 있고 당신의 신학적 체계에서 그것을 논할 수 있겠지만, 일단 한 번 그것을 경험하고 나면, 사도 바울이 '모든 믿는 사람을 구원하시는 하나님의 능력'이라고 말한 것이 무엇인지 실제로 느낄 수 있다롬 1:16.

작게 유지하라. 그러면 큰 위험을 감수하고 작게 실패할 기회를 얻게 될 것이다. 당신은 당신을 헐뜯는 사람들에게 비방 거리를 허락하지 않을 수 있다. 내가 '작다'고 말하는 의미는, 6명에서 20명 사이의 사람들을 5명 이하로 나눠서, 정기적으로 발견 과정을 실시하고 복음 전파를 지켜보는 것과 관련해서 정기적으로 기도하고 배우며 전략을 세우는 것이다.

숄크릭에서 우리는 '제자 삼기 학습 공동체(Disciple-Making Movement Learning Community, DMLC)'를 형성하는 과정을 계발했다. 9주가 넘도록 이 모임은 주요 영역들을 자유롭게 탐구하고, 훈련의 기회를 통해 기본 사항들을 배울 수 있다. 발견 과정과 마찬가지로 더 많은 사람이 과정에 참여할수록, 그들이 과정에 의해 변화될 가능성도 더 커진다.

일반적으로 당신이 작고 개인적인 상태를 유지하고 있다면, 당회(운영 위원회)의 공식적인 승인은 필요하지 않다. 많은 사람이 저지르는 가장 큰 실수는, 운영 구조가 이것보다 뒤떨어질 거라는 순진한 확신 가운데 '배가되는 제자 삼기' 아이디어를 당회에 가져가는 것이다. 이것은 두 가지 이유로 가장 현명한 처사가 될 수 없다. 첫 번째, 이 문제를 당회에 가져간 사람들은 자신들이 제안한 내용에 대해 가장 잘 알고 있는 사람들이 아니다. 두 번째, '배가되는 제자 삼기'에는 당회에서 다루기 힘든 반 직관적인 문제들이 많다.

레이더—당회의 권위—아래에 머물러 있으면서, 공식적인 승인을 받아야 할 필요가 없게 처신하라. 공식적으로 발표하기로 할 때, 또는 공식적으로 발표하기로 한다면, 그것은 이야기와 이론을 함께 전할 수 있게 해준다. 당회가 조처하게 함으로써 얻을 수 있는 것은 없다. 대위임령에 가까워졌다는 흥분 때문에 착각에 빠져 현명하지 않은 방향을 추구해서는 안 된다. 소수의 사람하고만 시작하라.

우리가 동일한 진리를 각기 다른 맥락에서 공유하기 때문에, 모든 것이 딱 맞춰져 있어야 한다. 소그룹에 맞춤 과정을 수행하게 하는 것은 엄청난 도움이 된다. 당신은 발견 질문을 조정해야 한다. 예를 들어, 네 번째 질문을 살펴보자.

"도움이 필요하십니까? 혹은 우리 모임의 도움이 필요한 누군가를 알고 계십니까?"

남아프리카인들과 일하면서, 우리는 '필요(need)'라는 단어가 그들에게 많은 문제를 일으킨다는 것을 발견했다. 가난이 추동력이 되는 문화에서는 모든 사람이 도움이 필요하기 때문이다. 그래서 질문을 할 때, 개인이 아니라 지역 사회에 초점을 맞추고, 지역 사회의 필요에 시선을 두도록 단어 선택을 해야 했다.

어떤 사람이 하나님의 가족 안에서 자리를 잡게 해줄 성구 목록을 생각해봐야 한다. 사람들이 하나님께, 그리고 오직 하나님께만 충성하겠다고 서약하게 하려면, 당신의 문화 안에서 어떤 문제를 해결해야 할까? 예수님이 이것을 '회심 이후의' 주제로 생각하지 않으셨기 때문에, 우리도 그분의 인도하심을 따라, 그리스도인이 아닌 사람들이 성경 구절을 읽고 순종함으로 하나님의 가족이 되는 길로 나아가게 해야 한다.

첫 시작 단계에서는 인원이 적을수록 좋다. 숫자로 성공 여부를 가늠하는 '미국제 중독'이 당신의 생각을 왜곡시키지 못하게 하라. 기억하라. 당신은 오래된 포도주 부대에 새 포도주를 넣고 싶어 하지 않는다.

실패와 친구 되기

마지막이지만 확실히 덜 중요하지 않은 것은, 실패와 친구가 되는 것이다. 이것은 과학이 아니라 예술이기 때문에, 당신의 주된 학습은 매뉴얼이 아니라 경험에서 비롯된다. 실패와의 관계를 바꿔야 한다. 실패는 당신의 적이 아니라 멘토이다. 실패를 전염병 취급하며 멀리하면, 놀라운 멘토를 놓칠 수 있다. 실패에 대해 알레르기 반응을 보인다면, 수업료를 지불하면서도 학점을 얻지 못하는 것 같은 결과를 얻을 수 있다. 그것은 현명한 처사가 아니다!

모임을 시작하거나 배가하거나, 친구에게 영적 조언을 하거나, 누군가를 코치하는 등의 모든 시도에는 사후 검토가 필요하다. 실패가 반드시 학습으로 이어지도록, 모든 경험에 대한 몇 가지 기본적인 질문을 던져라. 더 빨리 실패하고 더 지혜로워지는 태도를 취하라. 이것은 우리에게, 하나님의 나라를 위해 위험한 존재가 되게 할 배움의 자세를 만들어 준다. 우리는 단순히 이렇게 묻는다.

- 우리는 무엇을 올바르게 했는가?
- 우리는 무엇을 잘못 했는가?
- 우리는 어떻게 다르게 할 것인가?

이것은 우리가 지나치게 비판적으로 되지 않으면서도, 경험으로부터 배움의 순간을 끌어낼 수 있는, 간단하고 실행 가능한 사후 평가를 제공한다.

실패로부터 배우는 것과 관련된 마지막 책임은, 교훈을 포착하고 전달하는 법을 배우는 것이다. '집단이 개인보다 똑똑하다'는 속담은 지식을 공유하는 환경을 조성할 때만 적용된다. 나는 우리가 제자 삼기 운동을 위한 위키피디아(이용자들이 직접 지식과 정보를 올릴 수 있고, 기존에 등록된 지식과 정보를 수정 및 보완할 수 있는 새로운 형식의 온라인 백과사전 – 역자 주)를 갖게 날을 고대한다. 그렇게 될 때까지, 당신의 모임 구성원들이 자신들의 지식을 빠르고 자유롭게 공유하게 하라. 사람들이 당신과 함께할 때 과거의 실패로부터 배울 수 있는 학습공간을 마련하라.

우리가 솔크릭에서 벌이고 있는 모험은, 역사상 그 어느 때보다 많은 사람이 읽고, 순종하며, 자신의 삶에서 하나님이 행하신 일을 다른 사람들과 나누게 한다. 사람들이 자신을 향한 하나님의 음성을 듣는 데 자신감을 느끼는 것을 지켜보는 것은 흥미진진한 일이다. 어마어마하게 놀라운 하나님 크기의 일들이 일어날 수 있다. 우리의 이야기는 아직 땅속에서 자라는 중이다. 우리는 그 어느 때보다 우리의 방향을 확신하고 있다. 우리는 더 많은 사람이 우리와 함께 걸으며 배우게 되기를 바란다. 우리는 항상 최첨단을 사랑했지만, 특정 회사를 사랑하기도 했다(부록 C, 다가올 미래의 모습 참조).

어떤 종류의 교회인가?

내가 가장 빈번하게 받는 질문 중 하나는, "장차 이런 것들이 어떤 방향으로 가게 될 것 같습니까?"이다. 솔크릭에서 우리는, 하이브리드 전략을 통해 우리의 교회가 '서버(server)' 교회가 되기를 희망한다. 이 아이디어는 과학 기술 세계에서 나온 것이다. '디지털 발자국(digital footprint, 인터넷을 사용할 때 웹상에 남는 여러 가지 디지털 기록을 의미하며, SNS, 이메일, 검색어 기록 등이 여기 해당한 – 역자 주)'을 가진 모든 조직에는 서버가 있다. 서버는 장치가 인터넷에 접속하고, 데이터를 저장 및 검색하며 주고받을 수 있도록 자원을 할당하는 소프트웨어와 하드웨어 부품들로 구성된 시스템이다.

우리는 노트북, 아이폰, 안드로이드 스마트폰, 아이패드, 서피스(surfaces, 마이크로소프트사에서 개발한 태블릿 컴퓨터 – 역자 주), 태블릿(손가락과 터치펜으로 조작하는 휴대용 소형 컴퓨터 – 역자 주), 그리고 데스크톱까지 사용해서 서버에 접속한다. 서버는 장치의 크기와 제조업체, 종류와 관계없이 모든 자원을 제공할 수 있다. 이 관계에서 서버는 적절한 장치에 적절한 자원을 할당할 수 있다. 서버는 원활하게 배후에서 작동하여 네트워크를 안정적으로 확장하고 네트워크의 목적에 필요한 정보를 교환할 수 있게 한다.

우리의 희망은 성경적으로 기능하는 공동체의 표현을 얼마든지 지원할 수 있는 서버 교회가 되는 것이다. 우리는 이런 투자의 결과로 나타나는 어떤 결과물들—새로운 참석자든 사역을 지지하는 사람들의 헌금이든 간에—에 대해 질투할 필요가 없다고 확신한다.

영적 여정을 추구하기 위해 공식적인 구조의 형태가 여전히 필요한 사람들이 많이 있다. 하지만 여전히 하나님을 찾기 위해 공식적인 종교의 구조를 사용하지 않는 사람들도 많다. 우리는 양쪽 사람들 모두에 대한 책임이 있다.

나는 희망으로 불확실한 미래를 환영한다. 그것은 가정 교회와 이웃 교회, 직장과 캠퍼스와 체육관과 원정 스포츠팀과 온라인—하나님과 연결되어야 하는 사람들이 있는 모든 곳—에서 모이는 교회들이 마음을 사로잡는 콜라주 작품이 되는 것이다. 나는 다음과 같은 것들을 소망한다.

- 성육신 전략, 선교적 공동체, 개혁 신학 또는 교회론을 놓고 다투는 대신, '제자 삼는 제자 세우기'에 더 집중하기 위해 형식이 기능을 따라가게 되기를 소망한다.
- 제자 삼는 제자들로 구성된 이런 교회들이 자신들의 역할들을 지원하고 격려하는 형식들을 자유롭게 계발하게 되기를 소망한다.
- 살아생전에 대위임령이 성취되는 것을 지켜보며, 우리가 살고, 배우고, 일하고, 노는 곳 가운데—순종에 초점을 맞추고, 자신을 복제하며, 제자 삼는—공동체들을 계속해서 세우게 되기를 소망한다.

9장___ 행동하기 위해 준비된 사람들

뛰어내리라!

서구 사회에서 '제자 삼기 운동(DMM)'이 일어나려면 무엇이 필요할까? 이것은 내가 수백 번 들었고, 나 자신에게도 여러 번 던졌던 물음이다. 이 질문의 답을 정확히 이해하려면, 이 운동과—하나님이 불을 붙이실 때 그분의 인도하심에 응답하는—촉진자들의 본질을 마주해야 한다.

내가 '배가되는 제자 삼기'의 여정을 처음 시작할 때, 사람들은 CPM 혹은 교회 개척 운동(Church Planting Movements)이라는 용어를 다양하고 구체적으로 설명했다. 하지만 일반적으로 이 용어는 특정한 사람들의 집단 혹은 짧은 기간에 4대를 아우르는 인구 집단 내에서 교회를 개척하는 토착 교회의 빠른 재생산으로 이해되었다.

몇 가지 문제들이 삽시간에 나를 바꿔놓았다. 그 정의는 분명히 개척

선교의 상황에 편향되어 있었다. 모든 실행자와 체험, 사역이 신흥 국가들의 시골 환경에서 개발되었다는 것을 알았을 때, 문제의 심각성이 대두되었다. 가장 먼저 다뤄야 할 것은 문화적 이슈였다.

가족 중심의, 가난에 찌든 환경에서 이 운동이 탄생했다. 나의 사역 환경은 물질주의로 엉망진창이 되어버린 가족 구조였다. 문화적 요소들 때문에 이런 방법이 성공한 것일까? 이런 방법들을 서구 사회에 맞게 변형시킬 수 있었을까? 내가 처한 상황의 경제적, 교육적, 종교적 요소들 때문에 이런 방법들의 영향력이 사라지는 것은 아닐까?

두 번째로 내 마음을 불편하게 만든 것은, '교회'라는 단어의 사용이었다. 내가 들은 설명은 교회라기보다 소그룹에 가까웠다. 나는 그들이 사용하는 용어와 내가 이해하는 용어 간의 차이를 이해하는 데 어려움을 겪었다. 나의 사고방식으로는, 그들이 가정 교회나 소그룹 네트워크를 시작하는 것에 관해 이야기하고 있는 것 같았다.

이런 질문들 대부분은 성경으로 돌아가, 서구인의 시각을 내려놓고 본문을 읽으면서 해결되었다. 그러나 교회 개척 운동(CPM) 문제는 자체적으로 해결되었다. 내가 막 약혼했을 즈음, 제자 삼기 운동(DMM)에 변화가 일어났다. 교회라는 용어에 서구의 과시적 문화가 내재하여 있기 때문에, 사람들은 14년 동안 4만 개의 교회를 세운다는 것을 상상할 수 없었다. 그들의 교회 개념은 보즈푸리에 개척된 교회들과—성경적 차원이 아니라 문화적 차원에서—상당히 달랐다.

누구나 쉽게 제자 삼기 운동에 적응한 것은 아니었지만, 교회를 고정되고 오염된 시각에서 바라보는 문화에서 일하는 서구인들은 CPM보다

DMM이라는 용어를 더 올바로 이해했다. 이것은 초기에 터져 나오는 불필요한 토론들을 줄이고, 우리가 대위임령에 집중할 수 있게 해주었다.

반 직관적인 행동

새로운 사고방식으로의 전환은 내 정신세계에서의 반 직관적인 움직임을 가능하게 했다. 이 책에서 이 용어를 여러 번 사용했고, 몇 가지 예를 들었다. 우리가 내려야 했던 결정의 본질을 우리가 이해하고 있다는 사실은 매우 중요하다. 우리는 종종 현재의 사고방식을 사용해서 비합리적인 결정을 내린다. 그것들은 자기 파멸적인 것처럼 보인다.

> 1949년에 일어난 맨 굴치 화재 사건(미국 몬태나주에서 발생한 협곡 화재 사고로, 산불을 진압하던 소방대원들 쪽으로 풍향이 바뀌는 바람에 총 16명 중 13명의 대원이 사망했다-역자 주)에서, 와그너 닷지는 자신이 이끄는 소방대원들과 함께 반 직관적 사고를 도입하는데 대가를 치러야 할 상황에 직면했다. 15명의 소방대원은 강풍이 부는 와중에 97도의 고온 속에서 불을 꺼야 했다. 불길이 너무 뜨거웠기 때문에, 그들은 화재 발생 지점에서 100피트(30m) 떨어진 곳에서 멈출 수밖에 없었다. 발화 지점을 찾는 와중에, 불길의 방향이 소방대원들을 향했고, 그들은 비상 대피 상태에 들어갔다.
>
> 여러 차례 탈출 경로를 찾으려고 시도하던 와그너는 반 직관적 전략을 선

택했다. 그는 부하들에게 무거운 장비를 버리라고 명령한 뒤에, 주위에—지름이 약 100피트 되는—원의 형태로 불을 붙였다(불길 속에서 불이 차단되는 공간을 만드는 비상조치 – 역자 주). 그런 다음, 그는 대원들에게 원의 한가운데 엎드려 있으라고 명령했다. 그러나 목숨이 오락가락하는 절박한 상황에서 대원들 대부분이 그의 명령을 무시하고 각자 살길을 찾아 내달리고 있었다. 살아남은 것은 와그너 닷지와 그의 말에 따른 두 명의 대원뿐이었다.

어마어마한 불길이 들이닥치기 전에, 특정 공간에서 땔감이 될 모든 것을 제거한 그의 반 직관적인 행동은, 훈련에서 나온 것이 아닌 반 직관적인 전략이었다. 그는 불길이 우회하도록 안전지대를 만들어서, 그 안에 있던 사람들이 무사하도록 조치했다. 하지만 불행하게도 대원들은 자신들의 대장이 마련한 안전지대에 들어가면 살 수 있다는 것을 보지 못했고, 자신이 불길보다 빨리 달려갈 수 있을 거라고 판단했다. 역사는 우리에게 누가 살아남았고 누가 그러지 못했는지 들려주고 있다.

반 직관적인 행동이 늘 인기 있는 것은 아니다. 사실, 사람들 대부분은 그것을 합리적이라고 생각하지 않는다. 하지만 살아남기 위해 반 직관적 행동이 필요할 때가 있다. 우리는 우리가 가진 패러다임에 기꺼이 도전해야 하며, 자신이 더닝 크루거 효과로 고통받을 수 있다는 것까지 인식해야 한다(7장 참조).

나는 이 새로운 사고방식을 새로운 패러다임으로 조직하는 작업을 해야 했고, 덕분에 제자 삼기 운동과 그것의 탄생에 관한 6가지 기본 진리를 발견하게 되었다.

하나님이 명하심(마 28:16-20)

우리는 '제자 삼는 제자 세우기'를 결승선으로 인정해야 한다. 그야말로 형식, 훈련, 보증, 직분, 또는 우리가 만들어낸 모든—사실은 무거운 짐인—인간적인 안전장치에 의존하지 않고 재생산하겠다는 믿음이 필요하다.

성령님을 의지함(마 9:36-38)

영적 추수는 예수님의 공생애 때부터 준비되었다. 행동할 준비가 되어 있는 사람들은 성부와 성령, 성자에게 드리는 기도를 통해, 지속적이고 일관되게 자신들의 의존성을 표현한다. 성부 하나님과 변함없는 관계는 아직 그분의 가족이 되지 못한 사람들을 향한 열정을 불러일으킨다. 이 운동을 시작할 공식이나 인간적 구조가 없기에, 우리는 영적 추수를 통해 제자 삼는 제자를 세우게 해달라고 하나님께 간구함으로, 언제나 그분의 관점을 우리 마음에 담고 있어야 한다.

성경 중심적임(딤후 3:16-17)

하나님과 얼굴을 마주하는 것은 영적 변화를 가져오는 최고의 경험이다. 예수님은 "내 양은 내 음성을 듣고 반응한다요 10:27"고 말씀하셨다. 그러므로 우리의 임무는 모든 사람이 하나님의 흔들리지 않는 지혜인 성경을 접하게 하는 것이다. 성경만큼 신뢰할 수 있는 자료는 없다.

행동할 준비가 되어 있는 사람들은 진리를 전파하거나 가르치는 것보다 하나님의 진리를 읽고 순종하는 데 더 많은 능력이 있다고 생각한다. 진리의 선포는 아직 그리스도인이 되지 않은 사람들이 성경을 읽고 순종하게 함으로써, 하나님이 그들에게 직접 진리를 말씀하실 기회를 제공하는 것이다. 이것은 지구상의 모든 사람에게 도달할 수 있는 잠재적 성장 효과를 제공한다.

순종에 초점을 맞춤(요 14:15)

그분의 거룩한 지혜에 순종하는 것 외에, 창조자요 구속자이신 온 우주의 하나님께 응답할 수 있는 길은 없다. 행동할 준비가 되어 있는 사람들은 모든 영적 변화에 앞서 순종하는 법을 배웠다. 하나님의 명령에 순종함으로써, 우리는 우리가 그분을 의지한다는 것을 표현하고 우리의 지혜보다 뛰어나신 그분의 지혜를 인정하게 된다.

발견에 초점을 맞춤(요 6:44-45)

하나님은 우리 각자가 진리에 대한 자신의 응답에 책임을 지게 하신다. 우리의 책임은 모든 사람이 자신을 위해 진리를 읽고 순종할 기회를 제공하는 것이다. 행동할 준비가 되어 있는 사람들은 다른 사람에게 무엇을 믿어야 한다고 말하는 것이, 그들 스스로 하나님의 말씀을 듣고 순종하는 것이 더 가치가 있는지 따져보고 결정하게 하는 것만큼 효과적이지 않다는 것을 알고 있다.

제자가 주도함(고후 5:16-21)

제자 삼는 제자들은 세상 끝까지 복음을 전하기 원하시는 하나님의 의도된 전략이다. 행동할 준비가 되어 있는 사람들은 복음에 대한 온갖 무거운 짐을 내려놓고, 평범한 사람들이 작은 순종의 공동체를 통해 아직 '하늘 아버지와 그분의 자녀' 관계에 들어가지 못한 이들에게 하나님의 사랑을 회복할 수 있는 복음을 전할 때, 성령께서 인도하실 것을 믿는다.

이제 뛰어내릴 시간이다!

나는 우리가 불타는 갑판 위에 서 있으며, 오늘날의 기독교 지도자들이 새로운 종교 개혁에 참여하거나 (기독교와 교회가) 영적으로 낙오되었다는 수치에 직면해야 하는 기회를 손에 쥐고 있다고 믿는다.

> 오늘날 교회의 많은 사람이 이 같이 고정된 사고방식을 유지한다면, 우리는 자신들의 핵심 사업에 충실하기 위해 싸웠던 코닥(Kodak)사의 경영진처럼 될 것이다.
> 회사가 이런 정책을 펼치는 와중에, 한 직원이 디지털카메라를 발명했다. 코닥은 디지털 사진의 잠재력과 그것이 몰고 올 혼란을 경고하며, 핵심 사업에 더욱 충실히 임했다. 이 혼란에서 살아남기 위해 그들이 선택한 카드는, 스털링 드럭스(미국의 유명 약국 프랜차이즈-역자 주)를 매입

해서 시장의 이점을 얻는 것이었다. 하지만 코닥은 얼마 되지 않아 매입가의 절반 가격으로 스털링 드럭스를 되팔아야 했다.

그들은 회사를 유지하는 데 필사적으로 매달렸고, 필름을 사용하는 디지털카메라인 어드밴틱스(Advantix)를 출시하기에 이르렀다. 소비자들은 이 카메라로 필름 현상 전에 사진을 미리 볼 수 있었다. 새로운 사업을 수용하면서 핵심 사업을 고수하는 것은 실패할 수밖에 없다는 것이 입증되었다. 무언가를 붙잡고 있으면서 아래로 뛰어내릴 수는 없는 법이다. 슬프지만 한마디로 말해서 2012년 코닥은 파산 신청을 했다. 디지털 세계로 뛰어내리지 못한 그들의 실패는 수많은 책과 잡지에 기록되어 있다.

우리는, 완전히 틀린 것은 아니지만 효과는 없다고 판명된 역사적 방법들의 연단에 서 있다. 그러나 우리는 이런 방법들을 고수한다. 우리는 과거의 것을 열심히 붙잡는 것이 성경적 정통주의라고 간주한다. 우리는 기능이 아니라 형태에 헌신하고 있는 것이 아닐까?

예수님은 우리를 교회 개척이 아니라 제자 삼는 일에 부르셨다! 교회는 수단이지 목적이 아니다. 제자들이 예수님의 모든 명령에 순종할 때, 교회가 세워진다. 우리는 목적을 수단으로 만들고, 그 수단 – 제자 삼기 – 을 무시함으로써 복음의 진보를 막아왔다.

비즈니스 세계에서 또 하나의 사례를 살펴보자. 레고(LEGO)사는 역사적으로 수많은 변화를 겪었다. 레고는 처음엔 나무 블록이었는데, 여러 번 창고에 불이 나는 바람에 재질을 플라스틱으로 바꿨다. 플라스틱은 처음에는 인기가 없었지만, 점차로 우위를 차지하게 되었다.

1960년대 후반에 출시된 듀플로(작은 부품 때문에 위험에 처할 수 있는 영유아를 위한 큰 부품의 레고 시리즈 – 역자 주)는 젊은 세대들에게 더 큰 레고 블록이 주는 창의력을 누리게 해주었다. 변화하는 문화에 적절하게 대응하면서, 레고사는 조립설명서, 팔과 다리의 자세를 조절할 수 있는 사람 모양의 미니피규어, 레고랜드 놀이공원, 테크닉과 모델 시리즈를 내놓았다. 레고 제품은 전통적으로 빨간색, 흰색, 노란색, 파란색, 검은색으로 제작되었고, 주로 남자아이들이 구입했다. 그러나 분홍색과 보라색으로 된 제품이 출시되면서, 더 많은 사람이 레고를 찾게 되었다.

코닥과 달리, 레고는 역사적 형태가 아니라 오래가는 기능적 원칙을 유지할 수 있었다. 코닥은 필름과 화학 사업이 아니라 이미지(image) 사업을 시작할 수 있었으나 형식을 고수했고, 결국 파산할 수밖에 없었다. 하지만 레고는 기능에 중점을 두고 시장의 변화를 견뎌냈다.

지금 서 있는 자리에서 뛰어내리면, 새로운 변혁을 경험할 수 있다. 지금 우리는 '기능'이 아니라 '형태'에 고정된 자리에 서 있다. 우리는 결코 포기할 수 없는 영원한 진리의 작은 조립식 블록을 가지고 있다. 하지만 그 진리가 '불멸의 충성을 바칠 의도가 없는' 형태에 담겨있을 때, 우리는 땅끝까지 스며들 수 있는 전략을 담은 예수님의 마지막 명령을 따를 수 없게 된다.

우리는 형태에 구애받지 않고, 우리가 얹어놓은 무거운 부담감 없이 예수님의 복음을 전할 수 있다. 기독교의 새로운 날이 올 수 있다. 다음과 같은 대위임령의 DNA를 지닌 '배가되는 제자 삼기' 운동을 통해 교회들이 나올 것이다. 이 교회들의 특징은 다음과 같다.

- 자신들의 마음 가운데 제자 삼는 일을 가장 중요하게 여긴다.
- 순종이 최대 관심사이다.
- 성경을 진리와 생명의 근원으로 여기며, 그리스도를 따르는 사람들이 정기적으로 성경을 접하게 한다.

우리가 사는 세상에서 이런 일들이 일어나고 있다. 그들은 서구인이 아니다. 그들은 선진국과 크게 다른 문화를 가진 동양인들이다. 우리 앞에 주어진 기회를 잡으려면, 공격적으로 정신적 노력을 해야 한다.

우리의 노력은, C. S. 루이스의 『새벽 출정호의 항해*Voyage of the Dawn Treader*』에 등장하는 용이 된 소년 유스타스가 느끼는 고통처럼 보일 수 있다.

책의 시작 부분에서, 아무도 유스타스를 좋아하지 않는데, 거기에는 그럴 만한 이유가 있었다. 그는 심보가 고약하고 이기적인 어린 소년이다. 카스피안 왕자의 배를 타고, 사촌과 함께 나니아 섬으로 여행을 하던 그는, 어느 섬에서 동굴에 굴러떨어진 뒤에 다이아몬드와 루비, 금화를 발견한다. 기쁨에 사로잡힌 유스타스는 마침내 마땅히 받을만한 것을 얻고, 다른 사람들에게 자신이 그들보다 얼마나 뛰어난지 보여주며 사람들 앞에서 당당하게 행동하는 자신을 상상한다. 그는 자신의 계획에 대한 확신

속에 잠이 들었다. 잠에서 깨어났을 때, 그는 자신이 용의 동굴에 있고, 용의 보물 위에 누워 있으며, 자기가 용이 되었다는 사실을 알게 된다. 이제 그의 야망은 사라졌다. 탐욕은 유스타스를 딱딱하고 울퉁불퉁한 비늘과 두꺼운 피부로 덮인, 험상궂고 못생긴 용으로 만들었다. 이제 그의 외모는 마음의 내면을 반영한다.

나니아의 사자 왕인 아슬란이 유스타스를 구하러 도착한다. 그는 '소년-용'을 숲속의 웅덩이로 데려가 옷을 벗으라고 말한다. 유스타스는 용의 가죽이 옷처럼 벗겨지는 것을 발견했다. 그는 피부를 찢고 뜯어내기 시작한다. 그러나 그가 용의 껍질을 긁어낼 때마다 새로운 피부층이 나타났다. 아무리 피부를 제거해도 결과는 똑같았다. 유스타스는 마침내 자신에게 못생긴 용의 피부를 제거할 힘이 없다는 것을 깨닫는다.

이야기의 뒷부분에서 유스타스는 사촌인 에드먼드에게 이 경험을 설명했는데, 에드먼드 역시 이전 이야기에서 비슷한 경험을 한 적이 있었다.

"나는 그의 발톱이 무서웠어… 하지만 나는 거의 필사적이었지… 글쎄, 그는 내가 직접 세 번이나 해봤던 것처럼 더러운 것들을 즉시 벗겨냈어. 하지만 전혀 아프지 않았지. 벗긴 것들은 잔디 위에 떨어져 있었는데, 다른 것들보다 훨씬 더 두껍고 검고 울퉁불퉁해 보였어. 그러고 나서 그는… 나를 물에 집어넣었지. 몹시 아팠지만, 그 순간에만 잠깐 그랬어… 조금 있다가 왜 그런지 깨달았지. 나는 다시 인간 소년으로 변해 있었어."[1]

우리 왕과 구주 되신 분의 진정한 지혜를 보기 위해 역사적으로 내재한 문화적 욕구를 벗겨 내는 데는, 시간과 반복되는 노력이 필요할 수 있다. 우리는 성령으로 말미암아 강인하게 되어, 예수님이 의도하신 곳에 도착할 수 있다. 그분은 우리가 지구상의 모든 문화권에 도달할 수 있는 복음을 발견하기 원하셨다.

서구에서 운동을 일으키려면, 융통성 있는 사고방식을 가진 지도자, 자신의 패러다임에 의문을 제기하며 신학적 틀과 교회사에 여과되지 않은—그들이 현재 가지고 있는 심리 모델에 도전할—성경의 본문을 읽어낼 영향력 있는 사람들을 필요로 한다. 그것은 문화적 형태에 대한 융통성을 유지하면서, 특정한 기본 기능들을 유지하는 두 가지 시스템을 가진 사고 유형이다. '배가되는 제자 삼기' 운동을 활성화하려면, 토양을 준비해야 한다. 이 토양은 제자 삼기 운동에 대한 명확한 이해와 서구에서 제자 삼는 운동이 일어나기 위한 모판을 제공할 사고의 변화로 구성된다. 나는 21세기에 제자 삼기 운동이 번성하는 데 필요한 10가지 정신운동 또는 10가지 사고 변화를 제시하면서 책을 마무리하고자 한다. 이 중 일부는 익숙할 것이다. 내 교육 원칙 중 하나는, 새로운 정보를 아는 것보다 복습하는 것이 더 중요하다는 것이다.

새로운 제자 삼기 운동을 위한 10가지 사고 변화

1. '적격자를 신뢰하는 것'에서 '자원하는 이들에게 기회를 주는 것'으로

첫 번째이면서—아마도—가장 중요한 것은 평범한 사람들에 대한 우리의 견해이다(나는 평신도라는 용어를 선호하지 않는다). 우리 대부분은 만

인 제사장 개념을 지지한다. 특정 교단에 속해있든 초교파적으로 사역하든 간에, 우리는 사람들을 그들이 앉는 장의자에서 전쟁터로 동원할 때, '모든 교인이 사역자'라는 개념을 사용한다.

'십자가가 서 있는 지면은 평평하다' 같은 신학적 진술은, 갈라디아서 3장 28절에 기록된 진리를 대중화시켰다. 사도 바울은 예수를 따르는 사람들에게 민족과 성별, 경제적 지위에 따른 차별이 없다고 선언한다. 이 세상에서 하신 예수님의 사역을 통해, 모든 사람은 동등하게 하나님께 나아갈 수 있게 되었다.

그러나 평등은 연습할 수 있는 것이 아니다. 반대되는 모든 시도에도 오히려 '통제하고 관리하는 사고방식(control-management mind-set)'이 우리 주변에서 실질적으로 작동하고 있다. 우리 대부분은 부모가 규칙을 정하고 결정하는 가정에서 자랐고, 교사와 행정 책임자가 통제하는 학교에 다녔다. 우리의 의료 서비스는 건강 진단이나 질병의 치료에 대해 거의 말하지 않는 방식으로 이루어지고 있다. 우리는 경영자가 대부분의 결정을 내리는 환경에서 일한다. 그러므로 우리가 이 세상에서 하나님의 목적을 더 발전시키기 위한 조직을 설계할 때, 널리 퍼져있는 방식을 따라 선택하고 결정하는 것은 지극히 당연한 일이다.

"내 백성들을 보내라"는 탄원은 모세와 애굽 왕 바로의 관계에서 기원을 찾을 수 있지만, 거의 모든 교단에서 쏟아져 나온 많은 책이 이것을 공개적으로 외쳐왔다. 1900년대 초에 쓴 책에서 롤런드 앨런은, 복음 운동이 "훈련받지 않은 사람은 이 믿음을 전파할 수 없다는, 신뢰할 수 없고 널리 퍼져있는 신념에 방해받고 있다"고 말했다.[2] 앨런은 평범한 사람들을 묶고 있는 수갑을 제거하고, 교회의 가장 큰 잠재력을 활용하라는 예언적인 목소리의 연장 선상에 서 있다.

누가 제자 삼을 수 있는가? 훈련받고 준비되고 신학교육을 받은 신학교 졸업생과—당연히—안수받은 사역자들일 것이다. 왜 그럴까? 우리가 지식을 전제로 하는 사고방식에 갇혀 있어서, 지식이 곧 영석 성숙으로 이어진다고 믿기 때문이다. 나는, 내가 아는 가장 냉정하고 불친절한 이들 중 일부가 성경 지식으로 충만한 사람들이라는 사실 때문에 혼란스럽다. 이유는 모르겠지만 충만한 성경 지식이 그들에게는 별로 효과가 없었다. 사실은, 모든 사람에게 효과가 없다. 지식이 아니라 순종이 핵심이기 때문이다. 사도 바울은 지식이 우리를 교만하게 만든다고 말했다 고전 13장.

신학적인 주제에 대해 훈련받은 사람들에 대한 잘못된 신뢰를 포기하고 예수님이 준비된 사람보다 기꺼이 헌신하려는 사람을 찾으신다는 사실을 인정할 때까지, 우리는 그리스도를 따르는 사람들을 더 동원하지 못하고 전염성 강한 복음의 힘을 발견하지 못할 것이다. 누군가 예수님께 순종을 표현하자마자, 당신은 잠재적으로 제자 삼는 제자를 세우는 일에 참여하게 된다. 그들에게 필요한 것은 단지 다른 사람들이 그들이 하는 것과 동일한 일을 하도록 돕는 단순하고 반복 가능한 과정뿐이다. 제자 삼기 운동은 그렇게 시작할 수 있다.

"하지만, 안돼! 그렇게 되면 안 돼!"

많은 사람이 이렇게 말할 것이다. 하지만 그렇게 된다. 우리는 모두 이런 일의 결과물이다. 신학교나 훈련된 신학자가 아닌, 그저 평범한 사람들이 기꺼이 예수님께 순종한다. 예수님은 그분이 누구인지, 또는 어떤 일을 하셨는지도 모르는 이들과 함께 제자 삼기 운동을 시작하셨다. 어쨌든 그분은 시작하셨다.

나는 당신이 무슨 생각을 하는지 들을 수 있다. 예수님에게는 선택의 여지가 없었지만, 우리는 그렇지 않다. 그래서 당신은 완벽하게 지혜롭고, 강력하고, 지식이 풍부한 하나님이 그분이 선택한 제자들과 함께 모퉁이에 자기 자신을 그리셨다고 말하고 있다. 정말 그분에게는 선택의 여지가 없었을까? 분명 당신은 당신이 자신의 패러다임을 지키고 있고, 하나님에 대해 명확하게 생각하지 않고 있다는 것을 알 수 있다. 그분은 원하실 때 원하시는 대로 하실 수 있다. 그렇지 않은가?

MIT 대학의 경제학자 대런 애쓰모글루(Daron Acemoglu)와 하버드 대학의 정치학자 제임스 A. 로빈슨(James A. Robinson)은 『국가는 왜 실패하는가*Why Nations Fail*』라는 책에서, 국가가 포괄적인 정치경제 제도를 계발할 때 번영하고, 제도들과 기관들이 '배타적(extractive)'이 되어 권력과 기회를 소수에게 집중할 때 실패한다고 결론지었다.[3]

서구의 교회가 어려운 상황에 빠진 것은, 우리가 배타적이기 때문일 수도 있다. 지식은 우리가 훈련된 사람들의 손에 모아준 배타성의 화폐일까? 전문적으로 준비된 사람들에 대한 우리의 확신은, 청결하고 안정된 성장 패턴을 가져왔다. 우리는 워싱턴 D.C.의 벚꽃 나무 같다. 나무들이 은은한 분홍색 꽃을 피울 때는 참 보기에 좋다. 하지만 이 시기에는 그저 예쁜 꽃만 피울 뿐, 열매가 없다. 오늘날의 많은 교회처럼, 그들은 과실수가 아니라 조경 수목일 뿐이다.

1800년대 중반 빈(Vienna)의 소외 계층 임산부들은 빈 종합 병원의 퍼스트 클리닉 서비스를 이용하는 대신, 거리에서 출산하는 경우가 많았다. 병원에 가야 한다면, 의사 대신 조산사가 근무하는 2차 진료소를 찾았다. 이그나즈 세멜바이스 박사는 임산부들이 2차 진료소에 갈 수 없는 경우, 1차 진료소에 자리가 있는데도 거리에서 아이를 낳는 것에 의문을 가졌다. 그는 여성들이 입소문을 통해 알고 있는 사실을 과학적으로 밝혀냈다. 의사들이 받아낸 영아의 사망률은 10명 중 1명이었지만, 조산사들은 제대로 된 의학 교육을 받지 못했는데도 50명 중 1명의 낮은 영아 사망률을 보임으로써, 훨씬 더 성공적인 결과를 이뤄냈다.

세멜바이스 박사는 의사를 실제 사망 원인으로 보고, 의사와 의대생을 위한 교육과정을 변경했다. 그들의 의학적 교육은, 그들이 나중에 치명적인 세균(당시에는 아직 질병의 병균 이론을 받아들이지 않았다)으로 알려진—영아 사망률 증가의 원인이 된—것의 매개자였다는 사실을 극복하지 못했다. 그들은 시체실에서 해부에 참석했다가 산부인과 병동으로 이동해서 새로운 산모들을 검진했다. 그들이 옮긴 것이 산욕열을 일으켰고, 퍼스트 클리닉 환자의 사망률을 높인 것이다. 발열한 신생아 중 최소 절반이 사망했다. 그 의사들은 치료자가 아니라, 죽음의 매개자들이었다. 의사들이 그저 손을 씻는 것만으로도 사망률이 10분의 1에서 100분의 1로 감소했다.[4]

그리스도인 지도자들은 수 세기에 걸쳐 성경을 오독한 결과로 얻은 잘못된 신학적 틀을 철저하고 무자비하게 재검토해야 한다. 계층적이고 배타적인 분위기에서 '배가되는 제자 삼기' 운동은 일어나지 않는다. 역사를 통틀어 민중 운동은, 운동을 주도하는 사람들이 허가를 받았는지, 그런 일을 할 만한 적격자인지에 대한 의심에 방해받지 않을 때 발생했다. 우리 세상 가운데 계신 성부 하나님은 이 세상과 화해의 사역을 펼치시며 고후 5:16-21, 교사가 될 준비가 되어 계시다 요 6:44-46. 성령 하나님은 사람들을 성자 하나님께 인도할 준비가 되어 계신다 요 16:8-11. 지금은 제자 삼는 제자를 세우기 위한 간단하고 반복 가능한 전략을 제시해서 하나님의 '사람들을 가게 해야' 할 때이다.

2. '제자 삼기에'서 '제자 삼는 제자 세우기'로

이것은 단지 말로만 되는 것이 아니다. 이기적이고 자기중심적인 접근 방식에서 예수님의 마지막 명령에 순복하는 방식으로 복음 전파의 방법을 바꾸는 것이다. 예수님이 사람들을 제자 삼으라고 부르셨다는 것을 믿을 때, 우리는 대위임령의 재생산적인 본성을 포착하게 된다. 제자들이 제자를 삼을 수 없다면, 예수님에게 순종하는 것은 실패할 수밖에 없다.

제자 삼는 제자를 세우려면 우리의 방법론이 대위임령에 순복해야 한다. 우리는 재능과 열정, 성품으로 제자 삼기보다 모든 사람이 사용할 수 있는 간단하고 반복 가능한 방법으로 제자 삼아야 한다.

3. '인간의 생식'에서 '바이러스 복제'로

우리의 심리 모델은 우리의 정보 취합을 통제하고, 우리가 진리를 행하는 방법에 영향을 줄 수 있다. 수 세기 동안, 인간의 생식이라는 패러다임이 제자 삼기에 대한 우리의 이해를 통제해 왔다. 유아기부터 아동기를 거쳐—이 시기에는 아직 자녀를 낳을 수 없지만—청소년기가 되면 생식이 가능해진다. 생식이라는 비유 덕분에, 우리는 인간이 자녀를 낳는데 필요한 시간의 관점에서 제자 삼기를 이해하게 되었다. 우리는 영적 세계에서의 재생산에도 같은 시간이 필요하다고 자동으로 가정한다.

이렇게 영적인 유아기에서부터 유년기를 거쳐 성인기에 이르는 그림이 대위임령을 장악해 왔다. 그러나 이 도식에 의하면, 영적 유아기에서 성인기로 성장할 때까지 우리는 번식할 수 없다. 이 비유는 지식 중심의 제자훈련에 대한 중독과 함께, 우리가 예수님이 주신 대위임령의 참된 본질을 보지 못하게 한다. 창조주 하나님과 그분이 이 세상에서 행하고 계신 위대한 사역에 대해 점점 더 많은 것을 이해하게 된다고 해서, 그것을 위해 제자 삼는 과정을 일시 정지시켜야 할 성경적 이유는 없다. 성숙의 과정은 유한한 본성을 가진 우리가 하늘 아버지의 무한한 본성을 파악할 때 영원토록 이루어질 것이다. 다시 한번 말하지만, 우리는 목적과 수단을 혼동한다. 제자 삼기는 수단이고, 영적 성장이 목적이다. 우리는 영적 성장을 위해 사람들을 제자 삼는다. 우리는 제자 삼는 제자를 세우기 위해 영적 성장을 추구하지 않는다.

대위임령에는 인간 생식과 관련된 내용이 없다. 그것은 바이러스 복제와 더 닮았다. 바이러스 중에는 한 유기체에서 다른 유기체로 전이될 때 가장 강력해지는 것들이 많다. 오래 기다리면 기다릴수록, 숙주 유기체는 감염과 싸워서 전염성이 없어질 가능성이 크다. 예수님은 마태복음 28장에서 바이러스 복제의 비유를 따르라고 우리에게 설명하신다.

"나의 대의가 그들의 정체성이 되게 하고, 순종하도록 그들을 가르쳐라."

단순하고 반복 가능하다. 제자 삼기는 내용의 축적이 아니라, 의지의 헌신에 관한 것이다.

사람들이 예수님께 순종하기 시작하면 실제로 다른 사람들을 훈련하는 데 참여할 수 있다는 생각은, 성경적이지만 반 직관적이다. 나는 사람들의 마음 가운데 자신들이 예수님에 대해 배우고 있는 것이 다른 무엇보다 중요하다고 믿는 경향이 있음을 안다. 예수님의 명령에 순종하기 시작하는 데 단순하고 반복 가능한 과정을 적용한다면, 우리는 관계 네트워크에서 동일한 과정으로 친구, 친척, 이웃, 직장 동료를 훈련하여 복음을 전할 수 있다. 그런 다음, 그들은 형식에 방해받지 않는 '복음의 바이러스' 운동을 형성한다.

4. '형식'에서 '기능'으로(제자 삼는 제자를 세우는 교회 개척하기)

예수님은 "내가 내 교회를 세우겠다"고 말씀하셨다마 16:18.

예수님은 "가서 제자를 삼으라"고 말씀하셨다마 28:19.

사도 바울은 주님의 음성을 명확하게 들었고, 제자인 디모데에게도 똑같이 가르쳤다.

"그대가 많은 증인을 통하여 나에게서 들은 것을 믿음직한 사람들에게 전수하십시오. 그리하면 그들이 다른 사람들을 또한 가르칠 수 있을 것입니다" 딤후 2:2, 새번역.

우리의 역할은 복음의 전파를 촉진하는 조직의 형태를 완성하는 것이 아니라, 사람들이 예수님과의 관계를 바탕으로 순종하도록 그들을 이끄는 것이다. 예수님은 그분의 교회를 세우겠다고 약속하셨다. 역사는 우리에게 '제자를 세우면 반드시 교회가 생겨나지만, 교회부터 세우면 제자를 얻지 못할 수도 있다'는 사실을 보여준다.

5. '회심'에서 '제자 삼기'로

일부 문화권에서는 설득하는 방식의 전도가 효과적이지만, 여러 서구 사회와 다른 종교문화권에서는 그렇지 않다. 그것은 분명 성경적 기준이 아니며, 복음을 전파하는 접근법의 기준으로 삼아서도 안 된다. 21세기는 자신이 드린 기도를 신뢰하는 사람들이나 '자신이 받아들인' 위로로 어지럽혀졌고, 사실 그들은 예수님이 전해주신 복음을 제대로 이해하지 못하고 있을 것이다. 의지의 문제를 다루지 않고, 순종을 가르치지 않고 충성을 요구하는 것은, 예수님과 다른 방식으로 복음을 전파하려는 것이다.

6. '개인'에서 '집단'으로

누가복음 10장에서 예수님은 믿음을 받아들일 가정을 찾아 그곳에 머물라고 제자들을 훈련하셨다. 우리는 이것을 '평화의 사람' 원칙이라고 부른다. 예수님의 의도는 기존의 관계 네트워크를 통해 복음을 전하고, 그것이 자유롭게 전파되도록 하는 것이었다. 사도행전에는 복음과 의 조우가 일어나는 장면이 30번 등장하는데, 그중에서 개인의 경우는 3번뿐이다. 단순하고 반복 가능한 제자 삼기 전략을 통해 외부인들은 평화를 찾은 내부인을 발견할 수 있고, 우리는 그 사람과 함께 제자 삼는 과정을 시작할 수 있으며, SNS를 통해 진행 상황을 지도할 수 있다.

7. '지식 중심(내용 전수)'에서 '순종 중심(변혁적 경험들)'으로

우리 서구 사회의 전통은 제자 삼기의 흐름을 오염시켰다. 지식은 서구 경제 발전에 중추적 역할을 했다. 따라서 그것은 현대 기독교의 제자 삼는 사역 대부분이 순종을 가르치기보다 지식을 전수하는 쪽으로 흘러가도록 악영향을 끼쳐왔다. 이것은 마치 예수님이 "모든 것에 순종하도록 가르쳐라"라고 하시지 않고, "모든 것을 가르쳐라"라고 말씀하셨다고 하는 것과 같다. 우리는 대위임령의 내용과 방향대로, 사람들이 예수님의 모든 지혜에 순종할 수 있는 학습 경험을 설계하는 데 노력을 집중해야 한다.

8. '마케터의 사고방식'에서 '혁명가의 사고방식'으로

오늘날의 교회는 종종 프로그램이 주도하는 조직으로 묘사된다. 조직이 원래부터 악한 것은 아니다. 실제로 모든 유기체에는 조직이 있다. 창조주 하나님은 천지를 창조하실 때, 혼돈 가운데 질서를 세우셨다.

우리의 관심사는 조직을 포기하는 것이 아니라 조직에 영향을 미치는 방법을 배우는 것이어야 한다. 서구 사회에서 프로그램은 생겨났다 사라지기를 반복하기 때문에, 끊임없이 개선되어야 한다. 그러나 DNA 변화를 통해 문화를 바꾸면, 평생토록 변화가 일어난다. 마케팅 담당자는 프로그램(형식)을 다루지만, 혁명가들은 DNA(기능)에 초점을 맞춘다. 마케팅 담당자는 전술에 중점을 두고, 혁명가는 전략을 계발한다. 낡은 사고방식을 버리고 거룩한 불만족을 품은 성도들과 함께 자원하는 마음으로 사역할 때, 우리는 제자 삼기 운동의 DNA를 주입할 수 있다. 속도는 느릴지 모르지만, 잠재력은 훨씬 거대하다.

9. '인도해 가는 것'에서 '인도해 내는 것'으로

개혁에는 새로운 유형의 지도자가 필요하다. 엠비언트 음악(Ambient music, 영국에서 시작된 전자 음악으로, 리듬이 단순하며 같은 멜로디를 반복 연주한다–역자 주) 작곡가 브라이언 이노(Brian Eno)는 '앰비언트 음악은 연결을 무시해야 하는 음악'이라는 말을 했다.[5] 자신이 만든 음악에 대해 이상한 소리를 하는 것처럼 보이지만, 그는 자신의 음악 스타일이 배경에서 나와야 한다는 사실을 이해하고 있다.

운동에는 배경에 영향을 미치는 법을 이해하는 지도자가 필요하다. 그들은 개인의 능력과 말의 영향에 따라 움직이지 않는다. 전통적인 방식으로는 그들의 힘을 보거나 느낄 수 없으므로, 사람들은 그들을 의존하지 않는다. 그들이 반드시 함께하지 않아도 계속해서 복음을 전할 수 있다. 그들의 영향력은 사람들을 자신이 아니라 성경 및 하나님과 연결하는 것에서 나온다. 그들은 사라지고, 무대 뒤에서 일하고, 역할을 축소하고, 하나님의 일에 관한 자신의 공로를 부인하는 법을 안다.

10. '콘텐츠 제공자'에서 '학습 디자이너'로

이 새로운 종교 개혁에 적합한 지도자는, 사람들이 원하는 것을 즉시 찾을 수 있도록 지름길을 제시하는 사람이 아니라, 사람들이 스스로 진리를 발견할 때까지 인내심을 갖고 기다려주는 사람이다. 이 훈련되고 준비된 세상에서, 정서적으로 성숙하려면 말의 능력과 정신적 지식의 사용을 중단해야 한다. 운동을 촉진하는 것은 단순하고 반복 가능한 과정, 운동의 DNA에 초점을 맞추는 것이다.

운동을 촉진하려면, 강의보다 실천에 초점을 맞춘 학습 방식이 더 효과적이라는 것을 이해해야 한다. 운동을 촉진하기 원하는 사람들은 학습 내용보다 사람들을 위한 학습 환경 설계에 초점을 맞춘다. 그들은 자신의 지식을 드러내거나 질문에 답변하고 싶어서 안달이 난 사람들이 아니다. 그들은 사람들이 자신의 현실에서 하나님의 진리를 이해하도록 돕는 것이 가르침이라는 사실을 이해한다.

부록 A.

인도자를 위한 안내

■ **시간 : 10~15분**

1. 리뷰(핵심 DNA 1 : 책임)

    • 지난주에 '결심선언문-나는 ~하겠습니다'와 '나눔'을 어떻게 실천했습니까?

    • 지난주에 배운 내용을 누구와 나눴습니까?

    • 지난주에 배운 내용을 어떻게 실천했습니까?

■ **시간: 20분**

2. 이번 주에는 어떤 것들에 감사했습니까?(핵심 DNA 2)

3. 요즘에는 무엇 때문에 스트레스를 받고 있습니까?(핵심 DNA 3)

4. 우리 모임이 도울 수 있는 분이나, 도움이 필요한 분을 알고 있습니까?(핵심 DNA 4)

■ **시간: 35분**

5. 오늘 하나님이 무엇을 말씀하고 계십니까?(핵심 DNA 5)

오늘의 성경 구절을 찾으려면 성경 목록을 참고하라.

- 오늘의 성경 구절을 큰 소리로 읽어라. 가능하면 서로 다른 두 개의 번역본으로 읽어 보라.
- 다른 사람에게 이 구절을 자신의 말로 바꿔서 말할 준비를 해달라고 요청하라.
- 지명받은 사람에게 이 구절을 자신의 말로 바꿔서 말하게 하라.
- 나머지 사람들에게, 빠진 내용이나 새로운 통찰(insight)이 있으면 추가해 달라고 요청하라.
- 모임에서 토론할 때 도움이 필요한 경우에는, '레몬 깨물기(LEMON BITE, 6장 참고)' 질문을 사용하라.

■ **시간: 20분**

6. 이것이 하나님이 말씀하신 것이라면, 우리는 어떻게 해야 할까요?(핵심 DNA 6)

- 지정된 성경 구절에서 배운 것을 실천할 수 있는 구체적인 선언문을 작성하라. 예를 들면 다음과 같다.

  "하루 10분 동안, 하나님이 저를 얼마나 사랑하시는지 묵상하겠습니다" 또는 "하나님이 제가 돌봐야 할 지구를 주셨기 때문에, 이제부터 자원 재활용을 시작하겠습니다."

- 훌륭한 '결심(I will)'선언문을 계발하려면, 사람들에게 깊이 생각하고 묵상할 수 있는 침묵의 시간이 필요할 수 있다. 그런 다음, 다른 사람들에게 자신이 작성한 선언문을 나누도록 요청하라.
- '결심'선언문은 구체적(specific)이고, 측정 가능(measurable)하고, 달성 가능(achievable)하고, 현실적(realistic)이며, 시간표가 정해져(time-bound) 있어야 한다.
- 다음 주에 물어볼 수 있도록 한 사람이 '결심'선언문을 기록하게 하라.

■ 시간: 5분

7. 이번 주에 배운 내용을 누구와 나눌 생각입니까?(핵심 DNA 7)

- 최소한 한 명 이상과 나눠야 한다.
- 아직 하나님과 관계를 맺지 않은 사람이나 이미 친분이 있는 사람과 나누는 것이 좋다.

시간: 5분

후속 조치(4번 질문을 나눌 때 이미 마쳤을 수도 있다.)

- 모임에서 취할 수 있는 조치들이 있습니까?
- 우리 모임에서는 이런 필요를 어떻게 충족할 수 있을까요?
- 우리는 다음 주에 어디에서 모이면 좋을까요?

■ 인도자가 주의할 점

- 한 사람이 독점적으로 가르치거나 설명하지 못하게 하라.
- 인도자는 답을 주는 사람이 아니라, 질문을 던지는 사람이다.
- 사람들이 나눌 수 있도록 격려하되, 모든 이들이 나눌 수 있도록 기회를 주라.
- 말씀을 읽는 것에 그치지 말고, 실천하게 하라. 목표는 그 말씀에 순종하는 것이다.
- 하나님과 동행하는 삶에 대해 배운 것을 다른 사람들과 나누라.
- 모임 구성원과 이웃들의 실제적 필요를 채워주라.
- 모임을 시작한 지 2주차가 지나면, 당신이 아닌 다른 사람이 모임을 인도하게 해야 한다. 그런 다음에는 참석자들이 차례대로 인도하게 하라. 7가지 질문만 있으면, 누구라도 쉽게 진행할 수 있다.

노트 1
가르치거나 설명하지 않기

질문하라. 사람들이 성경에서 답을 찾게 하라. 자신이 발견 모임에서 언제 가르치거나 설명하려고 하는지, 어떻게 알 수 있을까? 다음의 체크리스트를 참고하라.

- 다른 사람보다 내 목소리가 더 크게 들린다.
- 사람들이 나를 방해하지 않는다(고전 14:30).
- 내가 말한 뒤에 구성원들이 침묵한다.
- 말씀을 통해 깨달은 것이 아니라, 말씀에 관한 사전 지식을 나눈다.
- 나는 사람들이 하나님의 말씀을 듣는 것보다 그들을 바로잡는 데 더 관심이 있다.
- 구성원들이 성경 대신 나에게서 진리를 얻고 있다.
- 토론에 참여하지만, 순종 선언문을 작성하고 지키는 것이 힘들다.
- 다른 사람의 실수에 대해 성경을 적용하기는 쉽지만, 나 자신의 생활양식을 바꾸기 위해 성경을 적용하기는 힘들다.

노트 2

다른 구절 가져오지 않기

성경을 자주 접해보지 않은 사람들은, 성경 이곳저곳을 찾아보라고 할 때 불편해한다.

- 주어진 본문에서 중심 진리 한 가지에 초점을 맞춰라.
- 구성원들이 의견을 표현하거나 다른 구절을 인용하려고 할 때, 다음과 같이 질문하라.
  "이 구절을 통해 어떻게 그런 생각을 하게 되었나요?"
  그렇게 해서 본문으로 돌아가고, 본문에만 집중하게 하라.

노트3

레몬 깨물기(LEMON BITE)

다음은 토론을 활성화하고 본문의 핵심 진리에 이르게 하기 위한 '기억 보조 장치'이다.

A : Attention(집중)

Lemon : Like(좋아함)

Bite : Bother(불편하게 함)

Gathers : God(하나님)

Many : Mankind(인류)

Looks : Life(삶)

다음 단어의 첫 글자들은 본문 구절의 의미를 발견하는 데 도움이 된다.

A : 당신의 이목을 집중하게 하는(Attention) 것은 무엇인가?

Lemon : 본문에서 당신이 가장 좋아하는(Like) 것은 무엇인가?

Bite : 본문에서 당신을 불편하게 하는(Bother) 것은 무엇인가?

다음 단어의 첫 글자들은 하나님이 자신에게 말씀하시는 것을 파악하는 데 도움이 된다.

Gathers : 본문은 하나님(God)에 대해 무엇을 말하고 있는가?

Many : 본문은 인류(Mankind)에 대해 무엇을 말하고 있는가?

Looks : 본문은 하나님이 우리에게 바라시는 삶(Life)에 대해 무엇을 말하고 있는가?

부록 B.

성경공부를 위한 세 칸 연구법

하나님을 발견하는 것은 평생 추구해야 할 일이다. 이 여정을 따라갈 때 믿음을 성장시키고, 전적으로 헌신하며 예수 그리스도를 따르는 사람이 되려면, 몇 가지 훈련이 꼭 필요하다. 당신이 실천할 수 있는 가장 중요한 영적 운동 중 하나는, 하나님의 말씀인 성경을 통해 하나님과 정기적으로 지속해서 관계를 유지하는 것이다.

사람들은 종종 성경 읽기를 너무 복잡하게 만든다. 당신이 이 영적 훈련을 이해하고 실천하는 것을 돕기 위해 간단한 과정을 아래 제시했다. 이 과정은 당신이 성경과 상호 작용하며 그분의 말씀을 통해 하나님과 교제하는 시간을 최대한 활용하는 데 도움이 될 것이다.

빈 용지를 옆으로 돌려서 아래와 같이 세 개의 칸을 만들어라. 첫 번째 칸에는 '성경(Scripture)', 두 번째 칸에는 '나의 말(My Words)', 세 번째 칸에는 '내가 결심한 것 – 나눌 것(I Will Do & Share)'이라고 적어라.

성경	나의 말	내가 결심한 것–나눌 것

1. 첫 번째 칸에 성경 본문 구절을 적는다.
2. 두 번째 칸에 당신의 말로 성경 구절을 적는다.
3. 이 구절에 순종하기 위해 당신의 삶에서 추가하거나, 버리거나, 바꿔야 할 것을 보여달라고 하나님께 기도한다. 세 번째 칸에는 결심 선언문을 쓰고, 그것을 나눌 사람의 이름도 함께 적는다.

성경을 들고 시험해보라. 이것은 당신이 당신의 영적 여정 전체에 걸쳐 계속하고 싶어 할 훈련이다. 원한다면, 성경을 연구하는 이 3단계 방법에 관한 더 자세한 설명을 계속해서 읽어 보라.

세 칸 연구 세부사항

성경

본문을 한 단어씩 옮겨 적으면서, 5~7번 정도 반복해서 읽는다. 이것은 집중력을 잃지 않고 차분하게 앉아 본문을 생각할 수 없는 사람들을 위한, 일종의 '강제적 명상'의 한 형태이다. 이 과정을 통해 친숙한 구절을 수박 겉핥기로 읽게 되는 것도 피할 수 있다. 당신은 본문을 옮겨 적는 과정에서 본문의 모든 단어에 대해 생각해보게 될 것이다.

나의 말

본문을 모두 옮겨 적은 후에, 두 번째 칸에 자신의 말로 본문을 적어라. 커피를 마시면서 친구에게 말하는 것처럼 작성하라. 자신의 말로 적을 때까지 자리에서 일어서지 말아야 한다. 자신의 말로 누군가에게 말할 수 없다면, 당신은 그것을 정말로 이해한 것이 아니다. 이해하지 않고서는 성경의 말씀에 순종할 수 없다. 간단하다. 때때로 당신은 한 구절에 멈춰서 다시 읽고, 자신의 말로 표현하기 전에 좀 더 생각해봐야 한다. 당신은 자신이 알고 있는 것은 많은데, 사실은 거의 이해하지 못하고 있다는 사실을 믿지 못할 것이다.

내가 결심한 것

세 번째 칸은, 하나님의 말씀을 아는 것에서 그 말씀에 순종하는 것으로 전환하는 데 필요한 공간이다. 본문의 각 부분을 살펴보고, 그 말씀에 순종하기 위해 자신의 삶에 더하거나, 제거하거나, 변화시켜야 할 것이 무엇인지 보여달라고 하나님께 구하라. 매우 구체적으로 기도하는 것이 좋다. 성경 본문은 "하나님이 천지를 창조하셨다"고 할 수 있지만, 그것이 자신의 삶에서 무엇을 의미하는지는 당신이 결정해야 한다. 하나님이 지구를 창조하셨다는 것을 믿는다면, 당신의 삶은 어떻게 변해야 하는가? 어떤 것이 달라져야 하는가? 이 구절을 지키기 위해, 앞으로 24시간에서 48시간 동안 당신은 무엇을 할 수 있겠는가? 하나님의 말씀을 대할 때마다, 그분은 우리를 관계 가운데 초대하신다. 우리는 하나님의 초대를 '은혜'라고 부른다. 우리에게는 그분의 초대를 받을 자격이 없기 때문이다.

순종은 우리가 하나님의 초대를 받아들이는 방법이다. 하나님은 그분의 말씀에 순종하는 사람들과 함께 거하신다요 14:23-24. 하나님의 말씀을 공부할 때, 우리는 그분께 순종할 것인지 불순종할 것인지 선택할 수 있다. 정말 간단하다. 이 세 번째 칸을 하나님의 초대에 대한 응답으로 생각하라.

나눔

세 칸 연구를 마치면, 당신에게 두 가지 책임이 생긴다. 첫 번째, 당신의 관계망 안에 있는 다른 그리스도인들을 만나 배운 것을 토론해야 한다. 그들에게 '결심'선언문을 들려주고, 하나님의 말씀에 순종하는 데 도움이 되는 길을 찾을 때 책임감을 가지라고 요청해야 한다. 두 번째, 하나님이 당신에게 말씀하신 것을 나눌 기회를 찾아라. "하나님이 오늘 내게 가르쳐 주신 것이 있습니다"나 그와 비슷한 표현을 대화 가운데 사용하도록 노력하면서 상대의 응답을 기다리라. 이렇게 하면 토론할 기회를 얻을 수 있다. 관심이 생긴 사람들은 더 많은 이야기를 듣고 싶을 것이다. 만약 시간이 맞지 않거나 흥미를 느끼지 않는다면, 그들에게 더 나누지 않도록 한다. 만약 그들이 당신에게 물어본다면, 하나님이 당신에게 가르쳐주신 것들을 나눠라. 그들의 질문은 그들이 영적 여정 가운데 어디쯤 와 있는지 파악하는 데 도움이 된다. 성령님이 원하시는 것보다 빨리 나아가려고 해서는 안 된다. 오히려 복음에서 멀어질 위험이 있기 때문이다.

부록 C.

다가올 미래의 모습

조시와 조던 윌크스는 3년 전 첫 아이가 태어났을 때 솔크릭에 출석하기 시작했다. 조던은 명목상의 감리교인으로 성장했고, 조시는 가톨릭 신자로 양육되었다. 두 사람 모두 종교 생활을 통해 친밀감을 경험해 본 적이 없었지만, 그들은 자신들이 자신들의 삶 가운데 교회가 아니라 영적인 요소를 받아들이기 원한다는 사실을 알고 있었다.

7개월 동안 주일 예배만 참석하던 그들은 모임에 뛰어들기로 했다. 처음 참석한 모임에서는 관계에 관한 시리즈 설교를 들은 뒤에, 하나님이 우리를 다른 사람들과의 관계 안에서 살도록 창조하셨다는 것을 다루었다. 조시는 조던을 보며 "몇 주 더 참석해 보자"고 했다. 그들은 낯선 사람들로 가득 찬 집으로 갔지만, 흥미로운 환경이라고 느꼈다. 낯선 사람들과 친구가 되는 데에는 그리 오랜 시간이 걸리지 않았다.

그들은 모임에서 가르치는 사람이 없다는 사실에 놀랐지만, 난생처음 혼자서 성경을 읽고 있는 자기 자신에게 더 놀랐다. 매주 성경의 각기 다른 부분을 중심으로 토론이 이루어졌다. 토론의 진행자는 실제로 성경에 대해 아는 것이 그다지 많지 않았고, 성경 지식을 가진 사람들도 토론을 주도하지 않았다.

두 번째 모임 이후에 조시는 그들 부부가 성경을 갖고 있지도 않다는 사실을 인정했다. 모임의 인도자는 주일에 조시를 만나, 윌크스 가족의 첫 번째 성경을 고르는 것을 도와주었다. 조시는 뭔가에 걸려들었다는 느낌을 받았다. 이제는 성경을 갖고 있기 때문에, 사람들은 그가 성경을 읽을 거라고 기대했다.

조시와 조던은 세 번째 주에 구성원들 각자가 작성한 결심 선언문에 관해 이야기하고 있는 자신들을 보게 되었다. 성경에 대해 많은 것을 아는 것보다 성경이 말하는 바를 실천하는 데 집중하는 모임에서 두 사람 모두 자유로움을 느꼈다.

몇 주가 지난 뒤, 조시는 13주만으로는 충분하지 않다는 것을 깨달았다. 그는 토론을 좋아했고, 이제는 집에서 혼자 성경을 읽고 있었다. 그는 지금 무슨 일이 일어나고 있는지 알고 있었고, 계속해서 그렇게 하기 원했다. 이제는 그가 모임에서 만나는 형제들만이 변화된 그의 모습을 볼 수 있었다.

조시는 조던에게도 약간의 변화가 일어난 것을 보았고, 그녀도 자신과 같은 것을 느끼게 되기를 바랐다. 그들의 관계에 대한 그들의 토론은 그 어느 때보다 깊고 민감했다. 두 사람 모두 설명할 수 없는 변화에 관해 묘한 감정을 느꼈다. 그리고 그들은 무엇인가가 더 있다는 사실에 동의했다.

인도자가 새로운 성경 본문 목록을 가지고 계속해서 모임에 참석할 것을 제안했을 때, 그들은 푹 빠져 있었다. 또 하나의 모임에 참석하는 것이—많은 시간이 요구되는—조시의 소프트볼 리그와 조던의 바쁜 직장 일에 어떤 영향을 미칠지 걱정스럽기도 했지만, 그들은 지금 자신들이 느끼고 있는 신비하고 심오한 것을 뿌리칠 수 없었다.

그들은 이 사람들과 함께 3개월만 함께 했지만, 다음 단계에서 그들 중 일부와 함께할 수 있기를 간절히 원했다. 그래서 조시는 조던과 대화해보지도 않은 채, 그들에게 모임에 참여하자고 제안했다. 모든 사람이 조시와 조던과 같은 정도의 관심을 보인 것은 아니었지만, 그중 몇 명은 관심을 나타냈다.

3주 뒤에 그들은 이전 모임의 구성원 중 한 부부와 함께 새로운 모임에 들어갔다. 그들은 주일 아침 선포된 7가지 여정에 대해 여러 번 들었기 때문에 기대감을 갖고 있었다.

하나님과의 관계가 '종'에서 '상속자'로 옮겨가면서, 윌크스 가족은 하나님을 신뢰하는 법을 배우는 것으로 인해 변하기 시작했다. 그들은 치프 게임(Chiefs game, 프로 미식 축구팀 – 역자 주)에서 본, '요한복음 3:16'이라고 적힌 3XL(엑스라지) 티셔츠를 입고 무지개 색깔로 머리를 염색한 사람에 대해 한 번 이상 농담을 나눴다. 조던은 조시에게 티셔츠의 문구가 성경 말씀이라는 것을 말해야 했다! 이 성경공부 덕분에 그들은 윌크스 가족의 삶을 변화시킨 "하나님이 세상을 이처럼 사랑하사"라는 말씀이 참된 것임을 알게 되었다. 예수님이 십자가에서 죽으셨기 때문에 하나님의 은혜 안에서 살게 되었다는 생각이 윌크스 가족을 붙들었다.

모임의 두 번째 단계를 마칠 때, 윌크스 가족은 콘월리스 가족과 함께 월요일 밤 미식 축구 경기를 시청했다. 사라 콘월리스는 조던에게 그녀와 그녀의 남편 빌이 결혼 생활에서 겪었던 어려움을 나누고 있었다. 별다른 생각 없이, 조던은 성경을 읽으며 각자 답을 찾아가는 모임에서 그녀와 조시가 경험한 변화에 관해 이야기하기 시작했다.

사라는 그것이 구식 같다고 생각했고, 그렇게 말했다. 조던은 자신도 실제로 성경을 읽기 전까지는 그렇게 생각했었다고 말했다. 사라는 성경이 이해하기 어려운 책이라고 불평했지만, 조던은 부드럽게 "성경을 읽은 적이 있나요?"라고 물었다. 잘 아는 것처럼 말했지만, 실제로 사라는 한 번도 성경을 펼쳐 본 적이 없었다. 그날 밤 사라는 빌에게 조던과 나눈 대화에 관해 이야기했다. 그는 조시와 조던 같은 부부가 성경에 대해 강조하는 사람들이라고 생각했고, 대화 내용에 대해 아내에게 자세히 물었다.

조시와 빌은 그다음 토요일에 골프 약속을 잡았다. 세 번째 홀에서 빌은 조시에게 조던이 사라에게 이야기한 모임에 관해 물었다. 조시는 빌이 호기심 이상의 관심을 품고 있음을 알 수 있었다. 15개의 홀을 지나고 나서, 조시는 빌과 사라가 자신이 참석하고 있는 모임에 관심이 있는지 물었다. 조시는 이것이 콘월리스 가족에게 큰 걸음이며, 윌크스 가족에게는 더 큰 걸음이라는 것을 알고 있었다.

빌과 사라의 대답을 기다리는 동안, 윌크스 부부는 모임에 합류할 가능성에 있는 부부가 있다고 인도자에에게 이야기했다. 인도자는 기뻐하며, 조시와 조던이 콘월리스 부부와의 관계를 만들어 갈 때 함께 하겠다고 약속했다.

하지만 인도자는 조시와 조던에게 '변화구'를 던졌다.

"콘월리스 부부를 이 모임에 참여시키는 대신, 두 분이 콘월리스 부부가 참석할 수 있는 새로운 모임을 만드는 건 어떨까요?"

윌크스는 콘월리스 부부를 기존 모임에 데려오면 된다고 생각했다. 모임을 인도하는 크로지어 부부는 이것이 그다지 좋은 생각이 아니라고 설명했다.

콘월리스 부부가 기존 모임에 합류한다면, 그들은 모임의 시작이 아니라 중간부터 참여하게 된다. 게다가 참석 인원이 늘어나면—지금도 모임을 2시간 안에 마치기가 어려운데—현실적인 어려움이 발생할 수 있다.

크로지어 부부는 윌크스 부부에게 지난 6개월 동안 그들이 경험한 과정을 쉽게 인도할 수 있을 거라고 확신시켰다. 크로지어 부부는 윌크스 부부가 전에도 여러 번 모임을 인도했었고, 자신들이 말한 대로 살기 위해 노력해 왔다고 말해 주었다. 윌크스 부부는 자신들이 모임에서 경험한 것을 그대로 따라 하기만 하면 되었다.

크로지어 부부는 가르치는 사람이 되지 않기 위해 주의를 기울여 왔다. 그들은 정기적으로 질문을 받고, 사람들이 성경으로 돌아가 스스로 답을 찾게 해주었다. 질문을 통해 답을 얻는 것이 - 직접 답을 찾는 것보다 쉽지만 – 오히려 다른 사람의 영적 성장을 방해할 수 있다고 확신했기 때문에, 그들은 대답하지 않기 위해 최선을 다했다.

크로지어 부부는 윌크스 부부를 안심시키는 한편, 한 걸음 더 나아갔다. 몇몇 사람이 모임에 나오지 않기로 한 이후, 크로지어 부부는 이것을 조시와 조던이 다른 사람들을 새로운 모임으로 초대할 기회로 삼아야 한다고 제안했다. 크로지어 부부는 윌크스 부부를 격려하며, 동시에 모든 단계가 필요할 것이고, 필요한 경우 자신들도 모임에 참석하겠다고 설명해 주었다. 하지만 윌크스 부부나 크로지어 부부 모두 그렇게까지 할 필요는 없을 거라고 생각했다.

주중에 사라는 조던에게 전화를 걸어, 자신과 빌이 모임에 관심이 있다고 말했다. 조던은 그들이 주저할 수밖에 없다는 것을 잘 안다고 말해주었다. 통화 하는 중에 조던은 사라에게 빈스와 슈 보이트 부부도 모임에 관심을 보이는지 물었다. 이 말은 들은 사라는 놀랐고 흥분했다. 그녀와 빌은 그 모임의 유일한 '초짜'가 아니었다. 사라와 슈는 가장 친한 친구였고, 빈스와 빌은 같은 회사의 IT 부서에서 일하고 있었다. 하지만 사라가 수와 빈스에게 함께 모임에 참석하자고 제안하는 것은 그다지 설득력 있는 행동이 아니었다.

마침내 빈스와 슈도 관심을 보였다. 빈스는 유대교 전통을 실천하거나 고수하지 않은 유대인 가정에서 자랐고, 슈의 가정은 종교를 가져본 적이 없었다. 종종 그들은 왜 사람들이 교회에 가는지 궁금해했다. 하지만 그들은 몇 년 전 30세가 된 후부터 "이것들이 다 무슨 의미가 있는가?"라는 질문을 던지면서 상실감을 경험하고 있었다. 두 개의 다른 모임에서 6개월을 보낸 뒤, 조시와 조던은 인도자인 짐과 샐리 크로이저 부부와 함께 콘웰리스 부부와 보이트 부부로 이뤄진 모임을 이끌게 되었다.

짐과 샐리는 15년 동안 그리스도를 따르고 있었다. 그들은 쇼크릭 교회의 전략을 초창기부터 지지했다. 지난 몇 년 동안 그들은 자신들의 영적 여정에 생기가 없다고 느꼈다. 구제 사역에 참여하고 계속해서 성경을 읽고 있었지만, 무엇인가 빠진 것 같은 느낌을 떨쳐낼 수가 없었다.

발견 과정과 '가는' 전략에 관여하게 되었을 때도, 그들은 이것을 회의적인 시각으로 바라보았다. 그러나 그들은 언제나 헌신 되어 있는 사람들이었기 때문에, 과정과 전략에 관한 모든 것들을 배우면서 자원봉사자들을 이끌었다. 그들이 자원했을 때, 그들은 자신들의 심령 가운데 어떤 놀라운 일이 일어날지 전혀 알지 못했다. 그들이 섬기게 된 첫 번째 모임은 '다리(Bridge)' 모임으로, 결혼에 대한 성경 구절을 중심으로 진행하는 자리였다. 구성원 대부분이 한동안 쇼크릭에 출석하던 사람들이었기 때문에, 토론 내용은 대략 예측 가능한 방향으로 흘러갔다. 네 번째 모임을 마쳤을 때, 두 사람은 더 회의적으로 바뀌었다.

그들은 쇼크릭이 제공하는 학습 가이드를 읽고 나서, 7가지 여정이 개인적으로 그들에게 큰 의미를 주었다고 생각했다. 그래서 그들은 다시 한번 새로운 학기제 방식의 모임을 이끌었다. 다섯 번째 모임을 마치면서 그들은 자신의 사역에 대해 확신을 갖게 되었다. 단 한 번도 성경을 펼쳐 보지 않은 사람들과 함께 앉아 있었지만, 영적인 여정에 기꺼이 마음을 열기 원하는 사람들의 마음은 부부의 마음에 불을 지폈다.

이제 그들은 모임에 참석하던 한 부부가 새로운 모임을 시작하게 되면서, 배우기만 했었던 멘토링 하기(Mentor), 도움 주기(Assist), 지켜보기(Watch), 떠나기(Leave)의 네 과정(MAWL)을 직접 실천할 수 있었다.

윌크스 부부가 인도하는 모임의 첫 번째 시간은 서로를 더 잘 알아가고, 또 서로 알고 지낸 몇 년 동안 놓친 구멍을 채우는 것으로 진행되었다. 콘월리스 부부와 보이트 부부는 회의적인 입장이면서도, 이 모임이 어디로 나아갈지 내심 기대하는 눈치였다.

조시와 조던은 자신들이 성경을 읽었던 경험에 대해 솔직하게 이야기했다. 그들은 개인적으로 성경을 읽으면서 자신들의 삶에 대한 하나님의 말씀을 듣게 되었고, 개인적인 삶과 결혼 생활이 변화되었다는 것을 모두에게 고백했다. 그들은 예수님을 인생의 유일한 조언자로 모셨고, 그것이 바로 그들을 변화시켰다. 이 모임은 성경을 통해 하나님의 음성을 듣는 일에 더 집중했고, 사람들을 교회에 나오도록 만드는 데에는 초점을 맞추지 않았다.

다음 2주간 동안에는 토론에 대한 의견이 일치되지 않았고, 질문이 많아서 모임을 제시간에 마칠 수 없었다. 조시와 조던은 모임 시간을 지키는 것이 정말로 중요하다는 것을 알고 있었다. 그렇게 해야 모임을 마치고 집으로 돌아가 자신이 직접 성경을 펼쳐 볼 시간적 여유가 생기기 때문이다.

"우리가 했던 대로, 성경을 펼쳐 보세요."

조시와 조던이 이웃 사람들에게 이런 식으로 말하는 것은 매우 놀라운 일이었다. 또 다른 이웃 사람들이 이 토론을 듣는다면, 동네 전체가 더 불타오를 것이다!

크로이저 부부는 조시와 조던에게 계속해서 전화를 걸어 그들을 격려해 주었다. '종에서 상속자로 – 신뢰' 단원을 마친 후, 모든 부부는 계속해서 모임을 하자고 했고, 윌크스 부부는 놀랄 수밖에 없었다. 슈와 빌, 빈스는 정말로 그렇게 하기 원했지만, 사라는 약간 혼란스워 했고, 심지어 거부감을 느끼는 것처럼 보였다. 그녀는 자신이 '선한' 사람이 아니라는 것을 이해하기 힘들어했다.

세 번째 여정인 '받는 자에서 주는 자으로 – 나눔' 단원에서는, 빈스가 영적으로 밝아지는 것처럼 보였다. 그 때문에 아직 영적으로 갈등하고 있는 슈와의 사이에 약간의 긴장감이 형성되었다. 빈스가 슈를 자극하는 것처럼 보였는데, 그것은 아내가 자신이 사랑하는 것들을 포기해야 한다는 두려움에 사로잡혀 있다고 (빈스가) 추측했기 때문이었다.

빈스는 자신이 배우고 있는 것을 직장의 몇몇 사람에게 공유했다. IT 전문가였던 그들은 영성에 대해 과학적으로 접근했다. 이것에 관해 조시와 대화하면서, 그는 일주일에 한 번, 직장에서 점심 식사를 제공하는 모임을 열자고 제안함으로써, 그들의 영적 관심도를 시험해보기로 했다. 그의 동료들은 발견 모임의 개념과 취지를 이해했고, 함께 하기로 동의했다. 조시는 빈스에게 모임에 대해 다른 동료들에게도 공개적으로 광고해서, 얼마나 많은 사람이 참여하기 원하는지 알아보자고 제안했다. 그중에서 두 사람이 참석하기로 했다. 그다음 화요일 점심때, 빈스는 회의실을 예약했고, 5명이 점심 식사를 함께 했다. 두 사람은 교회와 관련해서 상당히 광범위한 배경을 갖고 있었다. 한 사람은 가톨릭 신자로, 다른 한 사람은 침례교인으로 성장했고, 다른 두 사람은 성경과 하나님, 예수님에 대해 전혀 알지 못하지만, 더 배우고 싶어 했다. 그들은 창세기를 시작으로 매주 영적 여행을 함께했다.

조시와 조던은 크로이저 부부와 함께 정기적으로 모임과 그들 자신의 개인적인 영적 여정에 관해 대화했다. 이 같은 토론 중에 윌크스 부부는 화요일과 목요일에 열리는 인도자 모임에 참석하라는 권유를 받았다. 짐과 샐리는 윌크스 부부에게 다른 인도자들과 그들의 삶을 공유할 자리가 필요하다고 믿었다. 그 모임은 오전 5시 30분에 열린다는 짐의 말을 들었을 때, 조던은 심장마비가 일어난 줄 알았다. 결혼한 뒤로 그 시간에 일어나본 적이 없다는 것을 잊어버린 것이 실수였다. 짐과 샐리는 그냥 한번 해보라고 요청했다. 그들을 지지해주는 모임이 생긴다면, 그들은 습관처럼 그 모임에 참석하게 될 것이다. 그렇지 않으면, 모임에 참석하는 것을 잊어버릴 수도 있다. 샐리는 바쁜 일상에도 불구하고 이 모임에 투자하는 시간을 포기할 수 없는 이유를 설명했다.

크로이저 부부의 조언은 조시와 조던에게 늘 좋은 결과를 안겨주었는데, 이번에도 예외가 아니었다. 같은 사명에 참여한 사람들과 함께하면서 두 사람은 에너지가 재충전되는 것을 경험할 수 있었다. 다른 사람들의 말을 듣고 배우는 시간을 일정에 포함하는 것은 쉬운 일이 아니었다. 하지만 이 모임은 그들에게 모임을 계속 유지하는 데 필요한 인내심을 갖게 했다.

인도자 모임에 처음 참석했을 때, 그들은 그곳에서 벌어지고 있는 일들에 놀라지 않을 수 없었다. 그들은 도시의 여러 곳에서 수많은 모임이 열리고 있다는 사실을 모르고 있었다. 그들은 모임과 관련해서 직장에서 계획되고 있는 일들에 대해 알게 되었다. 그 지역의 몇몇 기업 고용주 중에는 10~40개의 모임에 관여하고 있는 사람도 있었다. 직장 동료들과의 정기 모임이나 이웃 사람들과 함께 하는 모임의 인도자를 지원하는 시스템도 있었다.

경쟁이 치열한 스포츠팀에 소속된 자녀를 둔 부모, 히스패닉계와 중국인의 인구 증가, 유학생과 노숙자 등 다양한 사람들과 모임을 시작하기 위해 기도하는 이들의 이야기를 듣는 것은 정말 흥분되는 일이었다.

또한 그들은 전혀 새로운 용어들을 알게 되었다. '외부 인도자(outside facilitator)'는 특정 집단의 사람들에게 나아갈 길을 찾는 사람들을 지칭하는 용어로, 그들은 '접점 사역(Access ministries)'이나 사람들에게 이웃과 직장, 모임에 참여할 합당한 이유를 주기 위한 활동들을 일으켰다. 두 사람은 자신들이 이웃과 함께 사역하고 있는 '내부 인도자(inside facilitator)'라는 사실도 알게 되었다. 그중에서 가장 많이 사용되는 단어는 '운동(movement)'이었다. 여전히 초짜였지만, 그들은 정의에 대해 질문해야겠다고 느꼈다.

그들은 '운동'이라는 용어에 대해 그들이 기대한 것보다 훨씬 더 많은 설명을 들었다. 다른 사람들은 '운동'을 이웃과 지역, 모임에서 의도적이며, 하나님의 능력을 힘입은 교회의 제자 삼기 사역이 성장하는 것으로 설명했는데, 이것은 이웃과 지역, 모임에서 제자(세례)와 제자 삼는(혼자서 전도하는) 사람들이 늘어나는 결과를 가져오고, 그들의 공동체의 필요와 교회 · 모임 또는 영적 공동체의 의미 있고 자발적인 증식에 참여한 제자들이 광범위하게 늘어나게 한다.

'내부 인도자'를 길러내는 하나의 사례로, 특정 지역을 기반으로 하는 국제 소프트웨어 기업이 꼽혔다. 퇴근 시간 전후나 점심시간에 숄크릭의 성도들은, 관심을 가진 직원들에게 발견 과정을 이끄는 방법, 즉 사람들이 하나님이 어떤 분인지, 예수님이 왜 이 땅에 오셨는지, 그들이 어떻게 서로 연결될 수 있는지에 대한 간단하고 반복 가능한 개요를 가르치는 여러 교육 과정을 제공했다.

윌크스 부부의 첫 번째 모임은 모든 종류의 감탄사로 채워졌다! 그들은 이제 자신이 속해 있던 모임과 그들이 이끄는 모임에서 제기되었던 "무엇?"이라는 질문 배후에 있는 "왜?"라는 질문을 이해하게 되었다. 조시는 조던과 함께 자신들이 배운 모든 것에 대해 늦게까지 대화하느라 제시간에 출근할 수 없었다. 출근하는 동안 그는 주변의 자동차들을 바라보며, 어느 곳에서 누가 발견 모임을 인도하고 있을지 궁금해했고, 직장에서 놀라운 일이 일어날 수 있다는, 완전히 다른 비전을 품고 일터에 들어서게 되었다!

몇 년이 지난 뒤에 조시와 조던은 하나님이 이웃들 가운데 놀라운 일을 행하시는 것을 목격했다. 사람들이 할 수 없는 영역에서 많은 일이 벌어졌다. 빈스는 직장에서 해고되면서 이웃들과도 헤어져야 했다. 그는 발견 과정을 아주 좋아했고, 사람들을 초대하는데 재주가 있었다. 개인적으로 그는 6개의 모임을 시작했고, 그중 2개는 12개 이상의 새로운 그룹을 탄생시켰다.

3년 동안 윌크스 부부는 자신들의 동네에서 60개의 모임을 만들었고,

75명 이상의 세례 받은 '제자 삼는 제자들'을 세웠다. 이제 그들은 인도자 모임을 이끌고 있다. 그들의 역할은 인도자에서 멘토 · 운동 동원가로 바뀌었다. 그들은 한 달에 한 번씩 동네 클럽하우스에 모여 함께 노래하고, 성찬을 나누고, 공개적으로 신앙을 고백할 준비가 된 사람들에게 세례를 주기까지 한다.

이제 그들은 예전처럼 '신앙생활을 위해서' 숄크릭에 참석하지는 않는다. 하지만 숄크릭의 제자 삼는 정신은 그들의 열정을 타오르게 하는 연료를 제공한다. 동네 모임에 참석하는 사람 중 일부는 숄크릭에 나오지만, 그들 중 대다수는 자신들의 동네에서 이루어지는 것이 그들의 교회로 생각한다. 이야기는 계속되고 있다.

영적 여정에 도움이 될 자료들

인터넷 자료

DGapp.org
└→ 발견 모임 인도를 위한 웹사이트 및 안드로이드 스마트폰 전용 앱

DiscoverDMM.com
└→ 배움의 과정을 시작하는 곳

MakeDisciples.US
└→ 기독교 성장에 관한 통계를 볼 수 있는 곳

CityTeam.org
AccelerateTeams.org
ContagiousDisciplemaking.com

Engage!
└→ DBS(Discovery Bible Research, 발견 성경 연구)를 촉진하고, 제자 삼기 운동(DMM)을 시작함으로써 하나님 나라를 확장하고 성장시키기 원하는 교회와 개인에게 도움을 주기 위해 만들어진 쌍방향 소통 과정이다. 자세한 정보는 jking@finalcommand.org로 문의하라.

책과 소논문

Roland Allen. *The Spontaneous Expansion of the Church and the Causes that Hinder It* (Eugene, OR: Wipf and Stock Publishers, 1962).

David Watson and Paul Watson. *Contagious Disciple-Making*(Nashville: Thomas Nelson, 2014).

Jerry Trousdale. *Miraculous Movements*(Nashville: Thomas Nelson, 2012).

Patrick Robertson and David Watson. *Father Glorified*(Nashville: Thomas Nelson, 2013).

Ted Esler. "Two Church Planting Paradigms." *International Journal of Frontier Missiology*, Summer 2013.

Dave Hunt. *A Revolution in Church Multiplication in East Africa: Transformational Leaders Develop A Self-Sustainable Model of Rapid Church Multiplication*, (Bakke University 목회학 박사 과정 논문)

코칭

제자 삼는 제자 운동을 배우기 위한 커뮤니티 시작하기(Disciple-Making Movements Learning Community, DMLC).

사역에서 운동으로 변화하는 데 필요한 10가지 사고변화 탐구하기
ㄴ 9주간 동안 진행되는 회당 2시간 분량의 세미나로, 자세한 정보는 저자에게 문의하라(Roy Moran, roy.moran@shoalcreek.org).

감사의 글

이 책은 끝없는 접속(connections)의 결과물이다. 당신이 나를 알고 있다면, 당신도 이 '접속'이라는 거대한 물줄기의 일부일 것이다. 모든 이들을 언급하고 싶지만, 지면 관계상 몇몇 분만 언급하려고 한다.

아버지는 위대한 성취의 시작과 같은 존재다. 나는 언제나 나를 조건없이 사랑해 주셨던 아버지 에드 모랜이라는 축복을 받았다. 그분의 끊임없는 믿음과 지속적인 사랑은 하나님이 일하실 수 있는 토양을 마련해 주었다.

나는 딕과 앤 아벨의 식탁에 둘러앉아 있을 때, 베일러 대학의 대학생선교회(CCC)로 나를 이끌어 준 제이 로렌젠을 만났다. CCC 콘퍼런스의 신입생 환영 크리스마스 행사에서 하워드 G. 헨드릭스 박사님의 말씀을 듣는 순간, 나는 내 삶 가득 그분의 영향을 받아들이기로 했다. 여러 교수님이 내 인생에 영향을 미쳤지만, '쌤'만큼 내게 많은 영향을 주신 분은 없었다. 댈러스 신학교에서의 4년 동안 나는 늘 쌤의 문밖을 지키고 서 있었다. 나는 그분의 영향력이 언제든지 생각과 마음에 깊숙이 들어올 수 있게 나를 열어놓곤 했다. 그분은 내게 다르게 생각하라고 가르쳤다.

나의 논문지도를 맡아주신 시드 버즐 교수님은, 테드 워드와 교류하며 논문을 작성하라고 제안해주셨다. 그것은 불에 휘발유를 붓는 것과 같은 일이었다. 테드 워드 박사의 관점은 인간의 상호 작용, 특히 그의 지도력 개념에 대한 나의 이해를 바꿔놓았다.

나는 데이비드 왓슨에게서 최대한 많은 것을 듣고 그가 넘겨준 자료를 읽는 데 몇 시간을 보냈다. 그런 다음, 내가 아프리카에 있는 동안, 데이비드 왓슨의 블로그를 통해 알게 된 데이비드 브로드릭에게 제자 삼기 워크숍을 인도해 달라고 요청했다. 데이비드 브로드릭은 내가 국제 시티팀의 세계 지도자 콘퍼런스에 초대받도록 주선해 주었다. 패트릭 로버트슨과 시티팀은 내게 마음과 생각을 열어 주었다. 그들은 내가 다시 예전으로 돌아가지 못할 만큼 놀라운 방법으로 나를 변화시켰다.

하트랜드커뮤니티 교회(Heartland Community Church)의 윌로우크릭 원탁(Willow Creek Roundtable)에서 점심을 먹을 기회가 있었을 때, 나는 글렌 칼러 옆에 앉았다. 일주일 후 나는 글렌과 크레이그 맥엘빈과 함께 다시 둘러앉았고, 몇 달 후 윌로우크릭커뮤니티 교회의 콘퍼런스에 참가해서 처음으로 빌 하이벨스 목사의 메시지를 들었다. 하나님으로부터 멀리 떠나 있는 사람들에 대한 그의 비이성적인 열정은, 평범한 삶을 살아가던 내게 큰 도전을 주었다. 빌과 윌로우크릭 팀은 내게 창의적이고, 냉철하고, 수치스럽지 않게 영적으로 소외된 자들을 지지할 수 있는 용기를 주었다. 맥과 글렌, 하트랜드커뮤니티의 회중은 솔크릭이 생겨날 수 있는 모판이 되어주었다.

그리스도인 운동선수 단체인 'Fellowship of Christian Athletes(FCA)'에서 일할 때, 나는 존더반 출판사에서 일하는 친구에게 FCA 직원을 위해 도서를 증정해달라고 간청했다. 그는 달라스 윌라드가 쓴 『잊혀진 제자도』라는 책을 보내주었다. 달라스 윌라드 박사와 친해지는 것은 쉽지 않았다. 그가 했던 식으로 생각하도록 내게 도전한 사람은 아무도 없었다. 『잊혀진 제자도』에서부터 『하나님의 모략*Divine Conspiracy*』에 이르기까지, 나는 예수님에 관한 윌라드 박사의 '매머드급' 설명을 이해하기 위해, 내 작은 두뇌로 그 책들을 오랫동안 반복해서 읽었다. 다행스럽게도 윌라드 박사는 복잡한 곳에서 단순한 곳으로 나를 안내해주었다. 그가 복잡성의 반대편에 단순성이 존재하고 있음을 보여준 것에 대해 진심으로 감사한다.

FCA에서 해고된 뒤에 깊은 우울증에 빠져 우리 집의 식료품 저장실에 앉아 있곤 했을 때, 나는 내 서재가 되어준 책 상자들 사이를 아무런 목적도 없이 비집고 돌아다녔다. 그러다가 만난 책이, 래리 크랩의 『인간 이해와 상담*Understanding People*』이었다. 나는 깊은 어둠 속에서 그 책을 통해 『효과적인 성경적 상담*Effective Biblical Counseling*』, 『영적 가면을 벗어라*Inside Out*』, 『아담의 침묵*Silence of Adam*』같은 래리 크랩의 모든 책을 읽었다. 크랩은 내게 어둠 속에서 사는 법을 가르쳐 주었고, 그곳에서 나를 변화시키실 수 있는 하나님을 찾는 방법을 가르쳐 주었다. 나는 그에게서 어둠을 사랑하는 법을 배웠다.

그녀가 윌로우크릭의 예전 예배실 왼편에 앉아 있었을 때, 내 아내 캔디 모랜은 내게 예언적인 말을 했다. 방금 빌 하이벨스 목사가 그의 열정을 쏟아내며 하나님과 멀리 떨어진 사람들을 위한 교회를 세워야 한다고 설교했었다. 그녀는 나를 보며 이렇게 말했다.

"나는 당신이 그런 교회를 세울 수 있다고 생각해!"

나는 우리가 흔히 사용하고 있는 '교회'라는 개념을 별로 좋아하지 않는다. 나는 항상 우리가 선택한—교회라는—형식에 유연성이 거의 없다는 것을 알고 있었다. 하이벨스 목사의 탄원에 대한 캔디의 의견은 쇼크릭 교회로 이어지는 여정으로 우리를 인도하는 촉매제 역할을 했다. 그녀는 선지자요, 창의적 음악가요, 끊임없는 격려자요, 무슨 일이든 잘 해내는 유능한 종이다. 내 아내 캔디가 없었다면, 이 책에 쓸 수 있는 내용이 하나도 없었을 것이다.

우리 아이들은 목회자의 자녀로서, 어려운 시절을 함께 해주었다. 기존 교회와 다른 방식의 목회를 선택한 나의 자녀로 산다는 것은, 친구들이 가진 자동차나 게임기, 또는 유명 브랜드의 옷을 소유할 수 없다는 것을 의미했다. 하지만 그들은 영원을 향해 가는 일등석을 얻었고, 자신들의 눈으로 수많은 사람의 삶이 변화되는 것을 목격했다. 아버지로서 나는 우리 아이들이 시간이 지나면 이해하고 받아들일 수 있는 상처를 안고 살아왔다는 것을 안다. 이 여정에 기꺼이 함께해 준 아이들은, 내가 무덤까지 품고 가야 할 소중한 선물이다. 앨리샤, 트레버, 제시, 콜린은 이 황당한 꿈을 이루기 위해 아빠 엄마의 동역자가 되었고, 나는 우리 가정이 그 꿈을 이루기 위해 더 잘 해나가기를 소망한다.

이 여정에서 많은 사람이 나와 함께 위기의 순간들을 넘어주었다. 하나님이 그들의 가정에 늘 함께 하신다는 사실이 계속해서 나를 붙들어

주었다. 캔디, 제이슨, 레이첼, 트레버, 저스틴, 숀, 에릭, 데릭, 시어가 이 비전을 위해 우리 가족의 생계를 책임졌다. 그들 중 일부는 자비량으로 섬겼고, 다른 이들은 막대한 임금 삭감을 감수했다. 그들의 은사와 동역 덕분에, 나는 이 여정의 모든 걸음마다 성장하고 지지받고, 배울 수 있었다.

영적 관심을 가진 사람들 수백 명이 우리와 함께하지 않고, 영적 진리를 위한 실험에 참을성 있게 동참하지 않았다면, 나는 이 책을 쓸 수 없었을 것이다. 그들이 새롭게 태어나서 하늘 아버지를 위해 살기로 다짐하는 모습을 지켜보는 것은, 우리의 사역을 지속하게 하는 연료가 되었다. 사역의 초창기에 친구들과 이웃들, 직장 동료들에게 자신의 영적 여정에 대해 말하고, 나누고, 도움을 준 많은 이들에게 감사드린다.

숄크릭을 '집'이라고 불러 준 모든 이에게 감사드린다.

"여러분이 진리에 응답할 때, 나는 이 세상에서 희망을 품을 수 있었습니다. 여러분은 내게 영감을 주었습니다."

숄크릭은 10년 혹은 더 오랫동안 인턴십을 진행해 왔다. 최대 20명의 대학생이 12주 동안 우리와 함께했다. 형제들은 우리 집 지하실에서, 자매들은 우리 집 별채에서 생활했다. 매년 여름마다 그들의 존재는 내 생각을 예리하게 하고 젊어지게 해주었다. 그들의 이야기 중 많은 부분이 여전히 숄크릭에서 실현되고 있다. 미주리주 소도시 출신의 수줍음 많고 자존감이 낮았던 젊은이 벤 퀼른도 그중 하나였다. 아직 그의 문학적 천재성이 두드러지게 나타나지는 않았지만, 그의 마케팅 능력은 이미 입증되었다. 이 책의 원제인 '타버린 성냥들(Spent Matches)'을 제안한 사람이 바로 그였다.

"고마워, 벤. 너의 첫 번째 책을 기다리는 게 너무 힘겹단다!"

제자 삼기 전략에 관한 동역자를 만나기 위해 내슈빌을 방문하던 중에, 존 킹은 프랭크 카우치와의 만남을 주선해 주었다. 그리고 2시간 반 후에, 이 프로젝트가 시작되었다. 내가 생각하고 살아온 이 두 가지에 관한 책을 낼 수 있게 해준 것에 감사드린다.

이 원고가 첨부된 이메일을 열어야 했던 알리 앤더슨이 느꼈을 공포는 아무도 모를 것이다. 아마도 토마스 넬슨 출판사는 그녀와 말레야 벨이 부족하기 짝이 없는 원고를 출판 가능한 작품으로 바꾼 기적에 대해 합당한 보상을 하지 않았을 것 같다.

이 책에 등장하는 모든 단어와 개념은 많은 사람에게서 얻은 영감에 기초하고 있지만, 그것들을 구성한 책임은 전적으로 내게 있다. 당신이 이 책에서 무언가 비판할 거리를 찾았다면, 모든 책임을 나에게 돌려주기 바란다. 나는 당신이 내 말에 동의하기를 바라지 않는다. 다만 이 새로운 종교 개혁을 위한 토론에 참여하기를 희망한다. 내 생애에서 예수님의 마지막 명령이, 우리가 교회라고 부르는 것의 원동력이 되기를 소망한다. 그리스도의 신부가 교회를 시작하신 분의 마지막 명령인 대위임령에 열정적으로 순종할 수 있기를 바란다.

주 note

1장. 내부 기밀 폭로하기

1. Jim Collins, *Good to Great: Why Some Companies Make the Leap…And Others Don't* (New York: HarperBusiness; 2001), 85. 이무열 옮김, 『좋은 기업을 넘어 위대한 기업으로』 (김영사, 2002)
2. Joel Arthur Barker, *Paradigms: The Business of Discovering the Future*(New York: HarperBusiness, 1993), 15.
3. 같은 책 15－19, 144, 149.
4. Patrick Johnstone, *The Future of the Global Church*(Milton Keynes, UK: Authentic Media Limited, 2011).
5. Bradley A. Coon. "One Hundred Years of Christian Growth," *Lusanne World Pulse*, April 2007, 2.
6. Todd M. Johnson, Peter F. Crossing, and Bobby Jangsun Ryu, "Looking Forward: An Overview of World Evangelization, 2005–2025. A special report for the Lausanne 2004 Forum on World Evangelization Center for the Study of Global Christianity, Gordon-Conwell Theological Seminary," 2.
7. "Christianity by 2014: Independent Christianity and Slum Dwellers," Center for the Study of Global Christianity, January 2014, 29.
8. David Barrett and Todd Johnson, *World Christian Trends*(Pasadena: William Carey Library, 2001), 841.
9. Roland Allen, *The Spontaneous Expansion of the Church*(Eugene, OR: Wipf & Stock Publishers, 1997), 22.

10. Todd M. Johnson et al., "Christianity in its Global Context, 1970–2020: Society, Religion, and Mission" (South Hamilton: Center for the Study of Global Christianity, 2013), 9.
11. Ed Stetzer, "Column: Christianity Isn't Dying," *USA Today*, October 18, 2010, http://www.usatoday.com/story/opinion/2012/10/18/christianitychristians-pew-research/1642315/.
12. Joshua Project, U.S. Center for World Mission, accessed August 15,2014, http://joshuaproject.net/.
13. Darly Conner의 블로그. *http://www.connerpartners.com/frameworks-andprocesses/the-real-story-of-the-burning-platform, August 2012.*
14. Kirsteen Kim and Andrew Anderson, eds., *Edinburgh 2010: Mission Today and Tomorrow* (Oxford: Regnum Books International, 2011), 194.
15. David Olson, *The American Church in Crisis: Groundbreaking Research Based on a National Database of Over 200,000 Churches*(Grand Rapids: Zondervan, 2008), 35ff.
16. Scott McConnell, "Research: Church Openings Outspace Closings," April 21, 2010, accessed July 29, 2014, http://www.lifeway.com/Article/LifeWay-Research-finds-churchopenings-outpace-closings-but-support-for-church-plants-lacking.
17. Thom Rainer, "WANTED: More Outreach-Minded Churches," accessed July 29, 2013. http://www.churchleaders.com/outreachmissions/outreach-missions-articles/139407-wanted-more-evangelisticchurches.html.
18. Alvin L. Reid, *Radically Unchurched: Who They Are & How to Reach Them*(Grand Rapids: Kregel Publications, 2002), 23.
19. "Status of Global Mission, 2014, in the Context of AD 1800–2025," accessed July 29, 2014, http://www.gordonconwell.edu/resources/documents/StatusOfGlobalMission.pdf.
20. Thom S. Ranier, *I Am a Church Member*(Nashville: B&H Publishing Group, 2013), 5. 김태곤 역, 『I Am a Church Member』(아가페북스, 2015)
21. Daniel R. Sanchez, *Church Planting Movements in North America*(Fort Worth, TX: Church Starting Network, 2007), 18.
22. Christine Wicker, *The Fall of the Evangelical Nation: The Surprising Crisis Inside the Church* (New York: HarperCollins, 2008), 93.
23. 같은 책, ix.
24. Ronald J. Sider, "The Scandal of the Evangelical Conscience," accessed July 29, 2014, http://www.booksandculture.com/articles/2005/janfeb/3.8.html?start=4.
25. Lawrence K. Altman, "Study Finds That Teenage Virginity Pledges Are Rarely Kept," New York Times, March 10, 2004, accessed July 29, 2014, http://www.nytimes.

com/2004/03/10/us/study-finds-that-teenagevirginity-pledges-are-rarely-kept.html.

26. Michael Horton, "Beyond Culture Wars," *Modern Reformation*, May–June 1993, 3.

27. Carole Fleck, "The Boomers Most Generous at Charitable Giving," *AARP 블로그*, August 8, 2013, http://blog.aarp.org/2013/08/08/boomers-mostgenerous-at-charitable-giving.

28. John Dickerson, *The Great Evangelical Recession*(Grand Rapids: Baker Book, 2013), 71.

29. Emmanuel M. Katongole, "Christianity, Tribalism, and the Rwandan Genocide: A Catholic Reassessment of Christian 'Social Responsibility," quoted from *Logos: A Journal of Catholic Thought and and Culture 8*, no. 3 (Summer 2005): 67–93. Project Muse.http://muse.jhu.edu/journals/log/summary/v008/8.3katongole.html

30. Michael Gerson, "Michael Gerson: An America that is Losing Faith with Religion," *Washington Post*, March 25, 2013, accessed July 30, 2014, http://www.washingtonpost.com/r/2010-2019/WashingtonPost/2013/03/25/Editorial-Opinion/Graphics/PewDecline-of-Institutional-Religion.pdf Aggregated data from surveys conducted by the Pew Research Center for the People.

31. Brett Kunkle, "How Many Youth Are Leaving the Church?," February 24, 2009, accessed July 30, 2014,http://www.conversantlife.com/theology/how-many-youth-are-leavingthe-church.

32. C. Peter Wagner, *Church Planting for a Greater Harvest: A Comprehensive Guide*(Ventura: Regal Books, 1990), 11.

2장. 대위임령

1. Tony Miano and Matt Slick, "Is the Sinner's Prayer biblical or not?," Christian Apologetics and Research Ministry, accessed December 4, 2014, http://carm.org/sinners-prayer.

2. Leroy Eims, *The Lost Art of Disciple Making*(Grand Rapids: Zondervan, 2009) 16.

3. Dallas Willard, *The Great Omission: Reclaiming Jesus's Essential Teachings on Discipleship*(New York: HarperOne, 2006), v. 윤종석 옮김, 『잊혀진 제자도』(복 있는 사람, 2007)

4. Alan Hirsch, *Disciplism: Reimaging Evangelism through the Lens of Discipleship*(ebook distributed by Exponential Resources, 2014), 17.

5. Scot McKnight, King Jesus Gospel (Grand Rapids: Zondervan, 2011), 28. 박세혁 옮김, 『예수 왕의 복음』(새물결플러스, 2014)

3장. 거대한 실수 바로잡기

1. George Hunter, *Church for the Unchurched*(Nashville: Abingdon Press: 1996), 58.
2. Alan Hirsch, *The Forgotten Ways*(Grand Rapids: Brazos Press; 2006),25.
3. 더 자세한 설명은 6장을 보라.
4. Chris Argyris, *Theory in Practice: Increasing Professional Effectiveness*(San Francisco: Jossey-Bass, 1974).
5. David Watson, "Church Planting Essentials—Urban Church Planting," Touchpoint, http://www.davidlwatson.org/2010/05/15/church-plantingessentials-urban-church-planting/. 데이비드 왓슨은 미국 남침례회 국제선교이사회(International Mission Board, IMB)의 비거주 선교사로 인도의 보즈푸리인들을 섬기고 있다.
6. A Survey and Analysis of the Bhojpuri Church Planting Movement in Uttar Pradesh and Bihar, Northern India, October 2008 Executive Summary, 2.
7. Stephen Gray, Planting *Fast-Growing Churches*(St. Charles, IL: ChurchSmart Resources, 2007), 63.
8. Global Church Planting Network, "New Churches that May Be Needed," accessed August 15, 2014 http://www.gcpn.info/home/regions.
9. John L. Ronsvalle and Sylvia Ronsvalle, *The State of Church Giving through 2002*, 14th ed. (Champaign, IL: Empty Tomb, 2004), 36.
10. John S. Dickerson, *Great Evangelical Recession, The: 6 Factors That Will Crash the American Church... and How to Prepare,* Kindle ed. (Grand Rapids: Baker Publishing Group; 2013), 84. 나는 딕커슨의 주장에 동의한다. 대위임령을 완수하기 위해 재정적으로 무거운 전략을 계속 추구하는 한, 모든 종족 그룹에 도달하려는 우리의 노력은 점점 더 뒤처질 수밖에 없을 것이다.
11. Johnson et al, "Christianity in its Global Context," 8.

4장. 사역에서 운동으로

1. Fox News Network. "Meet Joe Green, who walked away from a $10b Facebook fortune," accessed December 3, 2014, http://www.foxnews.com/tech/2012/01/31/joe-green-walked-away-from-10b-facebook-fortune/.
2. Tim Hegg, "My Big Fat Greek Mindset, Part 1," (Tacoma, WA: TorahResource,

2006), 1, accessed August 15, 2014, www.torahresource.com/EnglishArticles/BigFatGreekMindsetPart1.pdf.

3. C. S. Lewis, Mere *Christianity*(UK: Geoffrey Bles, 1952; New York: HarperCollins, 2001), 38–39.http://merecslewis.blogspot.com/2010/11/atheism-turns-out-to-be-toosimple.html. 장경철, 이종태 옮김, 『순전한 기독교』(홍성사, 2018)

4. Roy Zuck, "Hebrew Words for 'Teach,' " *Bibliotheca Sacra* 121 (JulySeptember 1964): 228–235 and "Greek Words for 'Teach,' " *Bibliotheca Sacra*: 122 (April–June 1965): 158–168.

5. J. P. Louw and E. A. Nida, *Greek-English Lexicon of the New Testament: Based on Semantic Domains*(New York: United Bible Societies, 1996).

5장. 하이브리드 교회

1. Parse, Ministry and Culture from Leadership Journal, "Willow Creek Repents?" *Christianity Today*, October 18, 2007, http://www.christianitytoday.com/parse/2007/october/willow-creekrepents.html?start=2.

   그는 말했다. "사람들이 믿음의 경계를 넘어 그리스도인이 되었을 때, 우리가 해야만 했던 일은 그들에게 '자기 스스로 양식을 먹을 수 있는' 사람이 되어야 하는 책임을 감당해야 한다고 가르치는 것이었다. 우리는 사람들을 붙들고 봉사하는 사이사이에 성경을 읽는 방법에 대해 가르쳐야 했고, 경건 생활을 실천하는 방법을 훨씬 더 적극적으로 가르쳤어야 했다."

2. 더 많은 정보는 Contagiousdisciplemaking.org, 와 Accelerateteams.org 를 참고하라.

3. 시티팀(Cityteam)은 구호 선교를 감당했었으나 후에 제자 삼는 조직으로 탈바꿈했다. 데이비드 왓슨은 그들의 생각을 구체화하고 전 세계의 운동들과의 네트워킹을 돕고 있다. www.cityteam.org/idisciple.

4. David Dunning and Justin Kruger, "Unskilled and Unaware of It: How Difficulties in Recognizing One's Own Incompetence Lead to Inflated Self-Assessments," *Journal of Personality and Social Psychology*, December 1999, Vol. 77, No. 6, 1121–1134.

6장. 제자 삼는 여정 발견하기

1. Benjamin Franklin, "The Price of Corn and Management of the Poor, 1776," Letter to the Public and Co., accessed August 15, 2014, http://www.founding.com/founderslibrary/

pageid.2146/default.asp.

7장. 7가지 여정

1. "Survey Shows How Christians Share Their Faith," Barna Group, January 31, 2005:
"이 연구의 주요한 결과 중 하나는 거듭난 성인 그리스도인 중 대다수(55%)가 지난 12개월 동안 비기독교인들과 그리스도에 대한 신앙을 공유했다고 주장했다는 점이다. 이 수치는 지난 10년간 비교적 일정하게 유지되었다."
https://www.barna.org/barna-update/article/5-barna-update/186-surveyshows-how-christians-share-their-faith#.VFKD-RY8Ruk.
2. Wisdom Quotes, accessed August 15,2014, http://www.wisdomquotes.com/quote/epictetus-2.html.
3. Dunning and Kruger, "Unskilled and Unaware of It: How Difficulties in Recognizing One's Own Incompetence Lead to Inflated SelfAssessments," 1121–1134.
4. Martin Luther, Defense and Explanation of All the Articles. Second Article (1521).

9장. 행동하기 위해 준비된 사람들

1. C. S. Lewis, *Voyage of the Dawn Treader*(Pte. Limited, 1952; New York: HarperCollins Children's Books, 1994), 115–16. 햇살과나무꾼 옮김, 『새벽 출정호의 항해』(시공 주니어, 2005)
2. Roland Allen, *Spontaneous Church Expansion of the Church*(Eugene, OR: Wipf & Stock Publishers, 1962), 40.
3. Daron Acemoglu and James A. Robinson, *Why Nations Fail*(New York: Crown, 2012), 429. 최완규 옮김, 『국가는 왜 실패하는가』(시공사, 2012)
4. "Ignaz Semmelweis," accessed August 15, 2014, http://en.wikipedia.org/wiki/Ignaz_Semmelweis; "Semmelweis' GermTheory" https://explorable.com/semmelweis-germ-theory.
5. Brian Eno, accessed August 15, 2014, http://en.wikipedia.org/wiki/Brian_Eno.